本书出版得到"西北师范大学重点学科建设经费"、西北师范大学国家级"新农村发展研究院",以及国家自然科学基金项目(编号７１５６３０４３)、甘肃省哲学社会科学规划项目(编号13YD126)、西北师范大学科研能力提升计划骨干项目(编号ＳＫＱＮＧＧ１３０１３)资助。

自主创新与
甘肃现代农业发展研究

关爱萍　史煜娟◎著

中国社会科学出版社

图书在版编目(CIP)数据

自主创新与甘肃现代农业发展研究／关爱萍，史煜娟著．—北京：中国社会科学出版社，2015.12

（西部地区产业与农村发展系列丛书）

ISBN 978-7-5161-7259-9

Ⅰ.①自… Ⅱ.①关…②史… Ⅲ.①现代农业—农业发展—研究—甘肃省 Ⅳ.①F327.42

中国版本图书馆 CIP 数据核字（2015）第 291004 号

出 版 人	赵剑英
责任编辑	王　茵
特约编辑	马　明
责任校对	胡新芳
责任印制	王　超

出　　版	中国社会科学出版社
社　　址	北京鼓楼西大街甲 158 号
邮　　编	100720
网　　址	http://www.csspw.cn
发 行 部	010-84083685
门 市 部	010-84029450
经　　销	新华书店及其他书店

印刷装订	三河市君旺印务有限公司
版　　次	2015 年 12 月第 1 版
印　　次	2015 年 12 月第 1 次印刷

开　　本	710×1000　1/16
印　　张	16
插　　页	2
字　　数	275 千字
定　　价	59.00 元

凡购买中国社会科学出版社图书，如有质量问题请与本社营销中心联系调换
电话：010-84083683
版权所有　侵权必究

《西部地区产业与农村发展系列丛书》
编委会

主　编：张永丽

副主编：刘　敏

编　委：李长著　张学鹏
　　　　赵爱玲　关爱萍
　　　　柳建平　周文杰
　　　　魏彦珩　马文静

总　序

　　经过30多年的高速增长，我国经济社会发展取得了举世瞩目的成就，一跃成为全球第二经济大国。但是，农村地区，尤其是西部农村地区的相对落后，给中国奇迹蒙上了一层阴影。

　　在过去数十年间，我国农民收入水平稳定快速增长，新农村建设卓有成效，工业化、城镇化与农业现代化综合推进，农村面貌发生了翻天覆地的变化。但同时我们也看到，在全新的发展阶段，我国"三农"发展面临着诸多的新难题新挑战，主要表现在：以土地制度为核心的农村综合改革进入攻坚阶段；社会经济发展对绿色、安全、高效、现代农业的要求越来越高，农业结构调整压力进一步加大；农村资源环境约束趋紧，农业生产成本攀升，农业增效、农民持续增收难度加大；伴随着刘易斯转折点的来临，农村劳动力流动加快，农村空心化、老龄化问题日益凸显等，这一系列重大问题的解决关系到农村小康社会建设的进程和水平。

　　如果说"三农"问题依然是我国面临的重大问题和挑战，那么这一问题在西部地区尤为突出。由于自然、历史等多方面的原因，我国西部地区农业农村社会经济发展严重滞后于东部地区，突出表现在：农业基础设施建设薄弱，自然条件严酷；农业生产经营方式转换滞后，产业化水平低，农业技术进步缓慢；农村贫困问题突出，反贫困压力依然很大；农村劳动力流动规模越来越大，农业劳动力老龄化、妇女化问题突出。但同时我们也看到，我国西部地区地域辽阔，光、热、水、土资源丰富，物种资源多样，发展特色农业具有很大的优势和潜力；经过多年的发展，西部地区特色农业和农村发展已有一定的基础；"一路一带"发展战略的实施和经济结构战略性调整，为西部地区发展特色农业提供了难得的机遇和广阔的空间。

如何充分挖掘农业发展潜力，推进西部农村地区加快发展，提高西部农民收入水平，成为当前我国的重要政策目标。许多学者就此出谋划策，涌现了一批优秀研究成果。张永丽教授主编的《西部地区产业与农村发展系列丛书》就是其中的优秀研究成果之一。

这套丛书由《结构转型、战略转换与消除贫困——以甘肃省为例》《自主创新与甘肃现代农业发展研究》《流动、转型与发展——新生代农民工市民化问题研究》以及《区域产业转移技术创新溢出效应研究》等四部著作组成。其中，《结构转型、战略转换与消除贫困——以甘肃省为例》一书，以西部地区典型省份甘肃为例，针对甘肃和其他西部地区反贫困问题呈现的新特点，将反贫困战略和模式上升到了一个全新的高度，即新时期西部地区反贫困战略应该作为国家发展战略的一个重要组成部分，在反贫困目标、理念、模式、内容和途径方面进行全方位调整。《自主创新与甘肃现代农业发展研究》一书，将农业技术进步作为现代农业发展的核心，提出甘肃现代农业发展的关键在于提升农业自主创新能力和农业自主创新效率，同时指出，作为现代农业发展载体的"农业科技园区"，将为现代农业发展提供有效的科技支撑。《流动、转型与发展——新生代农民工市民化问题研究》一书，深刻解析了当代中国经济社会结构转型、人口转变及其与新生代农民工市民化的关系，并提出在我国"刘易斯拐点"出现、农村劳动力规模持续下降、老龄化不断加重、农民工流动出现新趋势新特点的背景下，新生代农民工市民化已成为我国现代化进程中最为急迫的重大问题之一，应分步实施，有序推进。《区域产业转移技术创新溢出效应研究》一书，在考察区域产业转移对承接地的技术创新溢出效应作用机理基础上，从地区和行业层面，分别就西部和甘肃区域产业转移的技术创新溢出效应进行了实证研究，并提出了提升区域产业转移技术溢出效应的相关政策建议。

农村地区的发展不可能一蹴而就，西部农村地区的发展更是任重而道远。正因如此，我们需要学术界的同人们对西部农村发展问题投入更多的关注。我也坚信,唯有扎根西部、全情关注西部农村发展的人,才能够更深刻地感受到西部农民的质朴与坚韧,才能够更深入地挖掘出西部农村发展中的问题及可能的出路。张永丽教授及其团队正是这样一群人,他们经过长期的观察与思考,就西部产业与农村发展问题发出了自己的声音,希望能对西部发展贡献自己的一份力量。

我们需要更多这样的学者,需要更多这样的作品,我也希望,将来有更多的人将目光投向西部农村,到西部来建功立业。

谨为序。

2015 年 3 月 28 日

目 录

第一章 自主创新与现代农业发展相关理论阐释 …………… （1）
 第一节 农业自主创新理论 ……………………………… （1）
 第二节 现代农业发展理论 ……………………………… （11）

第二章 农业自主创新能力及其综合评价 ………………… （20）
 第一节 农业自主创新能力及其影响因素 ……………… （20）
 第二节 农业自主创新能力评价指标体系构建 ………… （26）
 第三节 农业自主创新能力综合评价模型与方法 ……… （29）
 第四节 甘肃农业自主创新发展现状 …………………… （35）
 第五节 甘肃农业自主创新能力综合评价 ……………… （49）
 第六节 甘肃农业自主创新能力提升途径 ……………… （57）

第三章 农业自主创新效率测算与评价 …………………… （66）
 第一节 文献回顾 ………………………………………… （66）
 第二节 农业自主创新效率指标体系构建 ……………… （69）
 第三节 甘肃农业自主创新实际效率测算与评价 ……… （73）
 第四节 甘肃农业自主创新前沿效率测算与评价 ……… （84）
 第五节 甘肃农业自主创新效率影响因素分析 ………… （96）

第四章 现代农业发展评价与分析 ………………………… （101）
 第一节 现代农业发展评价理论与方法 ………………… （101）
 第二节 甘肃现代农业发展评价指标体系
    及模型构建 …………………………………… （106）

第三节　甘肃现代农业发展评价结果与分析 …………… （114）

第五章　农业自主创新对现代农业发展的影响 ……………… （135）
 第一节　农业科技进步对甘肃农业经济增长的作用 ……… （135）
 第二节　农业科技进步对甘肃农业经济增长的影响
    分析 …………………………………………………… （141）
 第三节　农业自主创新对现代农业发展的作用机制 ……… （151）
 第四节　农业自主创新推动现代农业发展的途径 ………… （161）

第六章　现代农业发展的载体：农业科技园区 ……………… （169）
 第一节　甘肃农业科技园区发展现状 ……………………… （169）
 第二节　甘肃农业科技园区发展模式分析 ………………… （171）
 第三节　甘肃现代农业示范区发展现状 …………………… （174）
 第四节　国内外农业科技园区建设经验和启示 …………… （185）
 第五节　甘肃农业科技园区存在问题及建议 ……………… （187）

第七章　现代农业自主创新模式及自主创新体系建设 ……… （194）
 第一节　国内外现代农业自主创新模式的
    比较与借鉴 …………………………………………… （194）
 第二节　甘肃现代农业自主创新模式探索 ………………… （223）
 第三节　甘肃现代农业自主创新体系建设总体思路 ……… （231）
 第四节　促进甘肃现代农业自主创新体系建设的
    对策建议 ……………………………………………… （236）

参考文献 ………………………………………………………… （241）

第一章

自主创新与现代农业发展相关理论阐释

第一节 农业自主创新理论

农业自主创新研究的理论基础可以追溯到20世纪初的熊彼特（Schumpeter）创新理论。自20世纪初以来，创新研究与实践逐步受到重视。特别是50年代以来，技术进步成为发达国家经济增长的主要动力，创新研究开始高潮迭起。创新研究的理论结果，不仅解释了现代经济增长和社会进步的原因，也为农业自主创新的理论和实践提供了理论基础。

一 相关概念及内涵

（一）创新和技术创新

1. 创新

熊彼特在其著作《经济发展理论》中，从经济学的角度提出了创新的概念，认为"创新"是指建立一种新的生产函数，即新的生产要素组合比率，也就是将新的生产要素和生产条件的"新组合"引入生产体系，以获取潜在的利润。熊彼特提出的创新理论，包含了产品创新、工艺创新、市场创新、要素创新和制度创新，是经济学意义上的创新。熊彼特强调，创新是一个经济范畴而不是一个技术范畴，它并不是指技术上的发明创造，而是指技术发明的首次应用，企业家就是把新发明引进生产关系的创新者。德鲁克（Peter F. Drucker）在熊彼特创新思想的基础上，对创新的概念进行了拓展和延伸，率先将创新引入管理领域，提出了"管理创新"的概念，认为创新代表一种能够对外界环境造成重大冲击和影响的变革，任何使现有资源的财富创造潜力发生改变的行为，都可以称为创新。

2. 技术创新

索罗（Solo，1951）对技术创新的定义进行了解析，认为技术创新包含两个基本条件：一是创意，即要有新想法产生的源泉；二是这些想法要付诸实施，要有创新成果。伊诺斯（Enos，1962）认为，技术创新包含多种行为和多个结果，不是简单的单一行为和结果，这些行为主要有创意的产生、创新选择、资本投入保证、建立完善的组织、制订可行的计划并招聘合适的员工，最后开拓市场并实行产品的商业化等。曼斯菲尔德（Mansfield，1968）认为，技术创新源于创意的产生，而后是创意产品的生产，接着是新产品的营销，最后是新产品的交付使用等一系列过程。基于上述研究，弗里曼（Freeman，1987）对技术创新进行了详细的界定，认为技术创新是技术的、工艺的和商业化的全过程，通过这一过程将实现新产品的市场化和新的生产设备等的商业化，也就是说，技术创新是"新产品＋新过程＋新系统＋新服务"的首次商业性实现。国内学者傅家骥（1998）基于中国实际对技术创新进行了全新的界定，认为技术创新是在企业家识别并利用潜在的市场赢利机会的基础上，提出更高的商业利益目标，重新整合、配置各生产要素，建立起高效能、高效率、低费用的经营系统，以新产品、新工艺、新市场、新原材料的出现为最终目的。彭纪生和刘伯军（2002）的研究表明，技术创新包含很多内容，主要有：从过程方面看，包括从创意的产生到新产品市场价值的实现；从技术方面看，既包括原有的生产技术，也包括经营、管理和组织技术；从内容方面看，既有产品创新、工艺创新和制度创新，也有组合创新。

技术创新的定义主要和创新的主体有关，既可以是企业技术创新，也可以是政府研究机构的技术创新，但技术创新的目的都是为了经济利益的增加和竞争力的提升，所以技术创新是和经济利益联系在一起的。1999年中共中央国务院在《关于加强技术创新，发展高科技，实现产业化的决定》中对技术创新的定义比较具有权威性,其主要含义是:企业运用新知识、新技术,采用新工艺及新的生产方式,开发生产更高质量的新产品,以提供更好的新服务,开辟更大的新市场。

(二) 自主创新和农业自主创新

1. 自主创新

自主创新的概念是由我国在技术创新过程中提出的,在国外的研究中没有自主创新的概念。自主创新来自技术创新,但是又与技术创新有一定的区别,它更强调创新的自主性和原始性。国内最早使用"自主创新"概念的是浙江大学的陈劲教授,他将自主创新界定为自主技术创新,是在引进、消化及改进国外技术的过程中,继技术吸收、技术改进之后的一个特定的技术发展阶段(陈劲,1994)。

自主创新在我国《国家中长期科学和技术发展规划(2005)》中被界定为:"自主创新,就是从增强国家创新能力出发,加强原始创新、集成创新和引进消化吸收再创新。"自主创新含义包括三个方面:一是原始创新,努力获得更多的科学发现和技术发明;二是集成创新,通过各种相关技术成果的融合汇聚,形成具有市场竞争力的产品和产业;三是在广泛吸收全球科学成果、积极引进国外先进技术的基础上,充分进行消化吸收和再创新。自主创新从主体上来说又分为国家自主创新、区域自主创新、行业自主创新、城市自主创新、企业自主创新等。在自主创新的内涵中,自主是前提,创新是目的,获取核心技术和知识产权是关键,提高创新能力是核心。

2. 农业自主创新

从自主创新的内涵来看,自主创新是技术创新或科技创新的不同表达方式,也是技术创新或科技创新的高级阶段,意在突出和强调创新的自主性。农业自主创新,是指以满足现代农业产业发展需求和促进农业发展为目标,创新主体通过依靠自身的创造性,努力将农业的科技、资金、人员等投入转化为有效的新知识、新技术的过程,该过程包括农业科学研究、发明、创造和农业科技成果转化、推广、应用在内的整个环节,是一个动态系统,具有主体自化、成果产权化、应用主动化的特点，其高级表现形式是通过创新掌握相关的核心技术和自主知识产权。农业自主创新包括三个层面的含义：一是原始创新，在农业科学技术领域努力获得更多的科学发现和技术发明；二是集成创新，使各种相关农业技术成果融合汇聚，形成具有市场竞争力的农产品和产业；三是在广泛吸收全球科技成果、积极引进国外先进技术的基础上，充分进行消化吸收和再创新。

农业自主创新不仅包括农业研究与实验发展，而且包括与农业科技知识的产生、发展、传播和应用密切相关的所有环节。农业自主创新是一个过程行为，它是由自主创新资源投入、研究开发、技术传播、技术扩散和技术采纳等部分组成。各组成部分之间并不是简单的线性关系，而是彼此渗透的。同时，农业自主创新也是一个复杂的系统工程，它是创新活动主体及其环境的有机统一体。也就是说，它不仅有赖于创新主体自身的运行状况，还直接或间接地受到所处环境的控制和制约。在农业自主创新过程中，内部力量和外部条件相互影响、相互作用，构成一个动态的创新系统。因此，可以将农业自主创新理解为各创新主体出于各自利益的考虑，投入创新资源，通过创新活动产生创新成果、实现经济利益的过程。

（三）自主创新能力和农业自主创新能力

1. 自主创新能力

自主创新能力是以创新能力的界定为基础，对于创新能力来说一般包括两个方面的内容：一个是技术创新能力；另一个是制度创新能力。具体来说，技术创新能力是指一个国家或地区的技术系统在促进整个国家或地区各种资源要素优化配置，进而推动科技进步、经济和社会发展过程中所具有的能力。它本身是一个由多因素构成的复杂整体，但主要涉及国家或地区的科学水平、技术要素水平以及相关的科技发展的市场结构、制度结构。如果一个地区技术创新能力比较高，说明该地区在通过技术创新活动促进经济增长时可以更有效地利用各种资源，使资源配置更合理。创新能力中的制度创新能力是指一个国家或地区进行制度变革的能力，涉及的制度因素不仅包括与科技相关的政策，还包括关系整个经济运行的所有制度，一般情况下进行自主创新的研究所涉及的制度创新能力都是用国家的开放程度来表示的，通常认为一个国家的开放程度越高，其各种制度的完善性越好，更能为自主创新创造良好的环境。创新中两种能力相互影响，相互促进。根据创新能力的内容，自主创新能力也包括技术创新能力和制度创新能力两个方面，本书所述主要针对技术创新能力。

自主创新能力是依靠我国自身的力量（或基本依靠自身力量）进行创新的能力（郭九成、朱孔来，2008）。自主创新能力是多种能力复合作用的结果，既包括创新主体对资源的掌握和运用能力，也包括使创新主体资源能力得以实现的载体和外部环境所做的贡献；既包括科技成果的创造能力（即产出能力），也包括新产品及市场品牌的培育能力，是综合体现一个国家、地区或产业自主创新水平的综合指标。

2. 农业自主创新能力

农业自主创新能力，简单地说，就是通过一定农业创新要素的投入实现农业科技产出，再将科技产出转化为经济效益的能力，即在一定的科技体制环境中，仅考察农业科技活动机构（高校、科研机构和企业中科研机构的总称）自主创新过程中的科研能力和效率。这是一种狭义的技术创新能力，这种自主创新能力是农业科技活动机构的可控能力，科技体制创新和管理创新都是作为外部因素来起作用的。农业科技活动机构通过衡量自身的自主创新能力优劣可以自主调节科技资源配置的效率，从而找到提高自主创新能力的方法和策略，这种能力衡量的是科技资源的配置效率，因此可以通过科研投入产出的效率来度量。

（四）自主创新效率和农业自主创新效率

1. 自主创新效率

从经济学角度看，效率可视为一个经济体（一个国家、地区、行业）的投入与产出的比例关系。它反映经济体单位投入的产出能力，这种能力由两方面决定：一是获得资源的能力；二是运用资源的能力。因此，所谓自主创新效率是指创新产出与创新投入的比例关系。一般来讲，创新投入在一定时间内不变或变化很小，在这种情况下，企业获得或运用创新资源的能力越强，其单位投入的产出也就越多，相应创新效率就越高。反之，企业获得或运用创新资源不当，企业创新效率就低。因此，自主创新效率的本质是衡量自主创新系统中投入向有效产出的转化能力。自主创新系统可以是国家、省、市、县等区域层面上的系统，也可以是科研机构、高等学校、企业等生产层面上的系统。投入产出关系包含了实际投入产出关系和前沿投入产出关系。实际投入产出关系的衡量是在现时条件下，实际有效产出与实际要素投入之比。前沿投入产出关系的衡量是在市场价格与生产技术不变的情况下，按既定的要素投入比例，生产一定量产品所需的最小成本与实际成本之比，或者实际产出水平与相同投入规模、投入比例与市场价格条件下所能达到的最大产出量的百分比。本书所涉及的效率，既包括实际效率，也包括前沿效率。

2. 农业自主创新效率

农业自主创新效率是指农业自主创新系统将投入要素转化为有效产出的转化关系，既包括农业自主创新系统的实际转化关系，即实际效率；也包括农业自主创新系统的可能转化关系，即前沿效率。实际效率用来考察同一创新系统效率变化及不同创新系统间效率的差异，前沿效率则用来考察同一创新主体创新产出与理想产出之间的差距及在不同时期的纵向比较。

二 农业自主创新主体

农业自主创新主体，是指在自主创新过程中，具有科技创新需求和科技创新能力并借助于一定的科技创新客体的活动组织。目前被普遍接受的观点是：自主创新的主体是企业，企业成为自主创新主体是一个大突破口。然而由于我国农业产业发展滞后，农业企业发育缓慢，其能否承担农业科技创新主体地位在学术上还存在不同意见。本书认为，农业自主创新的主体应该由政府、高校和科研机构、农业科技中介服务机构、涉农企业四个主要部分构成。

（一）政府——创新调控主体

政府凭借自身的特殊地位，承担着为农业自主创新投入很大一部分财力和物力、激励各创新主体的活动、弥补市场失灵、引导科技发展方向等使命，它通过制度安排和政策设计，为科研院所和企业的自主创新营造良好的法律、政策等环境，对农业自主创新进行宏观调控。政府对自主创新的推动作用可以概括为：直接经济支持和间接经济刺激。政府通过择优拨款、委托补助、优惠贷款、风险投资等一系列直接经济支持措施把政府资金提供给创新主体，使创新主体能够充分发挥其自主创新能力。政府也可通过减免税收、知识产权、重点奖励等经济措施激励创新主体从多种渠道增加科技创新投入或从创新成果获得更多的物质利益。

（二）高校和科研机构——科技供给主体

在知识经济时代，高校和科研机构在自主创新中的作用越来越突出。它是重要的科技源，可以为社会输送大量高素质人才，还可以促进科研成果产业化。

（1）高校与科研机构是重要的科技源。高校与科研机构不断地产生新的知识和技术，包括基础知识、应用知识和技术。基础知识的产生，一方面可以构建农业自主创新的知识基础，提高基础知识的存量，使农业科技研发能够建立在更广泛的知识基础之上，从而拓展农业自主创新的空间；另一方面有利于营造创新的社会文化环境。应用知识和技术的产生可以作为企业的技术源直接转化为生产力。

（2）向社会输送人才。高校和科研机构在自主创新体系的运行中，还承担着教育和培训的职能，包括科学家、工程师和技术人员等创新人力资源所必需的数量和质量两方面的培训。

（3）科研成果产业化。高校和科研机构是基础研究（纯基础研究、应用基础研究）的重要基地，同时也进行一定程度的开发研究，从而建立自己的科技企业（园区），发挥着企业孵化器的作用。依托自身的科研条件，促使企业与高校、科研机构的知识互相融合，加速了科研成果产业化。在实现科研成果产业化的同时，还催生了大批科技型企业，形成科研成果产业化的孵化器，直接向经济贡献力量。

（三）农业科技中介服务机构——创新活动服务主体

科技中介服务机构是市场经济中非常活跃、不可替代的元素，是促进知识和技术成果的扩散与转化、提供知识与技术服务、加速各创新主体间知识流动，从而促进科技创新成果转化为经济效益的重要纽带。中介机构既包括提供各类中介服务活动的专门中介机构，也包括从事一定中介服务活动的大学、科研院所、企业、政府部门。在农业自主创新体系中，中介服务机构的重要性已越来越引起人们的关注，在促进科技创新的传播、咨询和服务方面具有重要作用。

（四）涉农企业——创新应用转化主体

农业自主创新的最终目的是实现创新成果的经济效益。也就是说，农业自主创新是一项与市场密切相关的活动，需要很多与产业相关的知识，这些知识具有产业或企业特定的特点。企业主要是针对应用研究和试验发展进行创新投入，这就需要与市场密切联系的企业提供从基础研究向应用发展转化所需要的知识。这就确定了涉农企业转化应用的主体地位。

综上所述，创新中的各个主体因其自身的特性，分别承担了政策创新、知识创新、创新服务、创新应用等不同的创新职能，但是各主体之间又是相互协调、共同作用的关系。造成这种创新主体彼此分工又相互合作的原因在于它们各自的职能和内部运行机制的差别。在从事自主创新的过程中，各行为主体针对不同的社会资源、技术资源和自然资源进行组合和配置，从而表现为不同的运行特点以及科技创造、传播和应用绩效。一个地区农业自主创新能力的强弱最终体现在涉农企业的科技应用水平和农产品的科技含量上。因此，推动农业自主创新，根基在企业；高校和科研机构作为科技创新的知识源头，其主要任务是进行基础研究与应用研究，为企业自主创新提供知识供给和科技人才；政府在农业自主创新方面的作用很大一部分是财力、物力的投入，但是政府不能也不应代替企业去进行创新选择。因此，政府必须通过制度安排和政策设计为企业、高等院校和科研院所的自主创新营造一个良好的环境，间接引导创新方向；农业科技中介服务机构是创新供求双方的纽带，在促进自主创新的传播、咨询和服务方面具有重要作用。

企业、高校和科研院所作为自主创新活动的主体，是新产品、新工艺的真正生产者。它们所从事科技活动的数量、频率和水平，是影响一个地区农业自主创新能力的重要因素。但是由于自主创新呈现高风险、高投入、复杂化的特点，单个创新行为主体对重大的创新活动难以或不愿独自承担。因此，自主创新活动能否顺利进行，除了取决于企业、高校和科研院所自身的创新潜力能否真正转化为现实的科技能力外，还有赖于科技资源在各主体之间的有效配置和充分流动。涉农企业、高校和科研机构等行为主体基于各自的利益追求，贡献着各自的创新资源和能力进行协同创新。可以说，各创新主体之间的联系程度将对自主创新的效果产生重要影响。

三　农业自主创新动力机制

20世纪80年代后期以来，我国学者已开始对技术创新动力理论进行研究，并取得了显著的成果。国内外直接研究自主创新能力动力机制的文献也不多，大多是基于企业的角度来研究的，对农业自主创新动力机制的研究较少。

（一）农业自主创新动力机制的内涵

所谓自主创新动力机制，就是指推动自主创新发生与发展所必需的动力系统中各个组成部分之间的内在关系，这些组成部分由激励机制、约束机制、产权机制等构成。对于农业自主创新来说，其动力机制的定义就是指推动农业进行自主创新活动发生与发展所必需的动力系统中各个组成部分之间的内在关系（李建强、李娟，2008）。其特点如下：

（1）系统性。系统是由各个相互联系、相互作用、相互制约的部分组成的有机整体，整体与部分是不可分的，离开了整体的部分就不再具有原来的性质，没有部分的系统也会失去其应有的功能和作用。自主创新动力机制的形成和运行以各动力要素的功能为基础，各动力要素功能的发挥又依赖于要素之间的整体协调。

（2）目的性。自主创新动力机制的目的就是产生强大的动力，推动农业从事自主创新活动，各动力要素的作用方向和强度必须协调一致，并行不悖。

（3）相干性。相干性是指动力要素间通过相互联系和作用会产生一种功能放大现象。

（4）能动性。创新意识是创新活动的前提，只有形成积极主动的创新意识，才能能动地不断创新，以适应外部环境的变化。作为自主创新的主体，只有具有积极主动的持久的创新要求和创新冲动，才能形成强烈的创新意识。

（二）农业自主创新动力机制的构成要素

（1）激励机制。主要包括物质激励、精神激励、制度激励等。物质激励就是通过物质手段，满足人的经济需要，激发人们的积极性和创造性的一种激励方法。精神激励是指通过思想教育引导人们去追求对社会发展和组织发展有利的目标，以精神鼓励、精神刺激来满足人们的尊重、成就、成长与发展需要的激励方法。它是组织管理者通过表彰鼓励、思想教育、灌输价值观念、情感关怀等，提高创新主体的责任感和自觉性，激发他们的工作热情的方法。另外，有效的制度安排对农业自主创新具有重要的激励作用，一定的制度安排是自主创新的基础，科学有效的制度创新能提升自主创新的层次，增强自主创新的力度。任何自主创新的顺利推进都需要适当的制度安排与之相适应。

（2）约束机制。主要包括责任约束、法律约束、道德约束等。"责任"就是自己分内的事，可以理解为工作目标、任务；"约束"就是指限制使不越出范围。责任约束有利于人尽其责，也有利于协调人际关系，最终有利于发挥全体劳动者的工作积极性和创造性。法律约束主要指用法律形式规定企业家的权力和应承担的责任、设立专职的国家监督机构对企业家的经营行为进行监督、规定企业家违法时应受的惩罚等。道德约束有两种表现形式：第一种是社会约束，就是指约束创新主体行为的道德；第二种是自我约束，它表现为人们对自己行为的自觉的理性控制，以及人们对善的追求和对恶的品性与习惯的自我节制。

（3）产权机制。产权机制是最经济有效、最持久的创新激励手段。没有知识产权保护，就不可能有自主创新。如果知识没有产权,创新者的自主创新就得不到有效保护,就可能被他人无偿地仿制和使用,其价值实现就得不到保证,甚至可能无法收回最初的投入,这样就使创新者失去了继续创新的积极性,自主创新活动也就成为无源之水、无本之木。因此,产权的法律性、持久性又使人们具有一种安全感,技术创新活动在这样的一种制度氛围中会获得强大的激励。可以说,人类社会因不断技术创新而导致的巨大技术进步,在很大程度上归功于产权激励机制的不断完善。知识产权制度授予创新者以发明专利,使专利权人获得一种排他性独占权,从而在某一技术、产品上形成市场独占,不仅能收回研究开发所付出的投入,而且可能取得比投入更大的回报。

第二节 现代农业发展理论

一 相关概念及内涵

(一) 农业现代化

现代化是社会文明进步的必然结果。农业现代化是以现代化理论为基础,结合农业的特点而提出的。它是一个综合的、世界范畴的、历史的和发展的概念,作为一个动态的、渐进性的和阶段性的发展过程,在不同的时空条件下,随着人类认识程度的加深而不断被赋予新的内容。在我国,农业现代化的概念在20世纪中期被提出来之后,便一直为理论界和实际工作者所关注。不同的研究者从各自的研究视野出发,从不同的角度对农业现代化的内涵做出了各种不同的界定,但基本上都是从过程和目标两方面来定义。

"过程论"认为,农业现代化是一个动态的过程,是由传统农业向现代农业的转化。蒋伏心(1996)提出,农业现代化是一个体系的现代化过程,包括土地制度、产权制度、价格制度等,完善这些制度和创新组合这些要素是实现农业现代化的重要途径。顾焕章(1997)、牛若峰(2001)认为,农业现代化是传统农业通过不断应用现代先进科学技术,提高生产过程的物质技术装备水平,不断调整农业结构和农业的专业化、社会化分工,以实现农业总要素生产率水平的不断提高和农业持续发展的过程。杨明(2012)认为,农业现代化是农业部门与其他部门联动的过程，是农业制度现代化的过程，只有实现农业制度的现代化，才能有效配置资源和提高生产效率，最终实现农业现代化。

"目标论"认为农业现代化是一个可以实现的目标。20世纪60年代，我国农业现代化主要被概括为机械化、化肥化、水利化和电气化。70年代末到80年代中期则更多地从科学化和技术化来理解农业现代化，这一阶段侧重于生产力的现代化，关注先进技术在农业生产中的运用。改革开放以后，随着农村基本经营制度的改革，对农业现代化的理解逐渐从生产力领域扩展到生产关系领域。

无论哪种观点，农业现代化的本质含义是要完成现代技术对传统农业的改造，用现代要素替代传统要素，将农业与现代工业紧密联系和高度融合，引入市场机制并建立完善的服务体系。

（二）现代农业

现代农业是继原始农业、传统农业之后一个新的农业发展阶段（任天志，1996）。原始农业是在原始的自然条件下采用简陋的石器、棍棒等生产工具，从事简单农事活动的农业。传统农业以劳动为主导，劳动生产率低。现代农业则以资本和技术要素为主导，重要特征是劳动生产率高（刘振帮，2006）。学者们从土地、劳动力、资本和科学技术四大农业生产力构成要素的角度出发，将1840年前后英国工业革命完成至今的世界农业发展统称为现代农业，以英国工业革命建立起的市场经济体系作为现代农业起始的里程碑性的标志（陶武先，2004）。

从不同研究视角出发，不同学者对现代农业提出了不同的定义。随着时间的推移，现代农业的内涵也在不断深化。

（1）从发展动态角度看，现代农业是传统农业通过不断应用现代先进科学技术，提高生产过程的物质技术装备水平，不断调整农业结构和农业的专业化、社会化分工，以实现农业总要素生产率不断提高和农业持续发展的过程，它是一个动态的、渐进的和阶段性的发展过程，在不同时空条件下，随着人类认识程度加深而不断被赋予新的内容（顾焕章、王培志，1997）。

（2）从产业构成角度看，现代农业是全方位、全过程的现代化。内容上不局限于传统的种植业、养殖业，有更宽泛的范畴；流程上涉及生产过程、流通过程、消费过程现代化，还应包含农村和农民的现代化（张仲威，1994；梁荣，2000）。

（3）从产业发展角度看，现代农业是用现代市场科学、管理科学的新观念、新理论、新方法组织农业，用市场化、专业化、社会化的服务体系服务农业，用科学知识与现代农业技术武装农民，现代农业科学技术全面应用，用"农、工、贸一体化"的产业化方式经营农业，提高农业经营管理的效率和产业的整体经济效益（戴小枫，2002；卢良恕，2004）。

（4）从制度角度看，现代农业发展是科学技术在农业中的应用扩张而引发的组织制度、管理制度的变革和创新，因而发展现代农业就是要最终消除二元经济结构，实现制度现代化（张叶，1999）。

（5）从微观层次资源配置角度看，现代农业是体制系统（产权、价格制度等）、生产力系统（装备、科技、管理、人力资本等）和作为保障的农用生产资料工业及流通体系三大系统的有机统一体，现代农业的发展实际上是资源如何有效配置，不断提高土地产出率、劳动生产率和资源利用率（蒋伏心，1996）。

目前比较普遍的现代农业概念是指用现代物质条件装备农业，用现代科学技术改造农业，用现代产业体系提升农业，用现代经营形式推进农业，用现代发展理念引领农业，用培养新型农民发展农业，提高农业水利化、机械化和信息化水平，提高土地产出率、资源利用率和劳动生产率，提高农业素质、效益和竞争力。

具体来说，现代农业是以保障农产品供给、农民持续增收、促进可持续发展为目标，以用现代物质条件装备农业，用现代科学技术改造农业，用现代产业体系提升农业，用现代经营形式推进农业，用现代发展理念引领农业，用培养新型农民发展农业为支撑，以提高农业水利化、机械化和信息化水平，提高土地产出率、资源利用率和农业劳动生产率，提高农业素质、效益和竞争力为途径，以在家庭承包经营基础上，在市场机制与政府调控的综合作用下，农工贸紧密衔接，产、加、销融为一体，多元化的产业形态和多功能的产业体系。

(三) 现代农业的基本特征

1. 现代农业是科技支撑性产业

现代农业的发展过程,实质上是先进科学技术在农业领域广泛应用的过程,它纵向贯穿产业链各环节的科技支撑与渗透,横向贯穿投入、生产、产出、消费、经营和质保等各个侧面的科技支撑与渗透。农业生产经营中广泛采用以现代科学技术为基础的工具和方法,并随现代科学技术的发展不断改造升级。同时农业技术的发展也促使农业管理体制、经营机制、生产方式、营销方式等不断创新,并且不断融入新的科学技术,如基因技术、遥感技术、生物工程技术、电子计算机技术等在农业生产中的应用,使现代农业的水平提高了很多。

2. 现代农业是宽领域产业

现代农业突破传统农业生产领域仅局限于以传统种植业、畜牧业等初级农产品生产为主的狭小领域。随着现代科技在诸多领域的突破,现代农业的发展将由动植物向微生物,农田向草地森林,陆地向海洋,初级农产品生产向食品、生物化工、医药、能源等方向不断拓展,传统农业的领域和内涵在拓展,生产链条不断延伸,并与现代工业融为一体,其界限变得模糊,使得农业成为涉及多个领域、多种产品的产业。

3. 现代农业是生产要素投入集约型产业

现代农业突破传统自给自足的农业生产方式即突破农业投入要素仅来源于农业内部的封闭状况。现代农业普遍采用产业化经营的方式,应用现代科技和装备、适度集中土地和强化组织管理来提高农业效益和农民收入。集约化地投入要素,改变了农业粗放经营状况,实现了粗放型增长向集约型增长的转变,有效地提高了资源产出率,不仅土地产出率高,水资源和其他资源产出率也很高。

4. 现代农业是稀缺资源高效率产业

现代农业特征之一就是产品的商品化程度高,因此要求坚持以市场需求为导向,调整农业结构和生产布局,健全农产品现代流通体系,提高农产品市场占有率,实现利润最大化。这需要具有充满活力的市场主体和完善的市场体系,市场机制对农业资源配置起主导作用。农业现代化水平较高的国家，农产品商品率一般都在90%以上，有的区域和领域几乎所有农产品全部用于出售，工农业产品市场依赖紧密，农产品市场广阔，交易方式先进，农业内部分工细密，产前、产中及产后一体化协作，投入产出效率高，因而现代农业是以现代发达的市场为基础的开放农业、专业化农业、一体化农业和高效益农业。

5. 现代农业是日益依赖人工环境控制的产业

现代农业突破传统农业生产过程完全依赖自然条件约束。通过充分运用现代科技及现代工业提供的技术手段和设备，使农业生产基本条件得以较大改善，抵御自然灾害能力不断增强，农业发展中能够有效实现稀缺资源的节约与高效利用；同时更加注重生态环境的治理与保护，使经济增长与环境质量改善协调发展，因而现代农业是根据资源禀赋条件选择适宜技术的集约化农业、生态农业和可持续农业。

二 现代农业基本理论

（一）现代农业代表性理论

1. 舒尔茨的改造传统农业论

舒尔茨（Theodore W. Schultz）认为，农业现代化是发展中国家发展经济的重要途径。从事传统农业的农民的经济行为具有现实经济性，他们对于正常的价格刺激能够做出积极而适当的反应，他们经营的传统农业在资源配置上极有效率，充分发挥了经济潜力。传统社会里的劳动力边际生产率并不等于零。但是传统农业不是经济增长的源泉，必须加以现代化。农业现代化的途径有：建立一个完善的市场体系，充分发挥价格涨落的作用；由政府或私人承担供应现代化农业所需的设备；进行农业人力资源投资，建立农村人力资源教育制度；农业生产上取消大农场制，采取家庭农场作为基本生产单位；改变缺少所有权的经营管理方式。总之，农业不只是为工业提供原料和劳动力的部门，它本身就是一个生气勃勃的生产部门，农民既不保守，也能积累资金。此后，许多发展学家认为，农业和农村发展是国民经济发展的绝对必要条件，如果没有农业和农村的发展，工业发展就上不去，即使上去了，也会产生严重的内部经济不平衡、普遍贫穷和大量失业存在的局面。他们认为，大多数发展中国家的未来在很大程度上取决于农业的情况。在决策方面，将重点转移到农业和农村的发展，不再强调迅速工业化，在发展农业具体途径时，主张小农私有制，采用中性技术，实行绿色革命，发展农村小型工业等，以便就地解决农民的工作和生活问题。

2. 约翰·梅勒的资源互补论

约翰·梅勒（John W. Mellor）按照农业技术的性质，把传统农业向现代农业的转变过程划分为三个阶段：第一个阶段是技术停滞阶段；第二个阶段是劳动密集型技术进步阶段，或者是低资本技术动态农业发展阶段，正是这个阶段，农业能够在整个发展中发挥关键的作用；第三个阶段是资本密集型技术进步阶段，或叫作高资本动态农业发展阶段。农业发展的三个阶段的主要特点：第一个阶段为传统农业阶段；第二个阶段是传统农业向现代农业的过渡阶段；第三个阶段是农业现代化阶段。约翰·梅勒认为，当前大多数低收入国家基本上处于第二个阶段，其资源状况是劳动力充裕和资本稀缺。因此，农业发展应该尽量避免使用与工业发展相竞争的、具有替代劳动性质的资本投入，而多使用与劳动力相互补充的资本投入。约翰·梅勒论述的互补性资本投入包括的内容很广，不仅有物质要素，还有非物质要素：（1）提供刺激性体制；（2）建立农业研究机构；（3）提供新的物质投入品；（4）建立农业生产服务体制；（5）对教育投资。

3. 速—拉模型：诱导型创新与资源替代论

根据发达国家（主要是美国和日本）的历史经验，日本农业发展经济学家速水佑次郎（Hayami Yujiro）和美国农业经济学家费农·拉坦（Vernon W. Ruttan）合作研究，在20世纪70年代初提出了一个新的农业发展理论，名为诱导型技术创新理论。现代农业的发展依赖农业生产率的持续增长，而生产率的增长又取决于现代农业技术的不断进步。速水佑次郎和费农·拉坦认为，一个国家选择何种技术进步的道路才能促进农业生产率和农业产出的迅速增长，依该国的资源禀赋状况而定。对一个土地资源丰富而劳动力资源稀缺的国家来说，选择机械技术进步的道路是最有效率的。相反，对一个土地稀缺而劳动力丰富的国家而言，选择生物化学技术进步的道路是最优的。速水佑次郎和费农·拉坦不把农业技术和制度的变化看作科学技术进步和工业增长的产物，而看作对资源禀赋状况和产品需求增长的动态反应。诱导型创新理论假定在农民、公共研究机构和私人农业投入供给商之间存在一种有效的相互影响。怎样引诱科学研究人员从事的研究工作与社会对技术的需求相一致呢？速水佑次郎和费农·拉坦提出的办法是建立一个有效的刺激机制，从物质上和名誉上奖励那些为解决社会重大问题做出贡献的科学家和管理者。这些社会重大问题一般与社会当前急需解决的问题相一致。这样，科学家对技术供给就与农民和农业投入供给商对技术的需求大致上保持着动态的平衡。诱导型创新是一个不均衡的动态过程，在发展的动态过程中，不平衡或不均衡的出现是引诱技术变化和经济增长的关键因素。制度中几个因素之间的不均衡造成瓶颈，这些瓶颈把科学家、发明者、企业家和公共管理者的注意力集中在关于获得更有效的资源配置这些问题的解决上。诱导型创新理论的主要论点是以便宜的要素来代替昂贵的要素，从而实现一系列的要素替代。诱导型创新模型是建立在自由竞争的市场体制基础上的，即假定要素价格能正确地反映要素供求关系的变化状况。

(二) 现代农业发展阶段

对于现代农业发展水平，学术界从现代农业生产要素的投入、农业的市场化和社会化程度、农业与农村经济和资源环境的协调发展以及信息化等要素出发，将现代农业的发展分为五个阶段，即准备阶段、起步阶段、初步实现阶段、基本实现阶段和发达阶段，代表了现代农业发展水平由低到高的演变过程。

(1) 准备阶段。这是传统农业向现代农业发展的一个过渡阶段，在这一阶段开始有较少现代因素进入农业系统。如农业生产投入物中的化肥投入量已经较高，土地产出水平也已经较高，但其他如机械化操作水平、农业商品率等可能还很低。再如资金投入水平还是传统农业生产状况，农民文化程度和科技及管理水平尚处于传统农业阶段。因此，这一阶段只是为现代农业发展做了一定的基础准备。

（2）起步阶段。在这一阶段，化肥、良种等现代生产要素开始引入农业系统，土地生产率已达到较高水平；农业的机械化水平还很低，农业劳动生产率和农产品商品率不高，自给性生产还占较高的比重；农民的科学文化水平也不高，农业生产技术和经营管理基本上还是基于实践经验的积累。总体上说，这一阶段，农业处于现代化起步状态。

（3）初步实现阶段。这一阶段现代农业已有一定发展，是现代农业发展较快的一个时期，农业现代化实现程度进一步提高，已经初步具备现代农业的特征。这一阶段的现代农业发展水平不仅表现为现代物质投入已经较高，而且产出水平，特别是农业劳动生产率水平快速提高。但这一时期，农业生产和农村经济发展与环境等非经济因素还存在不协调状况。

（4）基本实现阶段。本阶段现代农业特征十分明显，现代农业发展处于快速成长时期，与同时期世界发达国家相比，差距已大为缩小。这一阶段，不仅农业生产投入物已经处于较大规模、较高程度，资金对劳动和土地的替代率已达到较高水平，现代农业发展已经逐步适应工业化、商品化和信息化的要求，农业生产组织和农村整体水平与商品化程度、农村工业现代化和农村社会现代化已经处于较为协调的发展过程中。

（5）发达阶段。本阶段是现代农业和农业现代化实现程度较高的发展阶段，已经达到了现代农业的较高标准。这一阶段，不仅与历史相比已有质的变化；与同时期中等发达国家相比，其现代农业水平已基本一致；与已经实现农业现代化的国家相比虽仍有差距，但这种差距主要是由于非农业系统因素造成，就农业和农村本身而论，这种差距并不明显。这一时期，现代农业水平、农村工业、农村城镇化和农民知识化建设水平较高，农业生产、农村经济与社会和环境的关系进入了比较协调和可持续发展阶段，已经全面实现了农业现代化。

（三）现代农业发展模式

日本经济学家早见雄次郎与美国经济学家费农·拉坦，基于资源禀赋和劳动力状况，以人与土地的多少为分类标志，把现代农业分为三种模式（庄甲，2009）。

（1）美国模式——地多人少型。美国是以人少地多与劳动力短缺为典型特征的国家，其主要目标是提高劳动生产率。

（2）日本模式——人多地少型。其目标是提高土地产出率，将科技进步放在首要位置，采用改良作物品种等措施提高农产品的单位产量。

（3）欧盟模式——人地适中型。欧盟介于美国与日本之间，土地与劳动力适中，其主要目标是提高劳动或土地的生产率，既重视现代化的农业物质装备，又重视科学技术的广泛应用。

在早见雄次郎与费农·拉坦农业阶段划分的基础上，赫修贵（2010）提出了有人微地模式。他认为早见雄次郎和费农·拉坦的划分不全面，还有一种是有人微地模式。以色列模式——有人微地型，在土地与水极度缺乏的条件下，依靠现代科技发展节水农业和高效农业，因此国外现代农业发展目前主要有四种模式。

速水佑次郎与费农·拉坦合作提出诱导型技术创新理论，认为现代农业发展依赖于农业生产率持续增长，生产率持续增长又取决于农业技术不断进步。农业技术进步有代替劳动的机械技术进步和代替土地的生物化学技术进步两种形式。速水佑次郎与费农·拉坦认为，为了促进农业生产率与产出的迅速增长，一个国家如何选择技术进步道路主要取决于其资源禀赋状况：土地丰富、劳动力稀缺的国家通常选择机械技术进步道路，劳动力丰富、土地稀缺的国家通常选择生物化学的技术进步道路（高海珠，2007）。美国经济学家费农·拉坦的研究证明了现代农业发展的基本规律，即劳均土地30公顷以上的国家选择机械技术型农业发展模式，劳均土地3—30公顷的国家选择生物技术、机械技术交错型农业发展模式，而劳均土地不足3公顷的国家则以生物技术型农业发展模式为主。

第二章

农业自主创新能力及其综合评价

农业是国民经济的基础,更是一个国家经济发展的基础。"2020年我国将建设成为创新型国家",这是我国科学技术发展的重大战略性目标。农业自主创新能力的建设则对创建创新型国家有着十分重要的影响。

第一节 农业自主创新能力及其影响因素

一 农业自主创新能力的内涵

(一) 自主创新能力的内涵

自主创新能力,顾名思义,就是依靠自身的力量(或基本依靠自身力量)进行创新的能力,也即将创新资源(主要指知识等)转化为新产品、新工艺、新服务,开拓新市场、新品牌的能力。

自主创新能力是贯穿整个创新过程的多种能力复合作用的结果,它既包括创新主体对资源的掌握和运用能力,也包括使创新主体资源能力得以实现的载体和外部环境所做的贡献;既包括科技成果的创造能力即产出能力,也包括新产品及市场品牌的培育能力。为此,不能把自主创新能力简单地视为技术研发的能力,而是有效组合各种技术资源从而获得自主知识产权和开发新产品形成新品牌以及不断扩大市场份额的能力,是一种综合能力,在整个创新过程中的每一个影响因素都对综合能力的形成和发展有相应的贡献。

根据自主创新实现主体的不同,自主创新能力又分为国家(或区域)层面的自主创新能力和企业自主创新能力两种形式。国家

（或区域）自主创新能力是指依靠自身的力量实现科技突破，进而支撑经济发展、保障国家安全，并能对全球科技发展产生重大影响的本领和能力；企业自主创新能力是企业在技术创新过程中所表现出来的各种能力的综合，指企业通过对内外创新资源的有效整合与运用，通过建立新的技术平台或改变核心技术，实现产业关键技术的重大突破或开发出新产品，并取得自主知识产权，使企业能不断增强核心竞争力，培育自有品牌，从而获得持续竞争优势。

（二）自主创新能力的构成要素

从创新的经济意义理解，自主创新能力在很大程度上就是自主地进行技术创新的能力，因此研究自主创新能力的构成要素，应借鉴传统的对技术创新能力构成要素的划分方法。

从国内外有关研究看，对技术创新能力从不同的角度来分析，其构成要素也不相同，代表性的观点有：（1）技术创新能力是组织能力、适应能力、创新能力和技术与信息获得能力的综合；（2）技术创新能力是产品开发、改进生产技术储备、生产组织等能力的综合；（3）技术创新能力为 R&D 能力、生产准备市场营销能力、管理能力等综合体现；（4）技术创新能力包括创新决策能力、R&D 能力、技术引进与消化吸收能力、市场开拓与市场竞争能力、资金筹集与调度能力、对外协作与攻关能力、人才开发与继续教育能力、企业的组织管理能力等；（5）技术创新能力由可利用的资源对竞争对手的理解、对环境的了解能力、公司组织结构和文化开拓性战略等组成；（6）技术创新能力分为创新决策能力、R&D 能力生产能力、市场营销能力、组织能力四个要素；（7）技术创新能力可以分解为资源投入能力、创新管理能力、创新倾向、R&D 能力、制造能力营销能力以及它们的组合效率、技术创新产出；（8）技术创新能力是一种包括选择能力、研发能力、集成能力和学习能力的综合能力。

上述看法的不同之处主要是分解技术创新能力的视角不同。笔者认为，要提高自主创新能力，加大创新资源的投入是前提，搭建创新载体是基础，加强创新管理、创造良好的创新环境是保证，提高创新成果的产出能力是目的。这几个方面是影响自主创新能力的主要因素。也是构成自主创新能力的主要因素。每一方面因素的变化都对自主创新能力带来相应影响，至于其他方面的因素可以并入上述因素之中。为此，在借鉴上述代表性观点的基础上，将自主创新能力的主要构成要素划分成四大类别或称四个子系统。

（1）创新资源的投入能力。创新资源主要包括人力资源、财力资源和物质资源，具体来说主要是经费、人员和技术设备；创新资源投入能力是指投入创新资源的数量和质量，创新主体拥有或实际运作上述资源是自主创新能力形成的基础，并在一定程度上体现自主创新能力的发展趋势和可能的作用空间。

（2）创新载体的建设能力。创新载体是将人力、资金、物质等创新资源合理搭配，最终实现要素向成果和品牌转化活动的承载物。从宏观上看，科技创新体系的完备与否是重要的载体；从我国现实状况看，国家和省部级重点实验室，国家和省级重点学科，国家和省部级的工程技术研究中心，国家和省部级生产力促进中心或孵化器等是从事创新活动的核心资源，是具有创新能力的创新载体，实际上掌握了这些创新载体才真正实施着具有自主意义的创新。

（3）创新环境的保障能力。创新环境是自主创新活动的社会支持系统，它是资源要素和载体要素市场实现的体制政策和文化保障。创新环境的保障能力是指国家（或区域）对自主创新提供的支持程度和保障能力，这其中包括宏观经济发展的大环境、人文环境、市场化程度、对外开放程度、知识及技术的流动能力以及政策管理等软环境建设等。

（4）创新成果的产出能力。创新成果的产出能力是指创新主体借助创新载体，充分运用创新资源向社会提供的新科学发现以及拥有自主知识产权的技术发明新产品、创建市场品牌等创新成果，这些创新成果通过市场实现和商业化应用促进了技术进步水平的提高。

（三）农业自主创新能力

在农业自主创新能力评价方面，李树德、李瑾、贾凤伶（2008）根据天津农业的特点和农业自主创新能力发展的要求，在讨论考核评价指标体系构建原则的基础上，确定了农业自主创新能力评价指标体系，利用德尔菲法（Delphi）确定自主创新能力评价指标的权重，并利用该评价指标体系对天津市农业自主创新能力发展进行实证研究。李建强、李娟（2008）则侧重于对农业自主创新动力机制方面的研究，他们对农业自主创新动力机制的内涵、构成要素进行了理论分析，对四川省农业自主创新动力机制的现状和存在的问题进行探讨，并从激励机制、约束机制、产权机制等方面提出了进一步完善四川省农业自主创新动力机制的对策建议。胡景辉（2012）、陆建中（2011）等以农业自主创新相关理论为基础，结合农业自主创新的特点，建立了一套比较科学的指标体系。郭冉等（2012）运用灰度关联法、层次分析法对农业自主创新能力的指标进行筛选、分析评价，并且在对各个因素分析评价的基础上，为提高农业自主创新能力提出相应的对策建议。信丽媛等（2010）从农业制度建设、农业科技投入和农业科研、教育与推广结合等四个方面，总结了国内外典型国家和地区关于农业自主创新体系建设过程的有益经验。

综观以上关于农业创新能力方面的研究，目前主要是针对农业技术进步和农业技术创新两方面的研究，对农业自主创新能力评价方面的研究还相对较少，而且目前的研究还不够深入。农业自主创新是以提高农业创新能力、通过建立有效创新机制和服务于农村经济与社会为发展目标，采取多元化创新主体、网络化的创新进程和集约化的创新目标。甘肃农业自主创新是国家农业创新的一个组成部分，提高农业创新能力，无疑是人类社会在迈向知识经济时代进程中实现农业可持续发展的重要举措。本章主要通过对甘肃农业自主创新能力影响因素进行分析，应用定量方法确定甘肃农业自主创新能力的水平，并提出相关的政策建议。

国内外对农业创新能力的研究主要是"农业技术创新"和"农业科技创新"两个方面。农业区域自主创新能力是农业在区域竞争力高低的决定因素之一，其体现了特定区域的创新效率，也是区域创新功能发挥程度的重要标志。美国经济学家舒尔茨在《改造传统农业》中认为，改造传统农业的关键是从农业部门引进新的生产要素，农业技术创新是从传统农业向现代农业转变的关键。美国的费农·拉坦和日本的速水佑次郎提出，农业技术创新产生于生产诱导，而产生生产诱导起因于生产要素价格的变动，要素价格变动诱导产生各种各样不同类型的技术。国内专家学者对农业创新的研究发展同样较为迅速。王培志和黄璜较早提出农业技术创新"是一个从创新的农产品或生产方法的设想产生,到普遍推广应用的完整的过程"。

二 农业自主创新能力影响因素

本部分从农业自主创新投入能力、产出能力以及环境支撑能力三方面对影响农业自主创新的影响因素进行分析。

(一) 投入能力影响因素

农业自主创新投入能力主要指自主创新资源的投入,具体包括人力资源、财力资源和物质资源的投入(见表2—1)。投入能力是自主创新能力形成的基础,它在一定程度上体现了自主创新能力的发展趋势和可能的作用空间。

表2—1　　　　　　农业自主创新投入能力影响因素

一级指标	二级指标	三级指标
农业自主创新投入能力	人力资源投入	农、林、牧、渔业 R&D 折合全时工作量
		农、林、牧、渔业 R&D 折合全时工作量(科学家、工程师)
		R&D 折合全时工作量科学家、工程师比重
		农、林、牧、渔业科技活动人员数量
		每万人农、林、牧、渔业科技活动人员数量
	财力资源投入	农业 R&D 经费内部支出费用
		农业 R&D 经费内部支出基础研究、应用研究费用
		农业 R&D 经费内部支出试验发展费用
		农业 R&D 经费内部支出设备购置费用
		农业 R&D 经费内部支出企业资金
		农、林、牧、渔业科技经费筹集资金
		农、林、牧、渔业科技经费筹集企业资金
		农、林、牧、渔业科技经费筹集事业单位资金
		农、林、牧、渔业科技经费筹集金融机构贷款资金
		农、林、牧、渔业科技经费内部支出费用
		农、林、牧、渔业科技经费内部支出购置仪器设备数量
	物质资源投入	科研基地面积
		大型科研仪器设备数量
		百人电脑数量
		科技书刊数量
		种质资源量

（二）创新产出能力影响因素

农业自主创新产出能力具体表现为通过创新生产的宏观经济产出、科技成果以及无形资产成果的数量（见表2—2）。

表2—2　　　　　　农业自主创新产出能力影响因素

一级指标	二级指标	三级指标
农业自主创新产出能力	宏观经济产出	农业 GDP
		人均农业 GDP
		人均农业 GDP 增长率
		农村居民人均纯收入
		农业增加值增长率
	科技成果	获省级以上农业奖科技成果数量
		获省级以上农业奖科技成果所占比重
		审定品种数量
	无形资产成果	农、林、牧、渔业科技论文数量
		国外发表科技论文数量
		科技著作数量
		专利申请受理数量
		专利授权数量
		发明专利授权数量
		拥有发明专利总数量
		注册商标数量

（三）环境支撑能力影响因素

农业自主创新环境支撑能力包括政策支撑、人文环境和制度保障等（见表2—3）。

表2—3　　　　　　农业自主创新环境支撑能力影响因素

一级指标	二级指标	三级指标
农业自主创新环境支撑能力	政策支撑	农业科技经费内部支出/GDP
		农业 R&D 经费内部支出/GDP
		农业 R&D 经费内部支出政府资金比重
		农业科技经费筹集政府资金比重
		农、林、牧、渔业科技项目比重

续表

一级指标	二级指标	三级指标
农业自主创新环境支撑能力	人文环境	农村劳动力平均受教育年限
		农业科技示范园区数量
		百户农民家庭拥有电脑数量
		万人农业大学在校生人数
		万人农业大学毕业生人数
	制度保障	创新战略规划完备和可行程度
		科技创新体系框架完备程度
		内部各子系统之间的密切配合程度
		知识产权保护体系建设水平

以上是从自主创新投入能力、产出能力、环境支撑能力等方面给出影响农业自主创新能力的因素。影响因素是构建自主创新能力评价体系的基础。

第二节　农业自主创新能力评价指标体系构建

农业自主创新能力评价指标体系是用来描述国家或地区农业自主创新能力发展状况，监测国家或地区农业自主创新能力发展中的矛盾和问题，评价自主创新能力的水平，由多个指标组成的、多层次的相互联系、相互依存的统计指标集；是宏观或微观主体制定自主创新能力发展规划、进行政策研究和科学决策所必不可少的评估依据。

一　农业自主创新能力评价指标体系构建原则

构造一套科学合理的农业自主创新能力评价指标体系是定量研究农业科技投入对自主创新贡献率的前提。本章构建农业自主创新能力评价指标体系遵循以下原则。

（一）系统性原则

构建农业自主创新能力评价指标体系是一项复杂的系统工程，必须真实地反映各地区农业研究发展、投入产出、政府政策等各个侧面的基本特征。各指标间既相互独立又相互联系，共同构成一个有机整体。农业自主创新系统是由农业自主创新的投入能力、产出能力、创新绩效及创新环境等子系统构成。各个能力子系统都应该包括一系列的相关指标，因此要求农业自主创新能力评价指标体系具有宽广的涵盖面，能充分反映农业自主创新能力的系统性特征。

（二）科学性原则

为了准确评价农业的自主创新能力，其投入产出指标的选取应能客观反映农业自主创新能力的投入产出水平和指标间的层次结构。指标体系应能从自主创新的各个层面反映企业的自主创新能力，整体结构合理、指标层次结构清晰，具有较高的可靠性和统计性，以求对自主创新能力有一个真实、可靠的评价。

（三）代表性原则

要正确认识农业自主创新能力，并对其进行有效的监控和管理，就要确保指标体系中的各指标能在某一方面或某一环节上具有一定的代表性。在构建农业自主创新能力指标体系时，要注意选择和设计核心指标及评价指标变动的代表性。由于指标间的相关性，在选择指标时应减少相关性。

（四）可获取性原则

农业自主创新能力评价还处于探索阶段，由于各个地区的经济、社会、科技教育等条件与水平的不同，自主创新所面对的问题也就不同。指标的选取要在较准确反映各地区创新能力发展的基础上，本着少而精的原则，尽可能选取与国家基本统计口径一致的指标，力求用较少的指标来最大限度地反映农业自主创新的基本情况。

（五）可行性原则与可比性原则相结合

自主创新的投入产出指标应从能准确获取数据的指标当中选取。有些指标虽然理论上可行，但实际操作过程中很难获取相应的数据，或者获取数据的成本过高不易于实际操作。同时，必须明确各评价指标的含义、统计口径、时间、地点和适用范围，以确保指标的可比性。因为评价的实质就是比较，而只有可比性的指标，才能提供准确的比较信息资料，才能发挥评价指标体系的作用。可比性原则有两个含义：一是评价指标应该在不同的时间或空间范围上具有可比性；二是在不同时期进行比较时，一般采用相对数、比例数、指数和平均数等进行比较才具有可比性。

二 农业自主创新能力评价指标体系构建

在分析农业自主创新能力影响因素的基础上，依据农业自主创新能力评价指标体系的构建原则，从创新投入、创新产出、环境支撑三个方面综合对比筛选了10个指标，建立了农业自主创新能力评价指标体系，该指标体系共分三级，见表2—4。

表2—4　　　　农业自主创新能力评价指标体系

一级指标	二级指标	三级指标
农业自主创新能力	创新投入	R&D经费投入
		农业技术人员
		农村固定资产投资
		教育经费
	创新产出	农业总产值
		科技成果
		农村居民人均纯收入
	环境支撑	农作物耕种面积
		农业就业劳动力
		农业机械总动力

利用指标体系对自主创新能力进行评价能够在一定程度上克服单项指标的局限性，但是由于同时使用多个指标，经常会在不同指标之间出现相互矛盾的情况，影响农业自主创新能力的对比分析。观察自主创新能力评价指标体系，可以发现，所选择的每一个指标都在不同程度上反映了农业自主创新能力的某些信息，但由于各指标之间存在一定的相关关系，评价过程中可能会造成信息重叠，导致统计结果失真。

第三节 农业自主创新能力综合评价模型与方法

一 自主创新能力评价方法

自主创新能力评价的方法较多,主要包括层次分析法、多元统计分析方法、数据包络分析方法、灰色理论分析方法。

(一)层次分析方法

层次分析法(Analytic Hierarchy Process,AHP)是美国运筹学家匹兹堡大学教授托马斯·塞蒂(T. L. Saaty)于20世纪70年代初,在为美国国防部研究"根据各个工业部门对国家福利的贡献大小而进行电力分配"课题时,应用网络系统理论和多目标综合评价方法提出的一种层次权重决策分析方法。层次分析方法适用于复杂层次结构的多目标决策分析,一般根据需要评价目标影响因素的复杂程度,在评价目标与评价指标之间分3—4级:目标层、准则层、因素层以及指标层。通过定量和定性数据,获得各项指标的测度值,并将其标准化,做无量纲处理。最后得出评价目标的综合得分。

层次分析法的缺点是不能为决策提供新方案。层次分析法的作用是从备选方案中选择较优者。在应用层次分析法的时候,存在的情况是自身创造能力不够,造成我们只能在自己想出来的众多方案里选出一个最好的。而对于大多数的决策者而言,如果分析工具能分析出在已知的方案里的最优者,然后指出方案的不足,或者再提出改进方案的话,这种分析工具才是比较完美的。

(二)多元统计分析方法

多元统计分析主要是应用主成分分析、因子分析、聚类分析等方法对一些对象进行分类和评价。

1. 主成分分析

主成分分析是一种数学变换的方法,它把给定的一组相关变量通过线性变换转成另一组不相关的变量,这些新的变量按照方差依次递减的顺序排列。在数学变换中保持变量的总方差不变,使第一变量具有最大的方差,称为第一主成分;第二变量的方差次大,并且和第一变量不相关，称为第二主成分。依次类推，n个变量就有n个主成分。

主成分分析是一种降维的方法，便于分析问题，但在实际分析中需要注意以下问题：（1）明确和判断该数据降维的条件是否成立；（2）主成分系数的平方和是否为1；（3）明确和判断所用数据是否适合做单独的主成分分析；（4）选取的主成分对原始变量是否具有代表性。

2. 因子分析

因子分析（Factor Analysis）是一种常用的多元统计分析方法，其功能在于简化观测系统、减少变量个数，用少量共性指标解释整个系统。因子分析从研究多个指标之间的相互依赖关系入手，在尽量保持原有信息完整性的前提下，寻找少量能够控制所有变量的公因子，以体现原始变量与公因子之间的关系。最后计算主要指标的合理权重，依照公因子得分对每个样本对象进行综合评价。

在算法上，因子分析与主成分分析很相似，不过在因子分析中所采用的协方差矩阵的对角元素不再是变量的方差，而是和变量对应的共同度（变量方差中被各因子所解释的部分）。和主成分分析相比，由于因子分析可以使用旋转技术帮助解释因子，在解释方面更加有优势。大致说来，当需要寻找潜在的因子，并对这些因子进行解释的时候，更加倾向于使用因子分析，并且借助旋转技术帮助更好地解释。如果想把现有的变量变成少数几个新的变量（新的变量几乎带有原来所有变量的信息）来进入后续的分析，则可以使用主成分分析。当然，这种情况也可以使用因子得分做到。所以这种区分不是绝对的。

3. 聚类分析

聚类分析是直接比较各事物之间的性质，将性质相近的归为一类，将性质差别较大的归入不同类的分析技术。

传统的聚类算法已经比较成功地解决了低维数据的聚类问题。但是由于实际应用中数据的复杂性，在处理许多问题时，现有的算法经常失效，特别是对于高维数据和大型数据的情况。传统聚类方法在高维数据集中进行聚类时，主要遇到两个问题：（1）高维数据集中存在大量无关的属性使得在所有维中存在簇的可能性几乎为零；（2）高维空间中数据较低维空间中数据分布要稀疏，其中数据间距离几乎相等是普遍现象，而传统聚类方法是基于距离进行聚类的，因此在高维空间中无法基于距离来构建簇。

（三）数据包络分析方法

数据包络分析方法（Data Envelopment Analysis，DEA）和模型是1976年由美国的库珀（Cooper）等人首先提出的。它用来对多投入、多产出的多个决策单元的效率进行评价，用来比较提供相似产出的产出单位之间的效率。DEA是一种非参数的评价方法，其实质是根据一组关于输入—输出的观测值来确定有效生产前沿面。

DEA的优点是科研评价输入、输出书面都有很多的对象，并且DEA可以给出有益的管理信息，以指导各个单位改进工作方式和提高管理水平。缺点是DEA是相对效率的评价，它不能对某一对象的绝对效率进行评价，不能表明对象的实际技术水平。

（四）灰色理论分析方法

灰色理论分析法是邓聚龙教授提出的。目前一些灰色理论方法已用于技术创新能力评价中，如灰色关联分析、灰色聚类分析。灰色关联分析就是根据因素之间发展趋势的相似或相异程度，亦即"灰色关联度"，作为衡量因素间关联程度的一种方法。灰色聚类分析实质上是构建灰色相似关系矩阵，反映分析对象中各元素之间的亲疏关系。

本章主要采用多元统计分析的因子分析方法。

二　因子分析法

因子分析是一种数据简化的技术。它通过研究众多变量之间的内部依赖关系，探求观测数据中的基本结构，并用少数几个假想变量来表示其基本的数据结构。这几个假想变量能够反映原来众多变量的主要信息。原始的变量是可观测的显在变量，而假想变量是不可观测的潜在变量，称为因子。

(一) 因子分析模型

设 X_i ($i=1, 2, \cdots, p$) 有 p 个变量,表示为:

$$X_i = a_{i1}F_1 + \cdots + a_{im}F_m + \varepsilon_i \ (m \leqslant p)$$

或

$$\begin{pmatrix} X_1 \\ X_2 \\ \vdots \\ X_p \end{pmatrix} = \begin{pmatrix} a_{11} & a_{12} & \cdots & a_{1m} \\ a_{21} & a_{22} & \cdots & a_{2m} \\ \vdots & \vdots & & \vdots \\ a_{p1} & a_{p2} & \cdots & a_{pm} \end{pmatrix} \begin{pmatrix} F_1 \\ F_2 \\ \vdots \\ F_m \end{pmatrix} + \begin{pmatrix} \varepsilon_1 \\ \varepsilon_2 \\ \vdots \\ \varepsilon_p \end{pmatrix}$$

或 $X = AF + \varepsilon$

称 $F_1, F_2, \cdots, F_m$ 为公共因子,是不可观测的变量,它们的系数称为因子载荷。ε_i 是特殊因子,是不能被前 m 个公共因子包含的部分。并且满足:

(1) cov (F, ε),F, ε 即不相关;

(2) $F_1, F_2, \cdots, F_m$ 互不相关,方差为 1,即:

$$D(F) = \begin{pmatrix} 1 & & & \\ & 1 & & \\ & & \ddots & \\ & & & 1 \end{pmatrix}$$

(3) 互不相关,方差不一定相等,$\varepsilon_i \sim N(0, \sigma_i^2)$,即:

$$D(\varepsilon) = \begin{pmatrix} \sigma_1^2 & & & \\ & \sigma_2^2 & & \\ & & \ddots & \\ & & & \sigma_p^2 \end{pmatrix}$$

(二) 因子载荷矩阵中的几个统计特征

(1) 因子载荷 a_{ij} 是第 i 个变量与第 j 个公共因子的相关系数,反映了第 i 个变量与第 j 个公共因子的相关性。

(2) 变量共同度的统计意义。变量 X_i 的共同度是因子载荷矩阵的第 i 行元素的平方和,记为 $h_i^2 = \sum_{j=1}^{m} a_{ij}^2$。

$h_i^2 + \sigma_i^2 = 1$,即所有的公共因子和特殊因子对变量 X_i 的贡献为 1。如果 $\sum_{j=1}^{m} a_{ij}^2$ 非常靠近 1,σ_i^2 非常小,则因子分析的效果好,从原变量空间到公共因子空间的转化性质好。

（3）公共因子 F 方差贡献的统计意义。因子载荷矩阵中各列元素的平方和 $S_j^2 = \sum_{i=1}^{P} a_{ij}^2$ 为所有的 F_j ($j=1$，$\cdots$，m) 对 X_i 的方差贡献和。衡量 F_j 的相对重要性。

（三）因子分析的步骤

因子分析有两个核心问题：一是如何构造因子变量；二是如何对因子变量进行命名解释。因子分析有下面四个步骤。

1. 确定待分析的原有若干变量是否适合于因子分析

因子分析是从众多的原始变量中构造出少数几个具有代表意义的因子变量，这里面有一个潜在的要求，即原有变量之间要具有比较强的相关性。如果原有变量之间不存在较强的相关关系，那么就无法从中综合出能反映某些变量共同特征的少数公共因子变量。因此，在因子分析时，需要对原有变量做相关分析。最简单的方法就是计算变量之间的相关系数矩阵。如果相关系数矩阵在进行统计检验中，大部分相关系数都小于 0.3，并且未通过统计检验，那么这些变量就不适合进行因子分析。

2. 构造因子变量

因子分析中有多种确定因子变量的方法，如基于主成分模型的主成分分析法和基于因子分析模型的主轴因子法、极大似然法、最小二乘法等。其中基于主成分模型的主成分分析法是使用最多的因子分析方法之一。下面以该方法为对象进行分析。

主成分分析通过坐标变换手段，将原有的 p 个相关变量 x_i 做线性变化，转化为另外一组不相关的变量 y_i，可以表示为：

$$\begin{cases} y_1 = u_{11}x_1 + u_{21}x_2 + \cdots + u_{p1}x_p \\ y_2 = u_{12}x_1 + u_{22}x_2 + \cdots + u_{p2}x_p \\ \vdots \quad \vdots \quad \vdots \quad \vdots \\ y_p = u_{1p}x_1 + u_{2p}x_2 + \cdots + u_{pp}x_p \end{cases}$$

y_1，y_2，y_3，$\cdots$，y_p 为原有变量的第一、第二、第三……第 p 个主成分。其中 y_1 在总方差中占的比例最大，综合原有变量的能力也最强；其余主成分在总方差中占的比例逐渐减少，也就是综合原变量的能力依次减弱。主成分分析就是选取前面几个方差最大的主成分，这样既达到了因子分析较少变量个数的目的，同时又能以较少的变量反映原有变量的绝大部分信息。主成分分析的步骤如下：

第一，数据的标准化处理。

$x_{ij}^* = \dfrac{x_{ij} - x_j}{S_j}$，其中，$i = 1, 2, \cdots, n$，$n$ 为样本点数，$j = 1, 2, \cdots, p$，p 为样本原变量数目。

第二，计算数据 $|x_{ij}|_{n \times p}$ 的协方差矩阵 R。

第三，求 R 的前 m 个特征值：$\lambda_1 \geq \lambda_2 \geq \lambda_3 \geq \cdots \geq \lambda_m$，以及对应的特征向量 $u_1, u_2, \cdots, u_m$，这些特征向量是标准化正交向量。

第四，求 m 个变量的因子载荷矩阵。

3. 旋转使得因子变量更具有可解释性

进行因子分析的数学目的不仅仅是要找出公共因子以及对变量进行分组，更重要的是要知道每个公共因子的意义，以便进行进一步的分析。如果每个公共因子的含义不清，则不便于进行实际的解释。因子旋转的目的是使因子载荷矩阵的结构简化，使各个因子的载荷值尽可能地向 0 和 1 两个极值转化。因子旋转的主要方法有：四次方最大法、方差最大法和等量最大法，本章分析采用方差最大法。

4. 计算因子变量的得分

计算因子得分是因子分析的最后一步。因子变量确定以后，对每一样本数据，希望得到它们在不同因子上的具体数据值，这些数值就是因子得分，它和原变量的得分相对应。有了因子得分，在以后的研究中，就可以针对维数少因子得分来进行。

计算因子得分首先是将因子变量表示为原有变量的线性组合，即：

$F_j = \beta_{j1} x_1 + \beta_{j2} x_2 + \cdots + \beta_{jp} x_p$ $(j = 1, 2, \cdots, m)$

估计因子得分的方法有回归法、Bartlett 法、Anderson – Rubin 法等，本章采用回归法。

第四节 甘肃农业自主创新发展现状

一 我国农业自主创新发展现状

(一) 我国农业自主创新资源投入现状

要实现农业自主创新,离不开资源的大量投入。以下就从科研人员投入、R&D经费投入、固定资产投资三方面,来分析我国农业自主创新资源投入现状。

1. 科研人员投入

农业科研人员投入对农业自主创新有着直接的关联作用。根据《中国科技统计年鉴》,得到我国2000—2011年研究与开发机构科研人员数据,其中2000—2008年的指标为科技活动人员,2009—2011年的指标为R&D人员,R&D人员指调查单位内部从事基础研究、应用研究和试验发展三类活动的人员。为考察农业科研人员的投入情况,将农业科研人员数量进行横向比较和纵向比较,通过计算农业科研人员数量在全部行业科技人员数量中的占比,以及农业科研人员数量较上年的增幅,描绘出我国科研人员数量的趋势图,如图2—1所示。

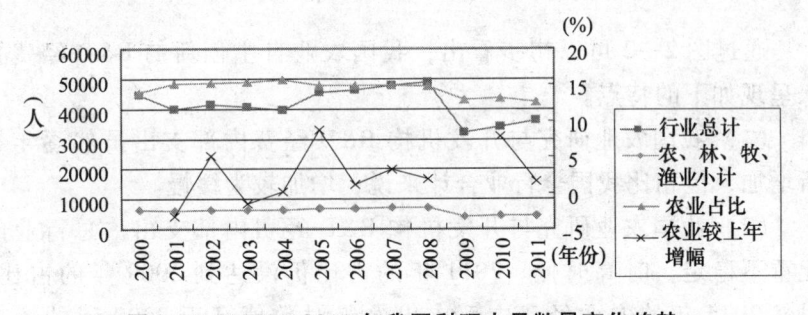

图2—1 2000—2011年我国科研人员数量变化趋势

通过图2—1可以初步看出,我国农业自主创新的科研人员投入呈现出如下的特点。

(1) 与我国全行业科研人员总数相比,我国农业科研人员的数量增长较为缓慢,数量的增幅甚至出现负数。这初步反映出,农业自主创新的科研人员投入,没有受到足够的重视,这将延缓我国农业的创新进程。

(2) 我国农业科研人员的占比波动较大,甚至呈现下降趋势。这说明了我国农业科研人员的投入是不稳定的。

2. R&D 经费投入

农业的 R&D 经费投入是决定农业自主创新能力的重要因素。R&D 经费内部支出指调查单位在报告年度用于内部开展 R&D 活动的实际支出,包括基础研究、应用研究、试验发展三部分,该指标能够反映出 R&D 经费的投入情况。图 2—2 显示了 2002—2011 年我国研究与开发机构 R&D 经费内部支出变化趋势。

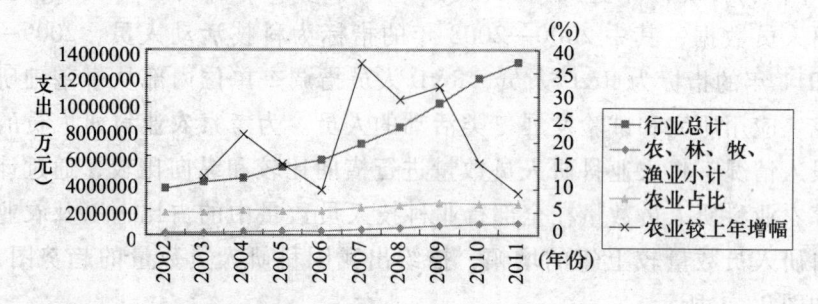

图 2—2　2002—2011 年我国研究与开发机构 R&D 经费内部支出

通过图 2—2 可以初步看出,我国农业自主创新的 R&D 经费投入呈现如下的特点。

(1) 我国农业研究与开发机构 R&D 经费内部支出虽然逐年有所增加,但相比我国全行业合计来说,增加较为缓慢。

(2) 我国农业研究与开发机构 R&D 经费内部支出占总行业的比重不稳定,时高时低。2011 年的占比仍没达到 2009 年的占比,虽然 2011 年的农业经费内部支出的绝对数值高于 2009 年的该项值。可见,农业 R&D 经费并没有得到充分的保障。

3. 固定资产投资

全社会固定资产投资是以货币形式表现的在一定时期内全社会建造和购置固定资产的工作量以及与此有关的费用的总称。该指标是反映固定资产投资规模、结构和发展速度的综合性指标。我国全社会固定资产投资及农业固定资产投资的占比和增幅,如图2—3所示。

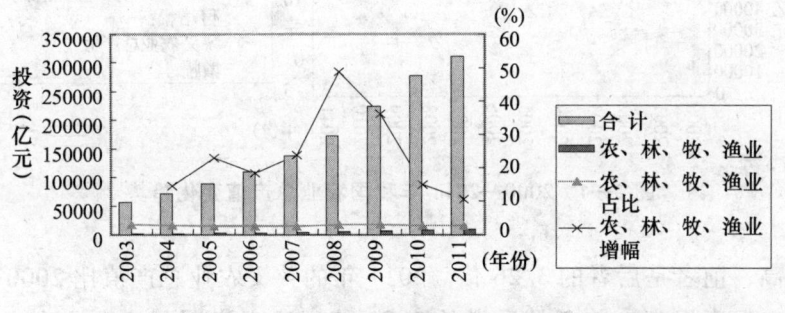

图2—3 2003—2011年我国固定资产投资变化趋势

由图2—3可见,农业固定资产投资占全社会固定资产投资的比例一直都很低,而且没有明显的增长。农业固定资产投资的年增幅虽然不低,但并不稳定。这反映出农业固定资产的投入并不充分。

(二)我国农业自主创新产出现状

基于我国农业自主创新资源的不断投入,我国农业产出也有了显著的变化,以下从农业总产值、科技成果、农民人均家庭经营纯收入、主要农产品单位产量四个方面,来分析我国农业自主创新产出现状。

1. 农业总产值

农、林、牧、渔业总产值反映一定时期内农、林、牧、渔业生产总规模和总成果,是衡量我国农业自主创新产出的一个重要指标,图2—4显示了我国农业总产值及其增幅变化趋势。

通过图2—4可以看出,我国农业总产值变化呈现出如下趋势。

(1)农、林、牧、渔业总产值呈较快上升趋势,狭义农业总产值除了一年有所下降,其他年份都在较快上升。农、林、牧、渔业总产值和狭义农业总产值在个别年份增幅很小,这反映出农业产值与自然条件关系密切,存在一些不确定性,自主创新虽然可以显著影响总产值,但并不能完全决定总产值。

(2)我国2011年农、林、牧、渔业总产值比2000年有大幅度

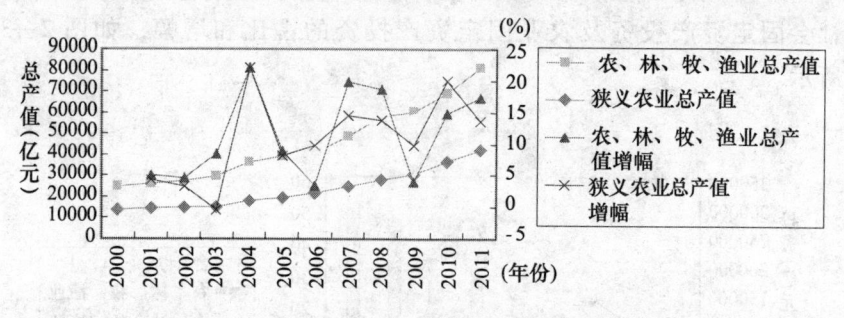

图2—4 2000—2011年我国农业总产值变化趋势

提高，前者是后者的3.26倍。2011年的狭义农业总产值比2000年有大幅度提高，前者是后者的3.03倍。这也说明了，农业自主创新能力的提升对农业总产值有显著的提高作用。

（3）根据前文分析，我国农业R&D经费内部支出的年增幅在10%上下，与全国农业总产值的年增幅大致是匹配的。这在一定程度上说明，研发经费投入的增长影响农业总产值的增长。

2. 科技成果

通过图2—5可以看出，我国农业科技成果数量每年增幅很不稳定，有些年份为负增长；同时，农业科技成果占总行业的比重基本稳定。农业科技成果数量增幅的不稳定，反映出科研活动的风险性特征。农业科技成果占比的稳定，反映了农业自主创新的科技成果产出情况较好。

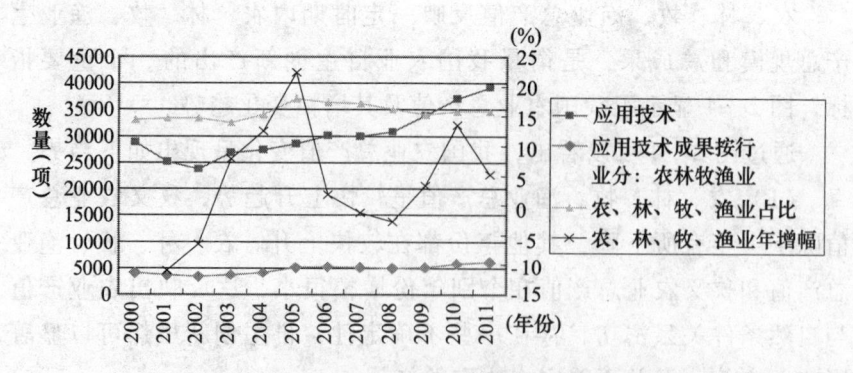

图2—5 2000—2011年我国农业重大科技成果数量

3. 农民人均家庭经营纯收入

农民人均家庭经营纯收入可以直接反映农业的产出，特别是在农业自主创新情况下的产出。我国2000—2011年农民人均家庭经营纯收入情况及较上年增幅趋势如图2—6所示。

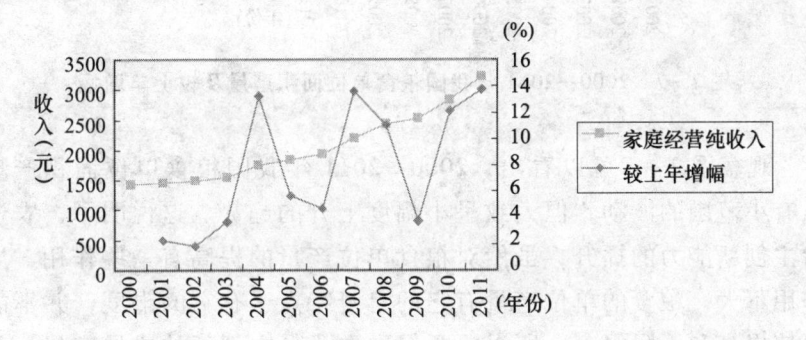

图2—6 2000—2011年我国农民人均家庭经营纯收入及较上年增幅

通过图2—6可以看出我国农民人均家庭经营纯收入的变化特点。

（1）2000—2011年，农民人均家庭经营纯收入呈快速上升趋势，尤其是2007年以后，年增幅为10%左右。但有些年份增幅较小，反映出农民收入与自然条件有关，具有不确定性。

（2）2011年的农民人均家庭经营纯收入比2000年有大幅度提高，前者是后者的2.26倍。这也说明了农业自主创新能力的提升，能够显著提高农民人均家庭经营纯收入。

4. 主要农产品单位产量

农业自主创新产出的另外一个表现是主要农产品的单位产量，而广义的主要农产品涵盖了农林牧渔等各项具体门类。基于数据可得性，本节仅考虑粮食这种农产品。粮食有许多种，如谷物、小麦、玉米等，现以粮食的单位面积产量这一指标，来代表我国的主要农产品单位面积产量，2000—2011年我国粮食单位面积产量及较上年增幅变化如图2—7所示。

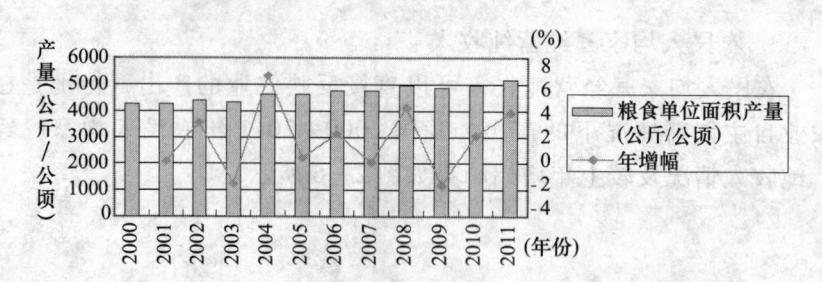

图 2—7 2000—2011 年我国粮食单位面积产量及较上年增幅

观察图 2—7 可以看出，2000—2011 年我国粮食单位面积产量虽有小范围的波动，但大致呈小幅度上升的趋势。这说明了，农业自主创新能力的提升，虽然对粮食单位产量的提高有一些作用，但作用不大。粮食的单位产量有它的自身特点，有它的限度，并不能急速提高和无限提高。所以，要促进农业自主创新的成果产出，并不是只在粮食单位产量和农产品单位产量上下功夫。

（三）我国农业自主创新环境现状

良好的农业自主创新环境，是农业自主创新高效率高质量开展的有力保障。以下就从农业机械总动力、农作物播种总面积、大中型拖拉机数量三方面，来分析我国农业自主创新环境现状。

1. 农业机械总动力

农业机械总动力指全部农业机械动力的额定功率之和。《中国统计年鉴》中提供了我国 2000—2011 年的农业机械总动力数据，农业机械总动力变化趋势如图 2—8 所示。

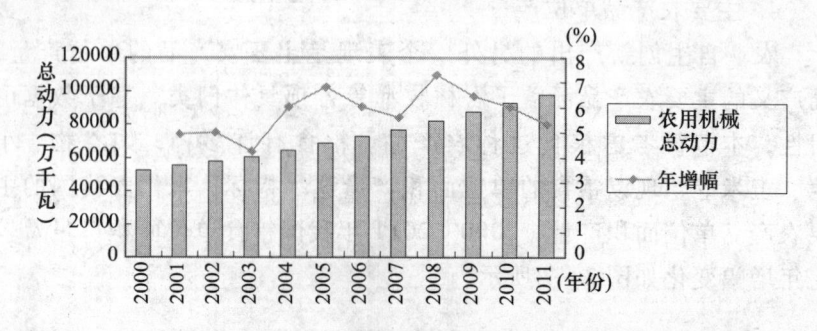

图 2—8 2000—2011 年我国农业机械总动力变化趋势

通过图2—8可以得出，2000—2011年农业机械总动力呈小幅上升趋势，年增幅保持在5%左右。农业机械总动力的稳步增加，有利于改善农业自主创新的环境，同时为确保国家粮食安全、农民增收和农村可持续发展提供了技术支撑。

2. 农作物播种总面积

农作物播种面积指实际播种或移植农作物的面积。我国2000—2011年的农作物播种总面积变化趋势如图2—9所示。

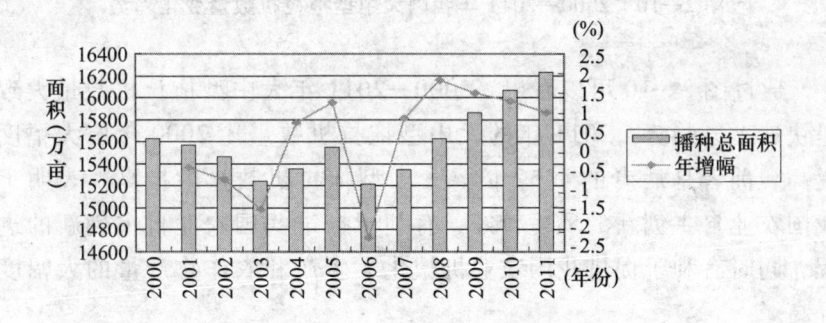

图2—9　2000—2011年我国农作物播种总面积变化趋势

通过图2—9可以得出，2000—2011年农作物播种总面积呈"W"形状，2011年的农作物播种总面积比2000年有极小幅度的提高，前者仅仅是后者的1.04倍。农作物播种总面积的年增幅起伏较大，甚至四次出现负值，即使是正的增幅，增幅的值也较小，仅在1%左右。这说明了，农作物播种总面积这一因素，对农业自主创新的环境，并不能有太多实质性的改善。农作物的播种面积，不断被建筑和道路所占用，很难有明显的增加，这不利于农业自主创新，对农业自主创新也就提出了更高的要求。

3. 大中型拖拉机数量

我国2000—2011年的农用大中型拖拉机数量的变化趋势如图2—10所示。

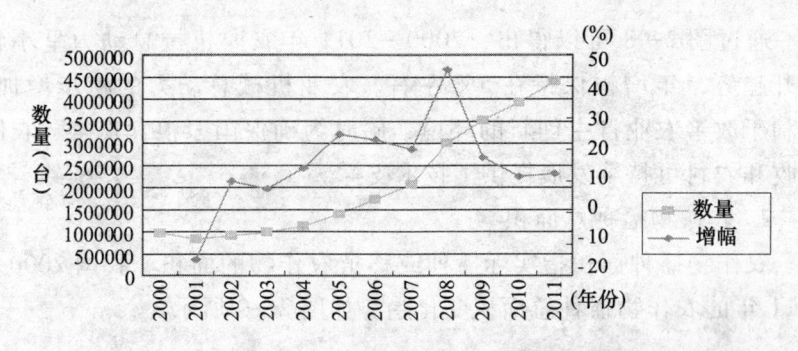

图 2—10 2000—2011 年我国大中型拖拉机数量变化趋势

通过图 2—10 可以看出，2000—2011 年大中型拖拉机数量大致呈快速上升趋势。2011 年的大中型拖拉机数量比 2000 年有大幅度提高，前者是后者的 4.52 倍。大中型拖拉机数量的提高，表明了我国农业自主创新的环境较好，有利于推进我国农业自主创新的进程，同时有利于促进我国农业机械化大生产和农作物产量的大幅度提高。

二 甘肃农业自主创新发展现状

加强自主创新能力建设是现代农业发展的必然要求，是巩固和提高农业综合生产能力、增强农业科技对建设现代农业的支撑和引领作用的迫切需要。作为全国重要的农业综合商品生产基地，甘肃省有丰富的劳动力资源，劳动力成本低廉和一定的有机耕作和种植基础，经过多年快速发展，农业已取得了丰硕成果。同时，甘肃省地处黄土、蒙新高原交汇地带，多样化的气候类型为多样化生态农业和生物种类创造了条件。但其农业在发展创新中仍面临着自然资源匮乏、农业生产效率低、农村剩余劳动力比重高、科技支撑能力较弱等诸多问题。

（一）甘肃农业自主创新资源投入现状

1. 科研人员投入

到 2011 年年末，甘肃省农业科研人员的人数为 25675 人，占所有农业就业劳动力的 3‰ 左右，从图 2—11 可以看出，农业科研人员从 2000 年开始呈平稳缓慢增长的趋势，这一变化反映了甘肃省农业科研机构的改革成果在逐渐显现出成效来。近年来，为了增加科研机构的创新资源，提高科研机构的科研水平，同时，也为增强农业企业的自主创新能力，甘肃省各级科研单位都进行了改革，改革的重要举措就是转制，即科研机构自主选择并入龙头企业或是单独成公司。

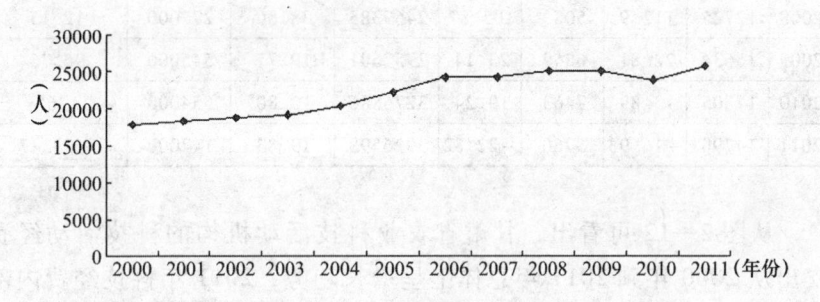

图2—11　2000—2011年甘肃省农业科研人员变化情况

2. R&D 经费投入

农业科技活动机构的经费支出主要包括事业经费支出、科技经费支出。其中，R&D 活动经费是衡量一个地区农业自主创新能力的重要指标。表2—5详细反映了甘肃省农业科技活动机构的科技活动经费支出情况。

表2—5　甘肃省农业 R&D 经费支出、农业教育经费、农村固定资产投资情况

时间	R&D 经费支出 数量（万元）	增长率（%）	人均 R&D 经费 数量（元）	增长率（%）	教育经费 数量（元）	增长率（%）	固定资产投资 数量（万元）	增长率（%）
2000	4751	—	2662	—	535287	—	63000	—
2001	6294	32.48	3440	29.23	686750	28.30	91000	44.44
2002	8576	26.61	4576	33.02	836719	21.84	88000	-3.30
2003	8116	5.67	4244	-7.55	914336	9.28	185000	110.23
2004	4572	-43.67	2248	-47.03	1031445	12.81	145000	-21.62
2005	2859	-37.47	1290	-42.62	1195074	15.86	179000	23.45

续表

时间	R&D 经费支出 数量（万元）	R&D 经费支出 增长率（%）	人均 R&D 经费 数量（元）	人均 R&D 经费 增长率（%）	教育经费 数量（元）	教育经费 增长率（%）	固定资产投资 数量（万元）	固定资产投资 增长率（%）
2006	5865	105.14	2422	87.75	1448234	21.18	300000	67.60
2007	5977	1.91	2469	1.94	1779095	22.85	247000	-17.67
2008	12725	112.9	5083	105.87	2469385	38.80	277000	12.15
2009	15634	22.81	6259	23.14	2957601	19.77	545000	96.75
2010	17805	13.89	7463	19.24	3276886	10.80	554000	1.65
2011	14790	-16.93	5760	-22.82	3926598	19.83	147000	-73.47

从图 2—12 可看出，甘肃省农业科技活动机构的科技活动经费支出从 2000 年到 2011 年总体上呈增长趋势，2011 年科技经费内部支出为 14790 万元，比 2000 年增加了 10039 万元。同时在教育经费以及固定资产投资方面，也基本呈现增长的趋势。只有固定资产投资在 2002 年、2004 年、2007 年、2011 年出现了不同程度的下降趋势，其中 2011 年的下降率达到了 73.47%。而人均 R&D 经费支出还特别小，最多的是 2010 年，才 7463 元，只占全国的 5.12 万元的 14.58%。这说明了甘肃省农业科研投入的配置状态和水平还是不均衡的。人员和资金虽说都在增加，但是人均水平还特别的低。

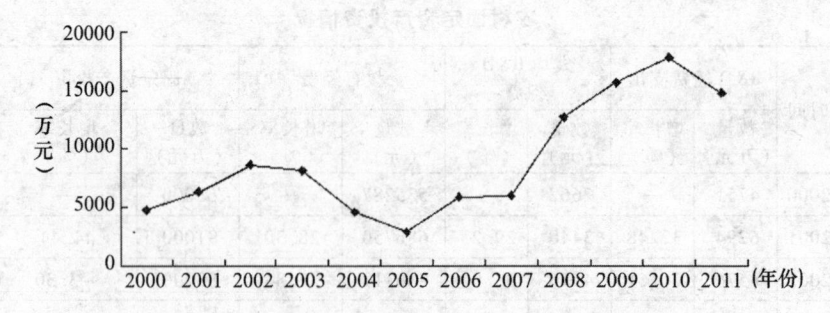

图 2—12 2000—2011 年甘肃省农业 R&D 经费投入变化情况

（二）甘肃农业自主创新产出现状

1. 农业总产值

如图2—13、图2—14、图2—15、图2—16所示，甘肃农业总产值的变化整体上呈现上升趋势，且上升的速率越来越大。

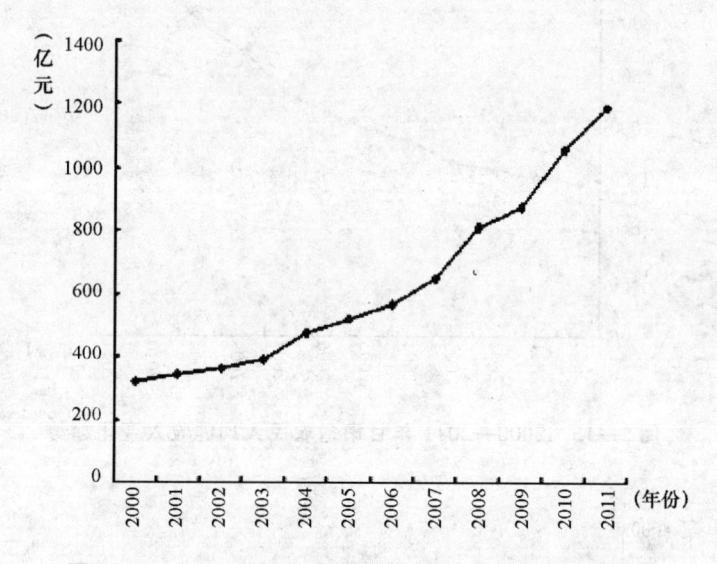

图2—13　2000—2011年甘肃省农业总产值变化趋势

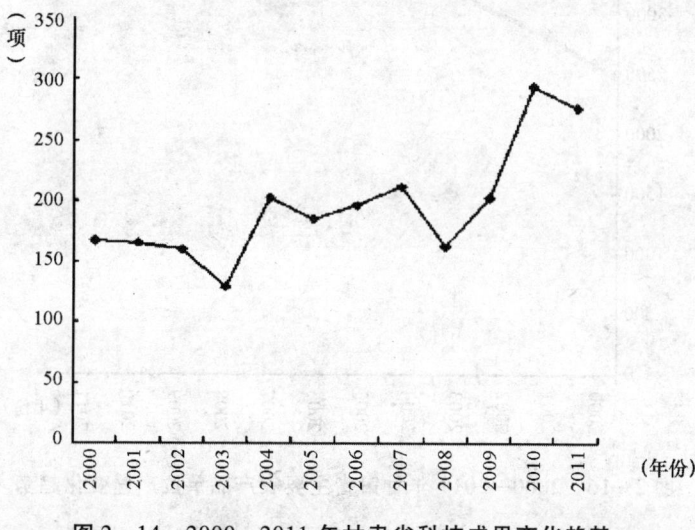

图2—14　2000—2011年甘肃省科技成果变化趋势

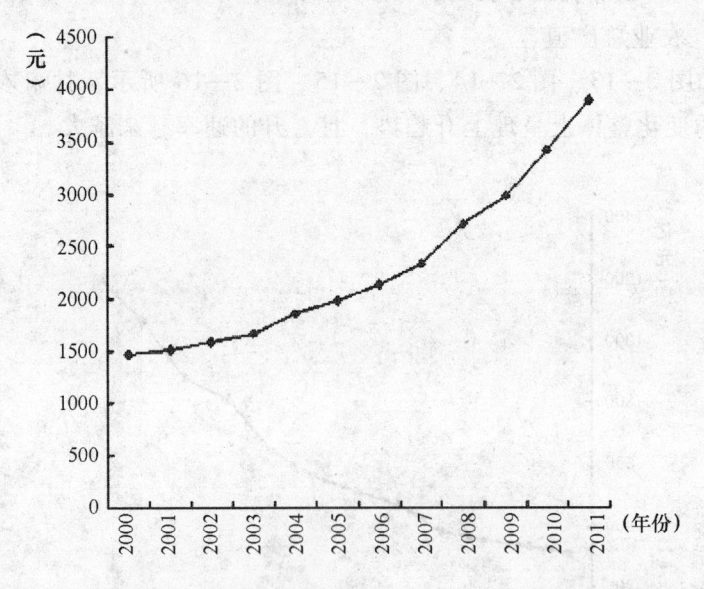

图 2—15　2000—2011 年甘肃省农民人均纯收入变化趋势

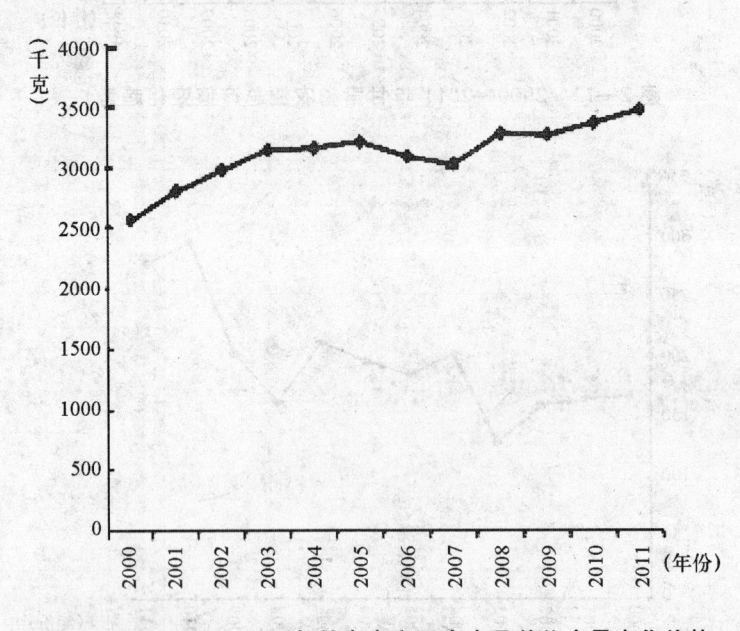

图 2—16　2000—2011 年甘肃省主要农产品单位产量变化趋势

2. 科技成果

从表2—6中可以看出，在2000—2011年这12年中，农业科技成果有五年呈现上升的趋势，分别是2004年（56.59%）、2006年（5.95%）、2007年（7.65%）、2009年（25.31%）、2010年（44.83%），而有六年呈现下降的趋势，分别是2001年（1.2%）、2002年（3.03%）、2003年（19.38%）、2005年（8.42%）、2008年（23.22%）、2011年（6.12%）。

表2—6　甘肃省农业总产值、科技成果、农民人均家庭经营纯收入、主要农产品单位产量情况

时间	农业总产值 数量（亿元）	增长率（%）	科技成果 数量（项）	增长率（%）	农民人均家庭经营纯收入 数量（元）	增长率（%）	主要农产品单位产量 数量（公斤）	增长率（%）
2000	323.03	—	167	—	1011.78	—	2558.9	—
2001	344.61	6.68	165	-1.20	1016.02	0.42	2802.8	9.53
2002	359.44	4.31	160	-3.03	1056.87	4.02	2976.35	6.19
2003	390.48	8.64	129	-19.38	1108.52	4.89	3142.4	5.58
2004	477.35	22.25	202	56.59	1228.93	10.86	3157.8	0.49
2005	521.53	9.26	185	-8.42	1263.42	2.81	3209.1	1.62
2006	561.36	7.64	196	5.95	1291.85	2.25	3089.65	-3.72
2007	646.26	15.12	211	7.65	1426.90	10.45	3026.95	-2.03
2008	808.10	25.04	162	-23.22	1543.20	8.15	3281.05	8.39
2009	876.2818	8.44	203	25.31	1583.20	2.59	3269.75	-0.34
2010	1057.0174	20.63	294	44.83	1856.00	17.23	3366.35	2.95
2011	1187.7562	12.37	276	-6.12	1866.80	0.58	3476.95	3.29

3. 农民家庭经营纯收入

从表2—6中数据可以看出，农民家庭经营纯收入全部呈现递增的趋势，最高的增长率出现在2010年，为17.23%。随着科技发展，农业技术也在不断的进步，农民家庭经营纯收入在稳步地上升。

4. 主要农产品单位产量

从表2—6中数据可以看出，主要农产品单位产量基本呈现递增趋势，而只有2006年、2007年、2009年出现小幅度的下降。主要原因是当年的粮食出现了减产情况。同时，由于甘肃省农业产业化推广方面的数据不可得性，无法对甘肃省农业技术推广进行分析。但是在农技推广项目中，从宏观上估计，甘肃省还需加强。

（三）甘肃农业自主创新环境现状

如表2—7所示，甘肃省农业机械总动力和大中型拖拉机情况基本上呈现上升的趋势，只有大中型拖拉机的数量在2002年出现了骤减，导致了负增长率的出现。而农作物播种总面积大体上是下降的趋势，这与我国大力倡导的政策"退耕还林"不无相关。而且由于工业的发展，更多的农民选择了进城打工，造成大量土地成为荒地，农作物播种面积减少。

表2—7　甘肃省农业机械总动力、农作物播种总面积、大中型拖拉机情况

时间	农业机械总动力 数量（万千瓦）	增长率（%）	农作物播种总面积 数量（万亩）	增长率（%）	大中型拖拉机 数量（台）	增长率（%）
2000	1056.9	—	5610.27	—	12260	—
2001	1122	6.16	5533.35	-1.37	12331	0.58
2002	1185.3	5.64	5474.9	-1.06	11733	-4.85
2003	1255.4	5.91	5431.38	-0.79	12997	10.77
2004	1321.3	5.25	5503.34	1.32	14347	10.39
2005	1406.9	6.48	5589.02	1.56	18342	27.85
2006	1466.3	4.22	5615.03	0.47	23999	30.84
2007	1577.3	7.57	5752.03	2.44	31240	30.17
2008	1686.3	6.91	5802.92	0.88	38300	22.60
2009	1822.65	8.09	3938.64	-32.13	58200	51.96
2010	1977.55	8.50	3995.18	1.44	73200	25.77
2011	2136.48	8.04	4069.44	1.86	92900	26.91

通过以上分析发现，2000—2011年甘肃省农业自主创新投入与产出数量整体出现不断增长趋势，但农业科研项目研究还只是局部的领域，只有专门的几个研究机构，还没有形成系统的研究体系。另外，甘肃省农业科研投入的配置状态和水平是不均衡的，人员投入和财力投入的水平都相对很小，农业产业化还需进一步发展。

第五节　甘肃农业自主创新能力综合评价

为了对甘肃省的农业自主创新能力进行一个整体的把握，本节将对全国和甘肃省农业自主创新能力分别进行评价，最后进行对比，找出甘肃省农业自主创新能力的优缺点，并根据评价结果，给出政策建议。

一　全国农业自主创新能力综合评价

为保证数据来源的可靠性和因子分析的有效性，便于对农业的自主创新能力进行纵向比较，本书数据来源于《中国统计年鉴》《甘肃省统计年鉴》《中国农村经济统计年鉴》《甘肃农村经济统计年鉴》和《中国科技统计年鉴》，研究时间选取西部大开发以来的2000—2011年共12年。统计软件选择比较适合因子分析的SPSS 20.0、Matlab R 2009a进行计算。

（一）因子分析的计算过程

在进行因子分析前，要检验模型及指标的选取是否适合因子分析，KMO（Kaiser–Meyer–Olkin）检验和Bartlett球形检验是两个测度因子分析模型是否有效的检验方法。KMO的统计值一般在0—1之间，当KMO值在0.5—1时，表明因子分析可行，否则不可行。根据所给数据，运用SPSS 20.0得出KMO的值为0.773（大于0.5），Bartlett球形检验的P值为0，拒绝原假设（原假设相关矩阵为单位阵）。因此，以上两项统计指标显示，采用因子分析法进行研究是合理可行的（见表2—8）。

表2—8　　　　　　　　KMO 和 Bartlett 的检验

取样足够度的 Kaiser – Meyer – Olkin 度量		0.773
Bartlett 的球形度检验	近似卡方	194.314
	df.	45
	Sig.	0

求出其相关系数矩阵,根据相关系数矩阵计算其特征值、方差贡献率和累积方差贡献率(见表2—9)。在公共因子选取时,保留特征值大于0.6的,因此共有三个特征值符合,累积贡献率为95.49%,因此这三个因子可以概括大部分信息。

表2—9　　　　　　　　　方差贡献分析

	初始特征值			旋转平方和载入		
	合计	方差的贡献率(%)	累积贡献率(%)	合计	方差的贡献率(%)	累积贡献率(%)
1	7.348	73.484	73.484	7.225	72.246	72.246
2	1.565	15.65	89.133	1.167	11.666	83.912
3	0.636	6.357	95.49	1.158	11.578	95.49
4	0.253	2.526	98.016			
5	0.156	1.563	99.578			
6	0.024	0.243	99.822			
7	0.008	0.081	99.903			
8	0.007	0.075	99.977			
9	0.002	0.016	99.993			
10	0.001	0.007	100			

为了便于公共因子对实际问题的分析解释,对因子载荷矩阵进行旋转,选用方差最大化正交旋转,旋转后的因子载荷值如表2—10所示。各载荷系数已经明显地向两极分化了,解释能力得到很大的加强。

表 2—10　　　　　　　　旋转后的因子载荷矩阵

	F_1	F_2	F_3
X_8	0.995	0.023	-0.05
X_6	0.994	0.056	-0.058
X_5	-0.007	0.991	-0.062
X_{10}	-0.137	0.099	0.981
X_1	-0.975	-0.159	0.027
X_7	0.965	-0.011	0.187
X_9	0.258	-0.41	0.816
X_3	0.61	0.658	-0.216
X_4	0.557	0.752	-0.125
X_2	-0.103	0.982	-0.147

注：(1) 提取方法：主成分分析方法；(2) 旋转法：具有 Kaiser 标准化的正交旋转法。

最后计算因子得分，公式为：$F = (72.246F_1 + 11.666F_2 + 11.578F_3)/95.49$，通过上式得出各因子得分及综合得分（见表 2—11）

表 2—11　　　　　　　　　因子得分

	F_1	F_2	F_3	综合得分	排名
2000	-0.4689	-1.4640	-0.7833	-2.7163	12
2001	-0.4243	-1.1586	-0.4905	-2.0734	9
2002	-0.6177	-1.0686	-0.1600	-1.8464	8
2003	-0.7700	-0.6494	-0.3122	-1.7316	7
2004	-0.4076	-1.0058	-0.8229	-2.2364	10
2005	-0.3009	-0.7410	-1.1990	-2.2408	11
2006	-0.0820	0.2664	-0.4230	-0.2385	5
2007	0.2135	-0.1421	-0.4766	-0.4052	6
2008	0.4357	0.3817	0.5963	1.4136	4
2009	0.3007	2.6778	1.3610	4.3394	2
2010	0.8884	2.4027	1.9996	5.2907	1
2011	1.2331	0.5009	0.7109	2.4448	3

(二) 因子分析结果讨论

1. 创新产出能力

F_1在X_6、X_7、X_8上的载荷很大，农业总产值、科技成果、农村人均纯收入解释了总方差的72.246%，这说明农业自主创新产出能力在农业总产值、科技成果、农村人均纯收入等方面得到了很好的体现，已更快更完善地提升了创新能力。其中农业总产值从2000年的52573.6亿元增加到2011年的97734.7亿元，12年之内增长了85.9%；农村居民人均纯收入从2000年的2253.4元提升到2011年的6977.3元，12年总共增长209.6%；科技成果从2000年的32858项增加到2011年的44208项，12年增长了34.5%；同时也极大地推动了我国农业自主创新的主动性。虽然农村居民人均纯收入和科技成果对自主创新产出能力的影响不如农业总产值那么明显，但是仍然可以作为一个指标进行判断。

2. 创新投入能力

F_2在X_2、X_3、X_4、X_5上的载荷很大，主要承载了企事业单位农业技术人员、农村教育经费、农业R&D经费支出、农村固定资产投资对自主创新能力的影响，解释了总方差的11.666%。农业R&D经费支出和企事业单位农业技术人员成为促进农业自主创新投入能力的主要影响因素，科学技术的投入量将有效促进甘肃省农业自主创新能力。从《中国统计年鉴》中可以查到，农业R&D经费支出从2000年到2011年均有不同程度的增长，这样就为农业自主创新能力的提高提供了强有力的基石。随着高新技术的大力发展，农业从业人员的数量已经不能作为判别农业创新投入能力的重要指标，而农业从业人员的质量方面无疑是一个更加应该予以重视的视角，农业技术人员即是从这个视角去反映创新投入能力的。同时，农村教育经费与农业固定资产投资在培养农业人员与资金支持方面为农业自主创新能力提供保障。

3. 创新环境

F_3在X_1、X_9、X_{10}上的载荷较大，农业就业劳动力、农作物播种总面积、农业机械总动力承载了总方差的11.578%。这三个因素从环境支撑能力方面表明自然条件及社会条件都会影响农业自主创新能力的发展和提升,但其重要性还没有达到真正使农业自主创新能力得到有效提高。

4. 纵向分析

根据因子得分,从 2000 年到 2011 年,农业自主创新能力整体上呈现递增的趋势,如图 2—17 所示。

从 2000 年开始,自主创新能力出现不同程度的上升趋势,2003 年有稍微下降的趋势,但从 2005 年到 2006 年又出现 110.6% 的大幅增长,接下来出现了一年的平缓趋势,到 2007 年又开始出现增长,2007 年到 2010 年的年平均增长率为 468.57%,2010 年开始有稍微下降的趋势。随着科学技术的发展,农业自主创新能力呈现增长趋势是大势所趋,关键是要保持住增长的势头。

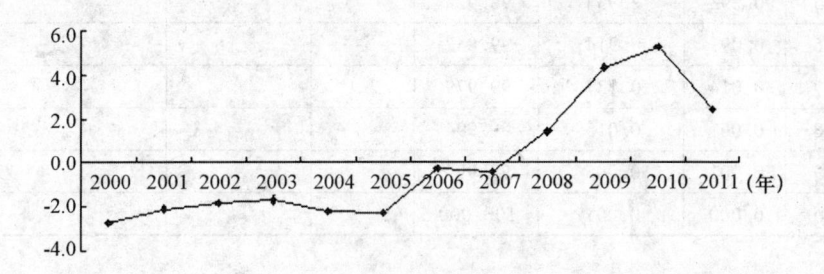

图 2—17 因子得分趋势

二 甘肃农业自主创新能力综合评价

(一) 因子分析的计算过程

因子计算的 KMO 值为 0.517,Bartlett 球形检验 P 值为 0。两项统计指标显示,采用因子分析法进行研究是合理可行的(见表 2—12)。

表 2—12 KMO 和 Bartlett 的检验

取样足够度的 Kaiser – Meyer – Olkin 度量		0.517
Bartlett 的球形检验	近似卡方	205.040
	df.	45
	Sig.	0.000

利用 SPSS 22.0 软件计算方差贡献分析、旋转后的因子载荷矩阵，得到因子得分公式为：$F = (52.156F_1 + 26.803F_2 + 12.601F_3)/91.599$，计算因子得分，如表 2—15 所示。

表 2—13　　　　　　　　　　方差贡献分析

	初始特征值			旋转平方和载入		
	合计	方差的贡献率（%）	累积贡献率（%）	合计	方差的贡献率（%）	累积贡献率（%）
1	7.283	72.828	72.828	5.216	52.156	52.156
2	1.221	12.211	85.039	2.680	26.803	78.958
3	0.652	6.520	91.559	1.260	12.601	91.559
4	0.443	4.434	95.994			
5	0.293	2.934	98.928			
6	0.091	0.914	99.842			
7	0.014	0.137	99.979			
8	0.001	0.015	99.994			
9	0.001	0.005	99.999			
10	0.000	0.001	100.000			

表 2—14　　　　　　　　旋转后的因子载荷矩阵

	F_1	F_2	F_3
X_1	-0.036	-0.037	0.953
X_2	0.525	0.748	-0.268
X_3	0.257	0.864	0.277
X_4	0.346	0.842	0.253
X_5	0.465	0.869	-0.111
X_6	0.897	0.422	-0.094
X_7	0.794	0.281	-0.179
X_8	0.9	0.414	-0.108
X_9	-0.508	-0.719	0.272
X_{10}	0.009	0.427	0.901

注：(1) 提取方法：主成分分析方法；(2) 旋转法：具有 Kaiser 标准化的正交旋转法。

表2—15　　　　　　　　　　因子得分

	F_1	F_2	F_3	综合得分	排名
2000	-1.0379	-0.6311	-1.5710	-3.2401	12
2001	-1.0367	-0.3819	-1.5659	-2.9845	11
2002	-0.9770	-0.0832	-0.2049	-1.2651	10
2003	-1.1759	0.4535	0.8341	0.1117	8
2004	-0.2158	-0.6032	0.8897	0.0707	9
2005	0.0633	-0.8142	1.1519	0.4010	7
2006	0.1518	-0.3199	1.0700	0.9019	3
2007	0.6270	-0.8341	0.6312	0.4242	6
2008	0.5819	-0.1722	0.1716	0.5813	4
2009	0.0061	2.1575	0.2155	2.3791	1
2010	0.7402	1.8351	-0.4352	2.1401	2
2011	2.2730	-0.6061	-1.1872	0.4797	5

（二）因子分析结果讨论

1. 创新产出能力

F_1在X_6、X_7、X_8上的载荷很大，解释了总方差的52.156%，农业总产值从2000年的323.03亿元增加到2011年的1187.76亿元，12年之内增长了267.7%；农村居民人均纯收入从2000年的1478.7元提升到2011年的3909元，12年总共增长164.4%；科技成果从2000年的167项增加到2011年的276项，12年增长了65.3%。

2. 创新投入能力

F_2在X_2、X_3、X_4、X_5上的载荷很大，主要承载了企事业单位农业技术人员、农村教育经费、农业R&D经费支出、农村固定资产投资对自主创新能力的影响，解释了总方差的26.803%。

3. 创新环境

F_3在X_1、X_9、X_{10}上的载荷较大，农业就业劳动力、农作物播种总面积、农业机械总动力承载了总方差的12.601%。

4. 纵向分析

根据因子得分，从2000年到2011年，甘肃省的农业自主创新能力整体上呈现递增的趋势，如图2—18所示。其中2001年到2003年出现最高增长幅度，达到103.7%，从2006年开始有稍微下降的趋势，但到2008年又开始出现增长，2008年到2009年的增长率为309.3%，到2009年达到峰值后又开始出现回落。

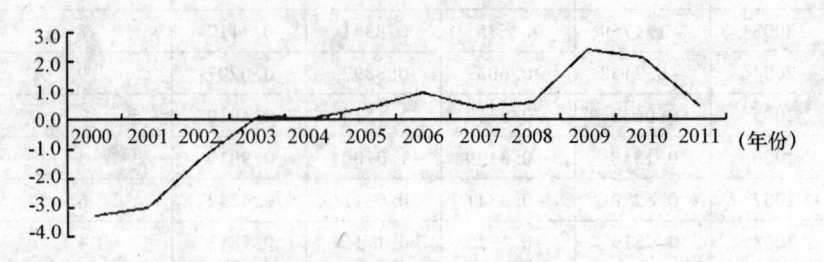

图2—18 因子得分趋势

三 甘肃与全国进行比较分析

（一）甘肃与全国农业自主创新能力的横向比较

从创新产出能力来看，甘肃创新产出能力对自主创新能力的解释力要比全国平均水平低20.09%。较之全国水平，甘肃省的创新产出效率要比全国低，农业总产值的增速之比为267.7∶85.9，农村居民人均纯收入的增速之比为164.4∶209.6，科技成果的增速之比为65.3∶34.5。甘肃省的农业总产值增速要比全国的增速快181.8%，甘肃的农村居民人均纯收入的增速比全国慢45.2%，甘肃的科技成果增速比全国快30.8%，甘肃的总体水平还要比全国的平均水平要低很多，这与甘肃的农业生产水平的基础比较低有很大的关系。

以2011年来说，甘肃的农业总产值为1187.76亿元，全国的农业总产值为97734.7亿元，只占全国的1.21%；农村居民人均纯收入2011年甘肃水平为3909元，全国的水平为6977.3元，与全国的差距还比较大；科技成果情况2011年甘肃为276项，全国的为44208项，占全国的0.6%。从创新投入能力来看，甘肃创新投入能力对自主创新能力的解释力要比全国平均水平高15.13%；从创新环境方面来看，甘肃省的环境对自主创新能力的解释力与全国基本持相同水平。

（二）甘肃与全国农业自主创新能力的纵向比较

整体上来看，甘肃与全国在自主创新能力上都呈现出递增的趋势，在变化阶段上，甘肃与全国存在区差别。（1）增长速率最大的阶段不同。全国增长速率最大的阶段出现在2007—2010年，年平均增长率为468.57%；甘肃增长速率最大的阶段出现在2008—2009年，年平均增长率为309.3%。（2）甘肃在最初阶段比全国的水平低，但在2002—2007年，甘肃农业自主创新水平比全国的水平高，在2007年之后，全国农业自主创新水平又比甘肃的自主创新水平高。分析结果，可能的原因是在2002年到2007年，由于国家政策对西部地区的倾斜，甘肃省农业自主创新能力出现了短暂的高速增长。但随着时间推移，其固有的弊端及问题不断显现，系统的自主创新机制缺乏，导致又出现落后于全国的情况。（3）从图2—19中可以看出，甘肃与全国农业自主创新能力的变化趋势基本相同。

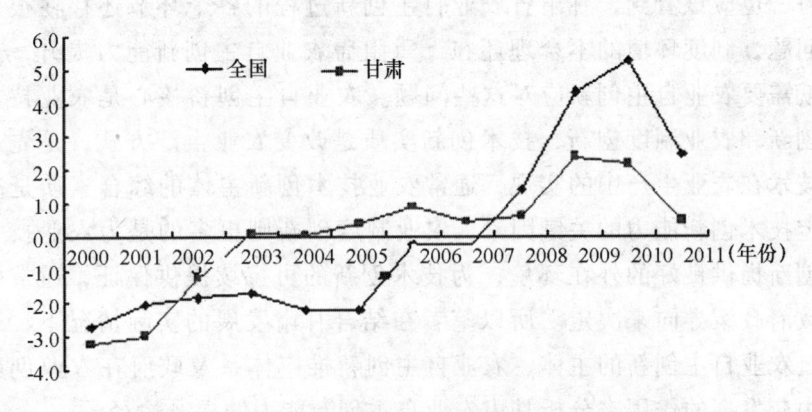

图2—19　甘肃与全国农业自主创新能力因子得分比较

第六节　甘肃农业自主创新能力提升途径

自主创新能力是一个把新的组合、新的应用、新的过程、新的服务相结合的过程。2012年中央一号文件指出："实现农业持续快速稳定发展，长期确保农产品有效供给，根本出路在科技。"通过以上对甘肃省农业自主创新能力评价模型的分析，可以得到以下结论：在所有能够影响甘肃省农业自主创新能力的因素中，创新产出能力和创新投入能力的因素占有的比重比较大。其中创新产出对方差的解释力达到 52.156%，创新投入对方差的解释力达到 26.803%，增加科技成果申报，增加农业技术人员数量，加大农业 R&D 经费投入都会极大地促进甘肃省的农业发展。创新环境能力虽然只能解释方差的 12.601%，但其对自主创新能力的影响作用也是不容忽视的，确保农业就业劳动力、农作物播种总面积、农业机械总动力的稳步推进，是可以维持甘肃省农业自主创新能力长期发展的。如何积极高效地发挥各因子的作用，才是提升甘肃农业自主创新能力的重点。因此，本节探讨提升甘肃农业自主创新能力的途径。

近年来，甘肃省正视本省的不利生态环境条件，结合有利的自然地理优势，推动适合本省农业经济发展的自主创新，农业和农村经济的面貌发生了历史性变化，农民收入得到了较大的提高。同时，也应该看到，甘肃省农业自主创新过程的各个环节还存在很多问题，制度环境的不合理还在严重阻碍农业自主创新能力提升，这就需要农业自主创新应对这些问题。农业自主创新核心是农业技术创新和农业制度创新，技术创新实质是改变农业生产方式，是先进技术在农业生产中的实现，通常农业技术创新主体的综合素质是决定技术创新能力的关键因素。农业制度创新则更多的是为农业技术创新提供良好的外在环境，为技术创新的可持续提供保证，通常由政府政策导向来决定。所以笔者在结合甘肃发展的实际情况下，通过农业自主创新的主体、农业自主创新推广体系及政府在农业创新中应发挥的作用来分析甘肃农业自主创新能力的提升途径。

一　农业自主创新主体

农业技术创新主体主要由政府、农业科研机构、农业推广与中介服务机构、农民组成。其中，政府在国家农业技术创新体系中主要是起调节和协调作用，它由一系列对农业新技术的发展和扩散产生影响的相互连接的机构组成。通过这些结构间的相互作用，促进农业新技术的创造与保存、转化与创新，协调相关机构对农业技术创新的支持，引导农业技术的研究方向，制定农业技术创新政策以及财政拨款等。

农业科研机构作为国家农业技术创新体系中的技术创新源，能够提供大量的属于"公共产品"的科学知识。另外，农业科研机构和大学不仅是知识源，重要的是通过教育和培训，为社会提供了大量农业创新人才。

农业生产的区域性和分散性，决定了农业必须有一个强大的技术推广体系。农业推广与中介服务机构一方面作为传播和扩散知识信息的桥梁，是农业科技产业化的中间环节；另一方面，中介服务机构在农业科技信息咨询、农业科技推广、企业与投资机构等的联系中扮演了极其重要的角色。

作为农业生产的直接参与者和主力军，农民在农业技术创新中扮演了双重角色：一方面农民作为消费者，使用农业技术企业和农业科研单位提供的农业技术产品，提高了农业生产效率，促进了农业技术创新；另一方面，农民是农业技术特别是农业生产技能和农业生产工艺的实际使用者。由于农民扮演了农业技术应用与扩散的双重角色，自然而然地成为农业技术创新过程的主体。

（一）甘肃省农业技术创新主体现存问题

1. 政府对农业自主创新的政策支持力度、强度弱，财政投入不足

目前，甘肃省农业科技政策正处于启动和加速状态，出台的科技政策较少，政府政策力度相对不强，而且这些政策也没有形成一个鼓励和保护自主技术创新的体系，政策比较零散。另外，政府的财政拨款不足，导致省内农业自主创新缺乏强大动力。

2. 农业科研机构技术创新不足

甘肃省农业科研机构经费投入长期不足，投入强度不高且呈下降趋势，结构不太合理，影响了农业科研能力的提高，制约着甘肃省农业科技的发展。农业科研人员投入规模小且质量不高，部分农业科研人员积极性不高，技术供给与市场需求脱节，再加上近些年甘肃省农业科研人才不断流失，导致很多农业技术创新项目不能持

续稳定有效地开展。

3. 农业技术推广体系运行不畅，推广手段落后

甘肃省农村推广机构未能发挥技术创新推广作用，许多乡镇名义上虽已建立农技推广服务站，但实际上仅仅流于形式，农技推广基础设施建设严重滞后。

4. 农民科学文化素质整体偏低

农民是农业现代化的直接参与者和执行者，也是农业综合生产能力提高最活跃的要素。目前甘肃各区域农民的文化知识水平和操作技能较为低下，农业耕作只能依靠科技含量低下的农机具，甚至大都还维系几千年来的传统农业生产方式。这种人力资本存量不高的状况不仅使农业技术的推广普及和农产品的后处理比较困难，使劳动生产率降低，而且还使一些农民固有的因循守旧、墨守成规、经验农业、轻视科学的传统农业生产意识很难克服，以至于影响到农业生产的科学化、精细化、集约化、商品化、市场化的进程等，严重阻碍了可持续农业技术体系的构建。

（二）农业技术创新主体提升途径

1. 政府全面推动和支持农业技术创新

依据甘肃现有省情，政府必须成为承担农业科研投资的主角。从农业发达国家现代农业发展的经验来看，单靠市场和企业并不能充分及时地提供对科技的完备的支持。农业自主创新虽具有强大的生态效益和巨大的社会效益，可解决资源供给、环保与国家经济可持续发展方面的一些重大关键性问题，但由于农业科技成果大部分是公益产品，农业科技服务是公共服务且风险性极大，使得投资者难以完全占有其投入所带来的经济利益，单纯依靠企业或科技主体难以解决投入问题。因而，政府对科研活动一定要起一个相当重要的作用，这种作用不仅是在经费方面的支持，也包括对科研活动的宏观调控。在目前或今后较长时间内，各级政府部门应以转换运行机制为突破口，建立面向市场、面向经济良性循环发展的管理模式。大力推进产学研合作的企业联盟，形成推进高技术产业发展的合力，建立农业技术产业培育基金，鼓励引进和培育高技术企业，引导现有大企业开发更多的高技术产品，延长产业链，提高附加

值。进一步优化创业投资环境，加大基础设施及生态环境建设力度，吸引更多的企业到甘肃投资，从而发挥政府的农业科研投资主体作用。

同时，政府要加大对农业的保护力度：一是要确保省市县各级财政对农业的投资落实到位，克服各级政府对农业投资的行为短期化和无序化，保证农业投资政策的连续性和稳定性。二是对各级政府用于农业的投资实行基金化管理，通过转换投资机制，确保农业投资能够真正流向农业领域。三是进一步改革和完善农业金融体制，增大信贷资金对农业的倾斜力度，增加农业中长期信贷的比重。

另外，政府应当在自主创新理念下实行农业产业结构调整，充分利用区域资源优势，选择合适的农业技术类型，扬长避短，培育特色主导产业。重视农村科技创新人才的培养，对农民进行科学文化培训，提高农村劳动力的文化素质，造就实现农业现代化的新农民。

2. 提升农业科研机构创新能力

首先，要加大对科研机构经费的投入力度，提高科研人员的薪酬，提高科研人员研发积极性，提升他们自身的技术创新能力。科研机构的研发要以市场为导向，把技术创新和农业生产有机结合，避免技术创新与农业实际生产相脱离。

其次，建立农业科技创新中心，将现有的农业科学院、农业科研单位组建成农业科技创新中心、农业科技交流中心、农业科技合作中心、农业科技产业孵化中心、农业科技高层次人才培养基地。整合甘肃省农业科技人才队伍，高效配置农业科技人才资源。依托优势农产品重新布局农业科技资源，在河西绿洲农业区、中部干旱农业区、东部黄土高原农业区、南部高寒阴湿区四个比较典型的农业集中地区建立对应性农业科技开发基地和创新体系。

二 农业自主创新推广体系

（一）完善农业推广与中介服务机构职能

农业推广与中介服务机构根据各成员单位和个人在合作组织中的作用确定，科研部门负责科技创新、提供良种、优质栽培技术、农技推广人员培训、配合推广人员在关键生产阶段培训社员、发展规划制定、实用技术研究、技术信息整理等。推广部门负责根据当地实际，组装先进适用技术，通过各种有效形式，对农民进行面对面的培训等服务，提供优质农用生产资料、市场和技术信息。合作社负责生产规划、计划的确定，人员科技培训，技术指导和各项生产性服务，与企业签订农产品销售合同等。

（二）培养造就新型农民

现代农业是农业发展的一个新阶段，是使用现代科学技术武装的、用现代工业提供的物质手段装备的、以现代经营理念和组织方式经营的高生产效率和效益的规模化、集约化、市场化和社会化农业，培养新型农民是现代农业发展的必然要求。农民素质提高了，才能不断提高经营现代农业的水平，全方位拓展增收渠道，加快农村富余劳动力转移，推进工业化和城镇化，培养新型农民。将人口压力转化为人力资源优势，也是促进农村经济社会协调发展的重要举措。政府应不断加大对农村教育的投资，创办各种农民教育形式，使农村教育体系和农民教育方式不断多元化，从根本上提高农民的文化知识水平和技能，为农业生产能力的提高提供高素质的劳动力要素。

三 农业制度创新

（一）甘肃省农业制度现存问题

甘肃省在技术开发、技术转移、技术应用等方面的政策、法律、法规及相关制度存在缺位以及研究不足的现状，导致大量的科研成果不能产业化，技术转移效率低下。由于在技术基础研究、应用研究、商业化等各个阶段都会有制度需求，制度的研究和创新必须同步甚至超前于技术创新，才能改变目前技术应用方面的被动局面。所以，在倡导甘肃省农业技术创新的同时，需要及时通过制度安排为农业技术的产生与扩散提供良好的环境与条件。

（二）甘肃省农业制度创新方向

1. 改革现行的农地产权制度

现行农地产权制度约束农户经营规模，分散的农户经营规模制约着农业新技术的采用。甘肃省农村人多地少，户均经营规模小，这种小规模的分散经营不利于农作物的田间管理和农户采用新技术。这种农户小规模生产也缺乏抵御自然风险和市场风险的能力，还难以捕捉技术信息或支付不起信息成本，阻碍着新技术在农业的导入。因此，为推进农业技术创新，促进农业技术产业化，甘肃农村土地制度的创新要立足于甘肃土地资源的具体情况，遵循农地所有权多元化和灵活化原则，突出农地产权制度创新的区域性，强化土地所有权，深化土地制度改革，把空缺的土地所有权的处置权和受益权交还农户，让土地真正成为农民的财富源泉。提高土地使用权的强度包括三个方面。

首先，进一步明晰产权，完善和扩大使用权的含义和范畴，将转让权、处分权、抵押权、继承权等预期合并，统归土地承包人掌握，调动农民对土地的积极性。

其次，在承包环节要形成农村土地使用权流转和集中的机制，严格承包合同管理，强化所有权约束。在合同中，要明确承包人的权利和义务。

最后，在制度安排上充分体现长期化原则，即承包权的不变期，30年或更长时期不变使承包人对未来的土地使用有长远的预期目标，这种制度安排将会更进一步改善产权制度的效率。

2. 建立土地使用权市场流转机制

由于甘肃自然条件恶劣，经济基础落后，土地产出效率不是很高，有些地方经常会出现低产或绝收现象，使农民减少或放弃对土地的依赖，土地撂荒现象十分严重。一方面，土地作为稀缺资源不能被有效利用；另一方面，更加剧了农村生态环境的恶化。在这种情况下，急需赋予农民对土地处置的权利，包括加快土地的买卖、租赁、抵押、出租等具有灵活性的政策出台，这样既可以满足农民对土地极为强烈的依赖情结，又能促使土地向一些优秀的种植者手中集中，进一步促进土地适度规模经营和集约经营，促使种植者从改善农村产业结构入手，推动现代农业发展。

3. 建立健全农业技术创新激励机制

第一，市场激励机制。

市场过程是一个对技术创新进行自组织的过程,通过完善农业技术知识产权体系,市场将能公平地让农业技术创新者得到相应的回报。在一个完善的市场经济体系条件下,创新者的回报是消费者对创新的接受程度,这是最有效的一种创新激励方式。同时,市场通过竞争机制不断完善农业技术创新企业的技术创新。

知识经济时代,农业科技作为知识的重要组成部分,在市场流通中所占份额将越来越大,这就要求尽快建立起一种有别于传统农业科技市场的、具有综合功能的新型农业科技市场。该市场不但具有基本的交易场所功能,而且应注重规范交易方式、保证交易者利益、激励技术生产、加工转化技术、优化配置技术等方面。

第二,政府激励机制。

各级政府部门要积极行动起来,采用多种形式、通过多种渠道,造就一批农业科技管理专家和农民专业技术人才,推动农业技术创新。

首先,进一步落实农业科技人员政策。应当充分肯定农业科技人员在农业现代化建设中的重要地位和作用,使他们更好地为科技兴农服务;县、乡镇领导要善于同农业科技人员交流,建立定期联系制度;农业科技研究要坚持百家争鸣的方针,鼓励多出成果,形成尊重知识、尊重人才的良好社会风气。

其次,放活科研机制。改革人事制度,进入国家级农业科研机构的研究人员,一律面向全社会公开招聘,按照劳动合同制,实行动态管理;进一步放活科研机制,允许办经济实体,逐步由科研型向科研、生产、经营结合型发展;改革农业科技奖励制度,让既重视学术水平,又注重经济效益的科技人员先富起来;改革农业科技分配制度,尽快建立健全各种相关的配套法律与可操作的规章制度,实现技术产品、知识产权、个人智慧的资本化,建立和实施多劳多得的分配制度和多元化的分配方式。

第三,产权激励机制。

产权的界定可以使技术创新活动获得强大的激励。为了提高人们发明创新的积极性,最有效的方法是在法律上确定人们对新技术的拥有权,这就是专利制度。专利制度明文规定,发明者对其发明的产品有一定年限垄断权,排除了模仿者对创新者权益的侵犯。由此可见,专利制度的实质是一种对发明创新从产权角度出发进行激励的制度。目前,国际农业发展的趋势是科技产业化,而科技产业化的标志是建立较为完善的农业知识产权保护体系。因此,必须建立健全知识产权制度,加大普及、宣传知识产权常识来保证农业科技创新。

第四,建立农业技术创新的风险投资制度。

农业通常面临着自然、社会等经营风险,因此必须健全对农业的支持保护体系,通过立法的形式,完善农业科技开发与推广的风险机制。一是在农业技术的开发上,政府应建立政策性风险保证金制度,鼓励科研单位积极开发适用于农业生产的技术。二是健全农户采用新技术的补贴政策。推广农业技术具有较强的外部性和风险性,因此按照农技人员设计要求采用新技术的农户,不仅可以免交技术服务费用,还可以得到政府规定的补贴,对采用的新技术,在一定时期内实行税收减免或缓征制度;与此同时,还应在信贷和生产资料供应方面给予优先安排。三是建立农户技术采用风险储备金制度,建立科技应用保险等,转移和防范农业技术应用风险,以激励农民采用新技术。四是健全农产品价格保护制度,降低技术创新的市场风险。五是加强信息特别是新技术和市场需求信息的指导,开展农业信息化服务,构建甘肃省农业自主创新能力评价信息系统。设计开发一套完善的农业自主创新能力评价信息系统,不仅可以有效地服务于农业生产、管理、控制和科研,还可以作为农业创新能力的决策支持系统,为生产决策提供依据,为甘肃省农业自主创新能力的稳步提高增强保障性。

第三章

农业自主创新效率测算与评价

农业是国民经济的基础，无论是借鉴发达国家的经验，还是从中国农业发展自身的历史过程来看，农业问题的解决都必须依赖农业技术。在建设现代化农业和西部大开发的背景下，研究甘肃省的农业自主创新效率，从战略高度寻求提高甘肃省农业自主创新能力的方法，为切实促进甘肃省农业自主创新提供理论指导和对策建议，对加快甘肃实现农业现代化，增强甘肃农业的竞争力，具有较强的理论与现实意义。

第一节 文献回顾

对于创新效率，大多数学者认为，技术创新效率是一种技术效率，指在技术创新过程中，在市场价格与生产技术不变的情况下，按既定的要素投入比例，生产一定产量产品所需的最小成本与实际成本之比，或者实际产出水平与相同投入规模、投入比例与市场价格条件下所能达到的最大产出量之比。池任勇（2004）认为，技术创新效率是系统的投入与产出的有效经济量的转化效率，属于技术创新系统的研究范畴。现阶段关于技术创新效率评价研究基于两种思路展开。

一是选取合适的科技投入与产出指标，通过计算投入与产出比，或采用一定方法对指标分别赋以权重计算投入指标和产出指标的总指数，然后计算投入与产出指数比来得出技术创新效率，即实际效率。王伟光（2003）通过构造单一产出与投入的"比较创新效率指数"来反映技术创新效率,并对我国工业技术创新效率的行业差异及其变动趋势进行了分析研究;李冬梅等(2003)借助主成分分析法,分别对科技投入和产出指标确定权重,通过加权方式得到投入与产出总指数,然后通过计算投入与产出指数比,分析了我国区域科技资源配置效率。

二是通过各实际生产单位的投入产出数据构造生产可能集,再估计生产前沿面,通过测量各单元生产活动与生产前沿面的距离来得出不同生产单元的技术效率,即前沿效率。根据对前沿形状、随机误差及低效率值分布的不同假设,测算技术效率的前沿面分析方法主要分为两种:一种是非参数法,最常见的为数据包络分析方法(DEA);另一种是参数法,最常见的为随机前沿法(SFA)。

在实证研究上,大多数创新效率研究都是基于以上方法,在国家、区域、行业等层面展开的。在国家层面,纳谢罗夫斯基(Nasierowski, 2003)和阿塞勒斯(Arcelus, 2003)运用两阶段DEA方法对世界45个国家的创新效率进行了测算和分析,结果表明,生产率的变化主要受到技术创新规模和资源配置的影响;贺德方(2006)采用数据包络分析方法(DEA),以相关统计数据为基础,对我国1991—2004年科技投入的效率、效果进行了测度分析,结果认为,我国科技投入总体上是相对有效的,只是在投入规模上需要进行调整;鲍红梅(2009)采用DEA模型,对1991—2007年我国科技创新相对效率进行了评价分析和纵向比较,结果显示,我国科技创新的效率值越来越呈现出连续快速平稳增长的发展态势;白俊红等(2009)运用DEA-Tobit两阶段模型,分析了我国省际创新效率及其影响因素,结果显示,劳动者素质对创新效率具有显著的正向影响。

在区域层面,官建成(2005)选取1998年我国除海南、西藏外所有省份的技术创新投入数据和2000年的专利申请量数据,采用DEA方法,对区域技术创新效率进行了实证分析,结果表明,我国区域科技创新能力和区域技术创新效率间没有显著的相关关系,规模效益递增的区域较少。相对于经济和科技发达的国家来说,无论是从技术创新投入,还是从技术创新效率来看,我国都存在着相当大的差距。史修松、赵曙东、吴福象（2009）采用随机前沿分析方法（SFA），以省级区域为样本，测算分析了我国区域创新效率及其空间差异，结果表明，我国区域创新效率总体水平不高且差异较明显，东部地区的创新效率高于中西部地区，而且东、中、西部地区内部各省份的创新效率差异也较明显。

在行业层面，姚洋、章奇（2001）以1995年我国工业普查数据为基础，对企业技术效率进行了实证分析，结果表明，我国非国有企业比国有企业技术效率更高，大型企业比小型企业的技术效率更高，企业科技创新支出对技术效率有正向效应，而公共支出效应表现为负；闫冰、冯根福（2005）以中国工业的37个行业为研究对象，采用SFA方法，分析了1998—2002年我国工业研发效率问题；邱斌等（2008）在我国2000—2005年面板数据基础上，分析了制造业全要素生产率、技术进步及技术效率的变化规律，发现研发对生产率存在正向影响；张本照、杨雪（2009）利用改进的DEA模型，分析了我国传统产业的技术创新效率，结果表明，我国传统产业的创新效率普遍较低。

我国农业创新效率的研究起步较晚，现有的文献主要围绕效率测算和影响因素两个方面展开，主要采用的是DEA（数据包络分析）方法，研究内容集中在国家、区域和微观经营主体等层面。如陈建伟（2010）借助DEA模型和灰色关联分析等方法对我国农业科技投入产出的实际效率和前沿效率做出测算，指出农业科技创新是机构、资金、人员、政策等系统配置的过程。张静、张宝文（2011）采用曼奎斯特（Malmquist）指数法测算出1990—2008年我国农业科技创新效率的年平均增长率、累积增长率和地区差异，发现我国区域农业科技创新效率存在着显著差异。杜娟（2013）基于DEA模型，对我国粮食主产区和非主产区的科技投入产出效率进行了量化分析，得出投入规模不当和产出不足是农业科技投入产出处于非DEA有效状态的主要原因。许郎（2009）、陈志强（2012）等对科研机构、农业龙头企业等微观主体的农业科技创新效率进行了测度研究，并分析了影响创新效率的外部因素。申志平（2014）应用DEA-Tobit模型对我国农业科技创新效率进行了分析，并估计要素投入的强度和结构变化对创新效率的影响。研究发现，我国农业科技创新综合技术效率整体上稳步提高，但资源利用效率呈下降趋势；综合技术效率值主要取决于科技投入要素间配置结构的协调程度，与投入强度关系不大。史焱文、李二玲、李小建（2014）利用 DEA – Tobit 两阶段模型，对山东省寿光蔬菜产业集群企业创新效率及其影响因素进行研究。研究表明，寿光蔬菜产业集群规模已接近最优状态，综合创新效率处于中等偏上水平，但仍未达到最优状态，主要原因是集群在科研技术投入、创新资源利用配置等方面不足造成的。

从现有文献可看出，对于创新效率的测算，不同的学者，从不同的侧面，采用不同的方法进行了研究。但是大多数文献是从国家层面或区域层面来探讨，对工业行业的研究也比较多，而关于农业创新效率的文献较少，且主要是对国际上不同国家技术效率的研究，针对我国农业自主创新效率的研究，特别在区域层面还是比较欠缺。对甘肃省来讲，农业既是经济发展的基础产业又是发展比较薄弱的产业，加强农业自主创新效率的研究不仅对甘肃省促进农业技术进步、促进农业经济增长、促进农业可持续发展等具有重要的决策参考价值，而且对于农业自主创新效率的理论研究也有可借鉴之处。因此，本章将基于实际效率和前沿效率两种思路来研究甘肃省农业自主创新效率问题，并对农业自主创新效率的影响因素进行分析。

第二节　农业自主创新效率指标体系构建

农业自主创新过程会受到经济发展水平、科技基础设施、制度环境等客观条件的制约，因此，提高农业科技创新效率便成为促进科技进步的关键。要提高农业自主创新的效率，首先要对农业自主创新效率进行科学、合理的评价。农业自主创新是一个多投入、多产出的过程，要科学、合理评价农业自主创新效率必须建立一套科学的指标体系。

一 农业自主创新效率指标体系构建原则

构建农业自主创新效率指标体系应遵循以下原则。

(一) 系统性原则

农业创新效率体现的是农业创新系统的综合作用过程,农业创新系统中的各种投入指标和产出指标以及创新的过程都是相互作用、相互制约的。系统性原则要求创新效率评价指标体系不仅能全面完整、准确客观地反映农业创新效率的水平,还要能反映出农业创新系统各部分相互联系、相互影响的关系。

(二) 目标性原则

建立创新效率评价指标体系的目的和意义在于准确判断评价对象的自主创新效率状况以及与其他评价对象的差距,并提出效率的改进途径。目标性原则要求创新效率评价指标体系要反映出评价对象之间的异同,从各个角度选取合适可靠的评价指标,并在指标内涵、统计口径、参照系等方面具有一致性。

(三) 可操作性原则

创新效率评价指标体系主要通过量化标准从数量关系上反映决策单元创新效率的差别。鉴于信息不完备的现实状况,所选取的指标应当充分考虑指标的可计量性和数据的可获得性。可操作性原则要求创新效率评价指标体系易于操作,便于分析。

(四) 科学性原则

科学性原则要求基于创新效率的内涵,采用科学规范的研究方法建立效率评价指标体系。选取的指标必须科学、合理,能反映农业自主创新的实际情况,解决实际问题。

二 农业自主创新效率指标体系构建

(一) 指标体系构建步骤

第一步,采用文献分析法建立农业自主创新投入产出基本指标体系。即通过查阅相关的文献,把能反映农业自主创新投入与产出的主要指标摘录出来构建基础数据库。

第二步,采用经验判断,对构建的基础数据库进行修正。

第三步，采用定量分析法，对修正后的投入、产出指标进行相关性分析，根据相关性和指标的意义对指标进行调整，最终确定指标体系。

(二) 指标体系构建

1. 基础指标体系构建

由于针对农业自主创新投入产出指标的研究文献较少，可以借鉴科技创新投入产出来建立基础指标体系，然后再根据农业自主创新的特点进行筛选。

第一，农业自主创新产出指标选择。

不同行业、不同的研究角度对技术创新产出指标的选取有很大差异，总体来看有以下方法。

一是用全要素生产率来代替创新产出。根据索罗经济增长理论，所有资本和劳动要素投入不能解释的产出部分都是技术进步的贡献。这种方法得到了很多学者的认同，但是作为技术创新产出的衡量指标可能会扩大产出效果。

二是用 GDP、劳动生产率等经济指标作为衡量技术创新产出的指标，这种方法在衡量一些行业或领域的时候，也可能会扩大科技创新效果。

三是用著作、专利、鉴定成果等科技创新直接成果作为科技产出的衡量指标。用这个方法来衡量科技创新的产出得到广大学者的认同，并在技术创新研究中得到广泛应用。

结合农业产出的特殊性，本章选取土地生产率和农业增加值作为农业自主创新的产出指标。

第二，农业自主创新投入指标选择。

对于技术创新投入，大多数学者基于资金和人员两方面考虑。

一是资金投入。一般用 R&D 经费作为衡量科技创新的资金投入指标。本章选取农业 R&D 经费作为农业自主创新资金投入指标。

二是人员投入。一般用 R&D 经费、科学家和工程师数量来衡量科技创新人员投入。本章选取第一产业劳动力数量和企事业单位农业技术人员数量作为农业自主创新人员投入指标。

通过上述分析，可以构建农业自主创新投入产出的基础指标体系，具体构成见表3—1。

表3—1　　　　农业自主创新投入产出的基础指标体系

分类		基本指标
投入	资金投入	R&D 经费
	人员投入	第一产业劳动力数量
		企事业单位农业技术人员数量
产出		土地生产率
		农业增加值

2. 指标筛选

本部分通过对农业自主创新投入、产出指标的相关分析，剔除一些无关紧要的指标。需要注意的是，农业自主创新从创新投入到获得产出，要经过一定的时间，当年的创新投入并不能马上就产生效益。因此，指标筛选时考虑了农业自主创新效果的滞后性和累积作用。关于创新投入的滞后期，目前还没有统一标准，一般为1—3年。笔者选取一年作为滞后期，如2000年的投入对应2001年的产出。结果如表3—2所示。

表3—2　　　农业自主创新投入指标与产出指标的相关系数

相关系数	土地生产率	农业增加值	R&D 经费	农业技术人员	第一产业劳动力
土地生产率	1	0.6709	0.6967	0.716	0.371
农业增加值	0.6709	1	0.4976	0.5537	-0.0894
R&D 经费	0.6967	0.4976	1	0.4428	-0.2134
农业技术人员	0.716	0.5537	0.4428	1	0.259
第一产业劳动力	0.371	-0.0894	-0.2134	0.259	1

由表3—2可知，农业增加值与R&D经费、企事业单位农业技术人员呈显著相关关系，而与第一产业劳动力相关程度很低。土地生产率与R&D经费、企事业单位农业技术人员呈显著相关关系，和

第一产业劳动力数量相关程度非常低。因此，本书将第一产业劳动力剔除，甘肃省农业自主创新投入产出指标体系最终确立，结果见表3—3。

表3—3　　　　甘肃农业自主创新效率评价指标体系

一级指标	二级指标
资金投入	R&D 经费
人员投入	企事业单位农业技术人员
产出	土地生产率
	农业增加值

第三节　甘肃农业自主创新实际效率测算与评价

一　实际效率测算方法与模型构建

（一）实际效率测算方法介绍

实际效率就是对某一系统实际投入的有效产出的测算，其方法主要有单指标比率法和综合指数法两种。

1. 单指标比率法

单指标比率法是一种最为直观的衡量投入产出实际效率的评价方法。该方法以投入与产出的比率作为评价实际效率的 PI（Performance Indicator）指标，基于一系列 PI 的比较分析实现对实际效率的评价。对单投入、单产出的农业科技创新效率评价，单指标比率法不仅可行，而且方便直观，是一种很有意义的分析方法。但是，对多投入、多产出系统的创新效率评价，则有很大难度。由于每个 PI 指标只反映一个投入和一个产出指标的比率水平，因此，用 PI 指标表示不同效率水平，特别是表现出不一致变化时，很难实现对评价单元的总体评价。

2. 综合指数法

综合指数法是在评价研究中常用的一种方法。它是借助因素分析、层次分析、德尔菲法等方法，确定不同指标的权重，然后计算出综合投入与产出指数进行评价的方法。此方法解决了单指标比率评价方法的不足，准确度相对较高，也很全面，但在指标选择、标准值确定及权数的计算等方面比较复杂，操作的难度相对较大。

（二）实际效率测算模型建立

农业自主创新是一个多投入、多产出系统，因此，本章采用综合指数法建立农业自主创新实际效率测算模型。

1. 指标选取

根据笔者对各项指标的分析，最终选取的测算农业自主创新效率的指标见表3—3。

2. 权重确定

本书采用熵技术修正的 AHP 方法来确定指标的权重。

第一步，采用 AHP 方法计算各指标的权重。

首先，建立层次结构。将指标按照目标层、准则层和指标层的形式分层排列。

其次，构建判断矩阵，假设指标集为 $D = \{d_1, d_2, \cdots, d_n\}$，构造判断矩阵：

$$P = \begin{pmatrix} d_{11} & \cdots & d_{1n} \\ \vdots & \ddots & \vdots \\ d_{n1} & \cdots & d_{nn} \end{pmatrix}$$

判断矩阵的含义如表3—4所示。

表3—4　　　　　　　判断矩阵及其含义

d_{ij}标度取值	定义	说明
1	两个指标同等重要	d_i 与 d_j 对于某个性质具有相同的贡献
3	一个指标比另一个指标稍微重要	从经验判断，d_i 和 d_j 中稍微偏重于 d_i
5	一个指标比另一个指标较强重要	从经验判断，d_i 和 d_j 中较偏重于 d_i
7	一个指标比另一个指标强烈重要	d_i 强烈偏重，起主导地位，在实际中显示出来
9	一个指标比另一个指标绝对重要	d_i 绝对偏重于 d_j，是偏重的最高等级
2，3，4，6	两相邻判断的中值	需要取两个判断的折中
$d_{ji} = 1/d_{ij}$	d_i 与 d_j 相比，d_j 的不重要程度	

再次,层次单排序及一致性检验。

层次单排序可以归结为计算判断矩阵的特征根和特征向量,即对判断矩阵 P,计算满足 $P_W = \lambda_{max} W$ 的特征根和特征向量,$\lambda_{max} W$ 为最大特征值,W 为对应于 $\lambda_{max} W$ 的正规化特征向量,W 的分量 W_i 即是相应因素单排序的权值。对 W 向量归一化处理后,得到各指标的权系数 P_j。采用和积法计算:

根据公式 $\overline{d_{ij}} = d_{ij} / \sum_{k=1}^{m} d_{kj}$,对判断矩阵 $P = \{d_{ij}\}_{n \times n}$ 各列正规化,得到标准矩阵 $\overline{P} = \{\overline{d_{ij}}\}$;依据 $P_i = \sum_{j=1}^{n} \overline{d_{ij}}$,将正规化后的判断矩阵按行相加,得到一个新的向量:$\overline{W} = (\overline{W_1}, \overline{W_2}, \cdots, \overline{W_n})$;再利用公式 $\overline{w_i} = \dfrac{\overline{w_i}}{\sum_{j=1}^{n} w_j}$ ($j = 1, 2, \cdots, n$) 对该向量正规化,得到 $W = (\overline{W_1}, \overline{W_2}, \cdots, \overline{W_n})^T$,W 即为所求的特征向量。

计算判断矩阵的最大特征值 $\lambda_{max} = \sum_{i=1}^{n} \dfrac{(P_W)_i}{n W_i}$ ($i = 1, 2, \cdots, n$)

一致性检验用随机一致性比率 CR 来检验,计算步骤与公式如下。

计算一致性指标 CI:

$$CI = \frac{\lambda_{max} - n}{n - 1}$$

查平均随机一致性指标 RI,RI 可以根据矩阵的阶数从表 3—5 查得。

表 3—5   1—9 阶矩阵的平均随机一致性指标

阶数	1	2	3	4	5	6	7	8	9
RI	0.00	0.00	0.58	0.90	1.12	1.24	1.32	1.41	1.45

计算一致性比率 CR:

$$CR = \frac{CI}{RI}$$

对于 1、2 阶判断矩阵总是完全一致的。当阶数大于 2 时，CR 小于等于 0.1 时可以认为判断矩阵有满意的一致性，即全向量可靠。如果 CR 大于等于 0.1，就需要重新调整判断矩阵，直到满意为止。

第二步，用熵技术修正各指标权重。

计算出标准矩阵后，按照下式计算指标输出的熵值：

$$\lambda_i = -(\ln n)^{-1} \sum_{i=1}^{n} \overline{d_{ij}} \ln \overline{d_{ij}}$$

设指标 D_j 的偏差度为 $\mu_j = 1 - \lambda_j$，则其信息权重：

$$v_j = \mu_j / \sum_{j=1}^{n} \mu_j$$

最后，利用信息权重 v_j 修正由 AHP 法获得的指标权系数 $P_j = (P_1, P_2, \cdots, P_n)$，得到各指标合理的权重：

$$r_j = v_j p_j / \sum_{j=1}^{k} v_j p_j \ (k = 1, 2, \cdots, n)$$

3. 指数计算

本章采用多目标线性加权函数法来计算评价单元投入、产出指数，用产出、投入指数比从整体上评价农业科技创新实际效率。多目标线性加权函数法计算公式如下：

$$D_i = \sum_{j=1}^{m} a_j w_j (j = 1, 2, \cdots, m; \ i = 1, 2, \cdots, n),$$

$$D = \sum_{j=1}^{n} D_i r_i \ (i = 1, 2, \cdots, n)$$

D_i 为第 i 个一级指标评价指数，D 为投入或产出评价指数。a_j 为第 j 个二级指标量化指标值，ω_j 为第 j 个二级指标的权重，r_i 为第 i 个一级指标权重，j 为各二级指标的指标个数，i 为一级指标的指标个数。

二 数据来源及统计描述

（一）数据来源

甘肃农业自主创新投入与产出指标所用的基础数据均来自 2000—2011 年《中国科技统计年鉴》、《中国统计年鉴》、《高等学校科技统计资料汇编》、《甘肃发展年鉴》和《甘肃农村年鉴》。为反映甘肃省农业创新资金投入及产出的真实状况,本章以2000年不变价格对指标数据进行了相应调整,以剔除价格因素的影响。

(二)甘肃省农业自主创新产出指标的统计分析

1. 农业增加值

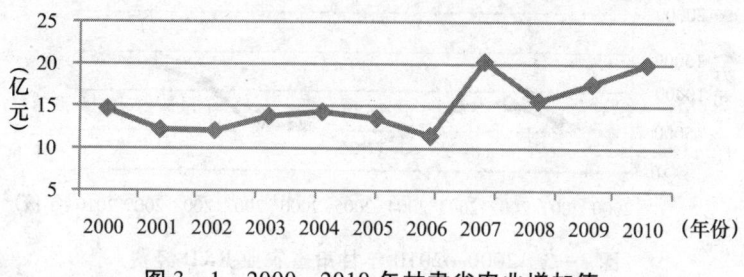

2000—2010年,甘肃省农业增加值可以划分为四个阶段,如图3—1所示。

2000—2006年,甘肃省农业总产值基本保持平稳上升,农业增加值波动不大。

2006—2007年,甘肃省农业增加值增长迅速,从2006年的11.4亿元增长到2007年的20.4亿元。

2007—2008年,甘肃省农业增加值急速下降,从2007年的20.4亿元减少到2008年的15.6亿元。这可能和金融危机有关,体现出农业生产的脆弱性。

2008—2010年,甘肃省农业增加值呈现迅速上升趋势,从2008年的15.6亿元增长到2010年的20.05亿元。

图3—1 2000—2010年甘肃省农业增加值

2. 土地生产率

2000—2010年甘肃省土地生产率可以划分为三个阶段,如图3—2所示。

2000—2004年,甘肃省土地生产率增长迅速,从2000年的每万亩耕地生产1866.3吨增长到2004年的2156.5吨。

2004—2006年,甘肃省土地生产率有所下降,从2004年的2156.5吨增长到2006年的2045吨。

2006—2010年，甘肃省土地生产率呈现上升趋势，从2006年的2045吨增长到2010年的2291吨。

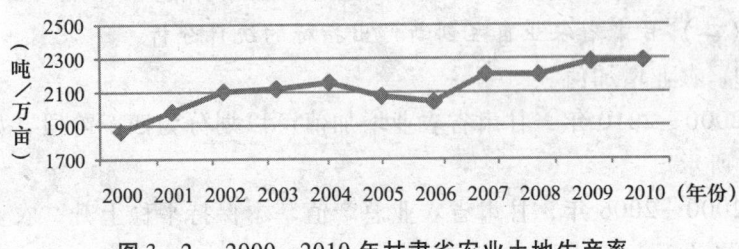

图3—2 2000—2010年甘肃省农业土地生产率

（三）甘肃省农业自主创新投入指标的统计分析

1. 农业R&D经费

2000—2010年甘肃省农业R&D经费可以划分为三个阶段，如图3—3所示。

2000—2002年，甘肃省农业R&D经费快速增长，从2000年4751万元增长到2002年的8706万元。

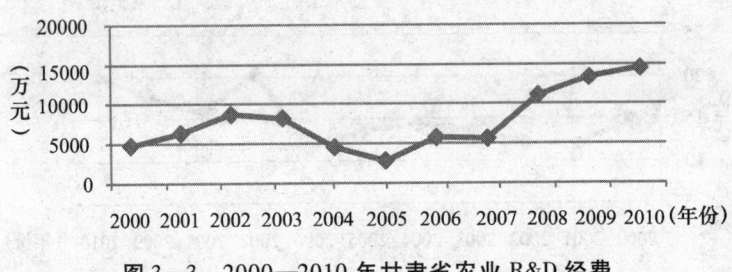

图3—3 2000—2010年甘肃省农业R&D经费

2002—2005年，甘肃省农业R&D经费持续下降，从2002年的8706万元下降到2005年的2840万元。

2005—2010年，甘肃省农业R&D经费增长较快，从2005年的2840万元增长到2010年的14569.53万元。

2. 农业技术人员

2000—2010年，甘肃省企事业单位农业技术人员数量变化分为两个阶段，如图3—4所示。

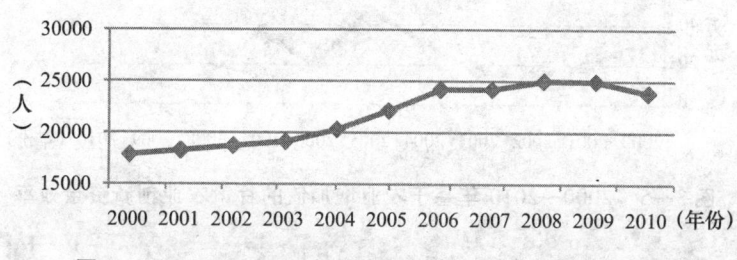

图 3—4 2000—2010 年甘肃企事业单位农业技术人员

2000—2008 年，甘肃省农业技术人员数量平稳上升，从 2000 年的 17847 人增加到 2008 年的 25046 人。

2008—2010 年，甘肃省农业技术人员数量出现下降，从 2008 年的 25046 人下降到 2010 年的 23859 人。

三 甘肃农业自主创新实际效率测算结果及分析

在测算实际效率时，本章考虑了农业自主创新效果的滞后性和累积作用。自主创新投入的滞后性是指从创新投入到获得产出，要经过一定的时间。当年的创新投入并不能马上就产生效益。关于创新投入的滞后期，目前还没有统一标准，一般为 1—3 年。按照惯例，本书选取一年作为滞后期，例如 2010 年的投入对应 2011 年的产出。

（一）资金效率

资金效率指农业自主创新资金投入的产出效率。本部分用农业 R&D 经费作为农业自主创新资金投入，分别以农业增加值和土地生产率为产出，测算了农业创新资金的实际效率。

1. 从农业总产值角度衡量

2000—2010 年，甘肃省农业 R&D 经费的农业产值效率波动较大，分为六个阶段，如图 3—5 所示。

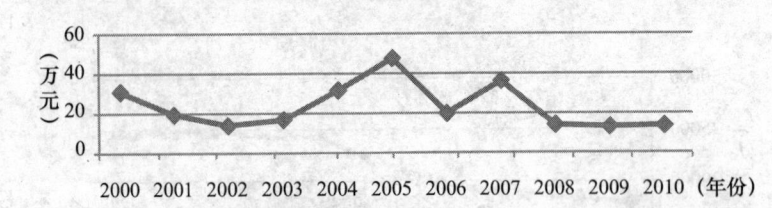

图 3—5 2000—2010 年基于农业增加值的甘肃农业创新资金效率

2000—2002 年，资金效率出现下降，2000 年每支出万元 R&D 经费，增加 30.9 万元农业产值，到 2002 年，每支出万元 R&D 经费，仅增加 13.9 万元农业产值。

2002—2005 年，资金效率上升迅速，2002 年每支出万元 R&D 经费，增加 13.9 万元农业产值，到了 2005 年，每支出万元 R&D 经费，增加 47.6 万元农业产值。

2005—2006 年，资金效率急速下降，2005 年每支出万元 R&D 经费，增加 47.6 万元农业产值，到了 2006 年，每支出万元 R&D 经费，仅增加 20 万元农业产值。

2006—2007 年，资金效率又急速上升，2006 年每支出万元 R&D 经费，增加 20 万元农业产值，到了 2007 年，每支出万元 R&D 经费，增加 36.3 万元农业产值。

2007—2008 年，资金效率又迅速下降，2007 年每支出万元 R&D 经费，增加 36.3 万元农业产值，到了 2008 年，每支出万元 R&D 经费，仅增加 14.1 万元农业产值。

2008—2010 年，资金效率保持平稳状态。

2. 从土地生产率的角度衡量

2000—2010 年甘肃省农业 R&D 经费的土地生产率效率呈现波动趋势，分为三个阶段，如图 3—6 所示。

2000—2002 年，资金效率出现下降，从 2000 年每支出万元 R&D 经费每万亩粮食种植面积产粮食增加 0.39 吨，到 2002 年增加 0.24 吨。

2002—2005 年，资金效率上升迅速，从 2002 年每支出万元 R&D 经费，每万亩粮食种植面积产粮食增加 0.24 吨，到 2005 年增加 0.73 吨。

2005—2010年，资金效率持续下降，从2005年每支出万元R&D经费，每万亩粮食种植面积产粮食增加0.73吨，到2010年仅增加0.16吨。

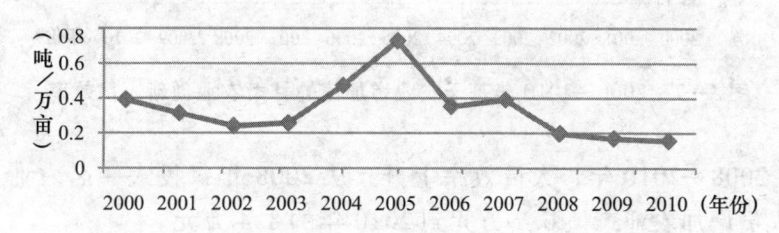

图3—6　2000—2010年基于土地生产率的甘肃农业创新资金效率

(二) 人员效率

人员效率指农业自主创新人员投入的产出效率。本部分以企事业单位农业技术人员数作为农业自主创新的投入，分别以农业增加值和土地生产率作为农业自主创新的产出，测算了农业自主创新人员的实际效率。

1. 从农业增加值角度衡量

2000—2010年，甘肃省农业技术人员的农业产值效率呈现波动趋势，可分为六个阶段，如图3—7所示。

2000—2002年，人员效率下降，从2000年每投入一名农业技术人员增加农业产值8.2万元到2002年的6.5万元。

2002—2003年，人员效率上升，从2002年每投入一名农业技术人员增加农业产值6.5万元到2003年的7.2万元。

2003—2006年，人员效率下降，从2003年每投入一名农业技术人员增加农业产值7.2万元到2006年的4.74万元。

2006—2007年，人员效率上升，从2006年每投入一名农业技术人员增加农业产值4.74万元到2007年的8.4万元。

2007—2008年，人员效率下降，从2007年每投入一名农业技术人员增加农业产值8.4万元到2008年的6.2万元。

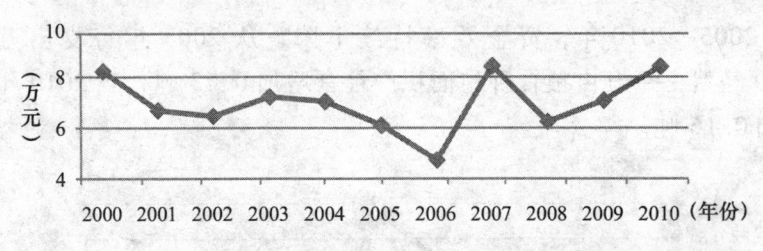

图 3—7　2000—2010 年基于农业增加值的甘肃农业创新人员效率

2008—2010 年，人员效率上升，从 2008 年每投入一名农业技术人员增加农业产值 6.2 万元到 2010 年的 8.4 万元。

2. 从土地生产率的角度衡量

2000—2010 年甘肃省农业技术人员的土地生产率效率呈现波动趋势，分为三个阶段，如图 3—8 所示。

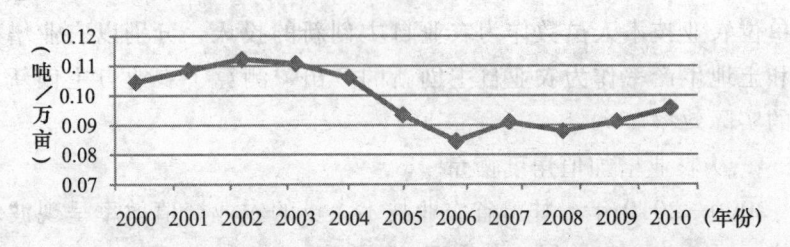

图 3—8　2000—2010 年基于土地生产率的甘肃农业创新人员效率

2000—2002 年，人员效率上升，从 2000 年每投入一名农业技术人员，每万亩粮食种植面积产粮食增加 0.105 吨，到 2002 年增加 0.112 吨。

2002—2006 年，人员效率下降，从 2002 年每投入一名农业技术人员，每万亩粮食种植面积产粮食增加 0.112 吨，到 2006 年增加 0.084 吨。

2006—2010 年，人员效率上升，从 2006 年每投入一名农业技术人员，每万亩粮食种植面积产粮食增加 0.084 吨，到 2010 年增加 0.096 吨。

（三）综合效率

根据前文建立的农业自主创新实际效率评价方法和模型，可以测算出农业自主创新的综合效率。由于农业自主创新投入产出的各项指标的单位不同、量纲不同，不能直接加总分析，这就需要对这些指标进行无量纲化处理，以利于综合创新效率的分析评价。数据无量纲化处理有中心标准化、均值标准化等多种方式，为了反映不同年份的对比关系，本章选用均值标准化方法对各项指标进行标准化处理。均值标准化的方法如下：

均值标准化：$X_i = \dfrac{x_i}{\overline{X}}$，其中 x_i 为原始数据，$\overline{X}$ 为平均值，X_i 为标准化后的指数。

对数据均值标准化处理后，分别计算农业自主创新的资金综合实际效率、人员综合实际效率和综合实际效率。

1. 资金综合实际效率

以农业 R&D 经费标准化后的指数作为农业自主创新资金投入，以农业增加值和土地生产率的综合加总指数作为自主创新产出指标计算资金的综合实际效率。计算结果表明，2000—2010 年，资金综合实际效率呈现阶段性波动变化规律，2000—2002 年，资金综合实际效率呈下降趋势；2002—2005 年，资金综合实际效率呈上升趋势；2005—2006 年，资金综合实际效率急速下降；2006—2007 年，资金综合实际效率迅速上升；2007—2008 年，资金综合实际效率急速下降；2008—2010 年，资金综合实际效率保持平稳状态。

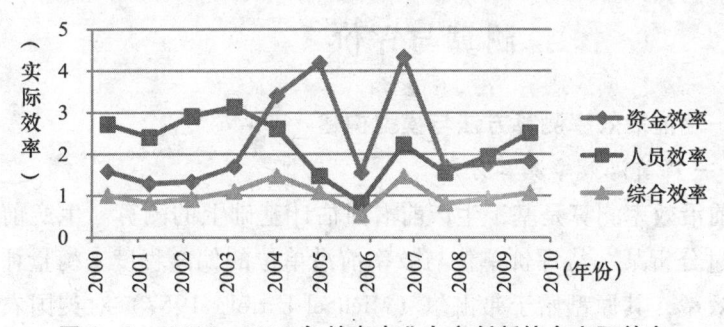

图 3—9　2000—2010 年甘肃农业自主创新综合实际效率

2. 人员综合实际效率

以农业技术人员标准化后的指数为自主创新投入指标，以农业增加值和土地生产率的综合加总指数作为自主创新产出指标计算人员的综合实际效率。计算结果显示，2000—2010 年，人员综合实际效率呈现阶段性波动变化规律。2000—2001 年，人员综合实际效率呈迅速下降趋势；2001—2003 年，人员综合实际效率开始上升；2003—2006 年，人员综合实际效率呈下降趋势；2006—2007 年，人员综合实际效率迅速上升；2007—2008 年，人员综合实际效率有所下降；2008—2010 年，人员综合实际效率呈现持续上升趋势。

3. 综合实际效率

以农业自主创新的资金投入和人员投入加总指数为投入变量，以农业增加值和土地生产率的综合加总指数为自主创新产出指标计算农业自主创新的综合实际效率。计算结果表明，2000—2010 年，甘肃农业自主创新综合实际效率呈现阶段波动趋势，分为五个阶段：2000—2004 年，甘肃农业自主创新综合实际效率呈现上升趋势；2004—2006 年，甘肃农业自主创新综合实际效率呈现下降趋势；2006—2007 年，甘肃农业自主创新综合实际效率又呈现上升趋势；2007—2008 年，甘肃农业自主创新综合实际效率又呈现下降趋势；2008—2010 年，甘肃农业自主创新综合实际效率呈现平稳状态。

第四节 甘肃农业自主创新前沿效率测算与评价

一 前沿效率测算方法与模型构建

（一）前沿效率测算方法

前沿效率测算是基于生产前沿面估计基础上的测算。生产前沿面是通过分析某一待评价单位与效率前沿单位的偏离程度来衡量评价单元的效率，其原型始于弗雷尔（Michael Farrel, 1957）对英国农业生产力进行分析中所提出的数据包络思想（DEA）。后来，研究者们在此基础上纷纷提出各种不同的估计技术效率生产前沿函数的实证模型。总体来看，前沿模型可分为确定性无参数前沿模型、确定性参数前沿模型、确定性统计前沿模型、随机性前沿模型等。其中，确定性无参数前沿模型、确定性参数前沿模型、确定性统计前沿模型属于确定性前沿模型。后来，根据对效率前沿形状、随机误差的处理和随机误差、低效率值分布的假定不同，又把前沿效率评价方法分为参数方法（Parametric estimation method）和非参数方法（Non – Parametric estimation method）两大类。两者的本质区别是，参数方法需要事先假定函数形式，需要对参数估计的有效性和合理性进行检验，而非参数方法是直接应用观测数据构造出生产可能集的生产前沿面，并利用生产前沿面进行分析。

1. 参数方法

参数方法的本质是计量经济学中的数理统计方法，即首先定义效率方程的函数表达式，假定效率前沿的形状，然后根据投入产出数据，在满足某些假定条件下，利用回归分析方法估计表达式中的参数，最后通过该前沿效率函数确定的前沿面对决策单元的技术效率进行测算。参数方法以随机前沿方法（SFA）为代表。

随机前沿方法（SFA）是参数前沿方法运用最广泛的方法之一。SFA 首先估计一个生产函数，并假定其误差项是由无效率项和随机误差项构成的复合结构。然后通过无效率项和随机误差项的分离，确保被估计效率有效且一致。此方法还考虑了随机误差项对个体效率的影响。SFA 方法最大的优势是前沿面是随机的，各评价单元不需共用一个前沿面；SFA 方法能把误差项进行区分，更准确地反映了技术效率水平；SFA 方法还可以对结果进行假设检验。当然，SFA 方法也存在一些不足，SFA 方法与所有参数方法一样需要预先假定生产函数形式，还需要大规模样本，SFA 方法随机误差项与技术无效的分离受到强分布假设的影响，估计结果受分布假设模型具体形式的制约。

2. 非参数方法

非参数方法本质上是用数学规划方法测定技术效率，数据包络分析法是非参数方法的代表。

数据包络分析法（DEA）是一种运用线性规划的数学过程，用于评价决策单元（DMU）的效率。DEA 方法以投入产出指标的权重为变量，从最有利于被评价单元的角度进行评价，无须事先确定各指标的权重，因此可避免在分配权重时评价者的主观意愿对评价结果的影响。另外，DEA方法在分析时不必计算综合投入量和综合产出量，因此可以避免使用传统方法时由于各指标量纲等方面的不一致而需寻求同度量因素所带来的困难。而且DEA方法无须估计函数的形式，利用其自身的优势，简便地给出了函数的隐形表达。因此，DEA方法是研究多投入、多产出规模有效和技术有效的比较理想的方法。由于农业自主创新是一个多投入、多产出系统，很难用一个投入指标和一个产出指标来全面衡量农业自主创新效率，而且目前还没有科学合理的生产函数描述农业自主创新生产过程，因此，本书选用DEA方法测算甘肃农业自主创新的前沿效率。

DEA方法的技术效率评价原理如下：假设各个评价单元拥有不同的技术效率水平，根据各个评价单元的投入和产出数据集，DEA方法可以对每个评价单元进行优化，采用各个评价单元的投入和产出指标的权重为变量对产出和投入进行对比分析，而一定投入水平下产出最大的评价单元或者在一定产出水平下投入最小的评价单元可以形成效率最高的效率前沿面，在效率前沿面上的评价单元的技术效率是有效的，其他评价单元则为非有效单元，非有效决策单元的技术效率可以根据其与效率前沿面的距离进行测定。此外，对于非有效单元，利用"投影原理"不仅能指出投入的调整方向，还能给出调整量。

假设有六个评价单元A、B、C、D、E、F，六个评价单元各有两个投入（X_1和X_2）和一个产出（Y）。从图3—10中可以看出，决策单元A、B、C、D位于效率前沿面上，因此这四个单元是有效单元，而E、F在效率前沿面之外，即为非有效单元，这两个非有效单元在效率前沿面的投影为E_1和F_1，则其效率值分别为OE_1/OE和OF_1/OF。对于非有效单元来说，通过线性规划可以得到其投入要素的目标值，即要使非有效单元处于效率前沿面上，其投入要素需要进行调整。以决策单元E为例，其在效率前沿面上的参照点为E_1，但E_1仍不是有效点，因为降低X_2的投入仍可以保持产出Y不变，因此对E点来说，其有效参照点应该为B点，对于评价单元E来说，其投入要素的调整量包括两部分，分别为由技术无效率而导致的过量投入EE_1和由于配置不恰当而导致的过量投入E_1B，EE_1为投入的径向调整量，

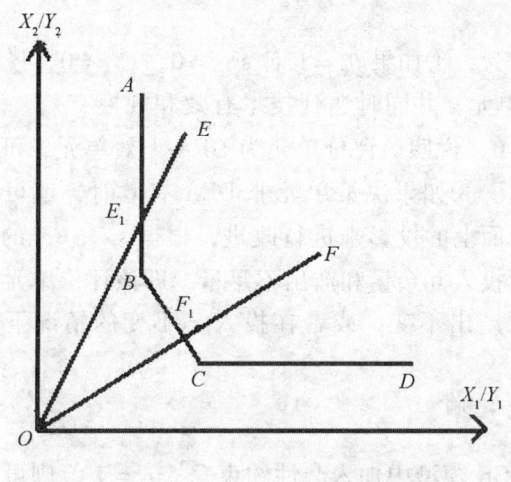

图 3—10　DEA 模型

E_1B 为投入的松弛调整量。

（二）模型构建

1. 指标选取

指标选取见本章第二节。

2. 模型建立

（1）CCR 模型

CCR 模型是 DEA 方法的第一个模型，也是最基本的模型，这是一种规模报酬不变的 DEA 模型。假定有 n 个独立的评价单元 DMU，每个 DMU 都有 m 种投入 x_j 和 s 种产出 y_j，则本书投入导向的 CCR-DEA 模型如下：

$$Min\theta_0$$

$$\sum_{j=1}^{n} \eta_j x_{ij} + s_i^- = \theta_0 x_{i0}, i = 1,2,3,\cdots,m$$

$$\sum_{j=1}^{n} \eta_j y_{rj} - s_r^+ = y_{r0}, r = 1,2,3,\cdots,s$$

$$\eta_j, s_i^-, s_r^+ \geq 0$$

其中，θ_0 为评价单元 DMU_{j0} 的有效值，η_j 为相对于 DMU_{j0} 重新构造的一个有效 DMU 组合中第 j 个评价单元 DMU_j 的组合比例，s_i^-，s_r^+

为松弛变量。

模型含义为：①如果 $\theta_0 = 1$ 且 $s_i^- = 0$，$s_r^+ = 0$，说明该评价单元为 DEA 有效单元，并同时达到技术有效和规模有效。②如果 $\theta_0 < 1$ 且 $s_i^- \neq 0$，$s_r^+ \neq 0$，说明该评价单元为 DEA 无效单元，可能是技术无效或者规模无效。③如果决策单元非 DEA 有效时，就可以根据评价单元在效率前沿面上的投影来进行改进，根据 s_i^-，s_r^+ 的水平可以判断该评价单元的投入冗余量和产出不足量，即该评价单元可以减少 s^- 的投入而保持原产出不变，或者在投入 x_0 不变的情况下可以将产出提高 s^+。

（2）BCC 模型

如果在 CCR 模型中加入凸性约束 $\sum_{j=1}^{n} \eta_j = 1$，则可以得到 BCC 模型，模型如下：

$$\text{Min} \theta_0$$

$$\sum_{j=1}^{n} \eta_j x_{ij} + s_i^- = \theta_0 x_{i0}, i = 1, 2, 3, \cdots, m$$

$$\sum_{j=1}^{n} \eta_j y_{rj} - s_r^+ = y_{r0}, r = 1, 2, 3, \cdots, s$$

$$\sum_{j=1}^{n} \eta_j = 1$$

$$\eta_j, s_i^-, s_r^+ \geq 0$$

BCC 模型突破了规模不变（CRS）的限制，在规模报酬可变（VRS）的条件下，可以区分纯技术效率（PTE）和规模效率（SE），纯技术效率度量的是当规模报酬可变时，决策单元与效率前沿面之间的距离，规模效率则是指规模报酬不变的效率前沿面与规模报酬可变的效率前沿面之间的距离。用数学表达式衡量就是，技术效率 = 纯技术效率 × 规模效率。

通过决策单元的规模效率可以判断其规模收益：若规模效率 $SE = 1$，则决策单元为规模收益不变，说明该评价单元所有投入要素的数量都按同样的比例增加时，将获得同等比例的产出；若规模效率 $SE < 1$，则有两种可能，如果 $\sum_{j=1}^{n} \eta_j < 1$，评价单元为规模收益递增，

这说明如果将该决策单元投入的数量都以相同比例增加,将获得更大比例的回报;如果 $\sum_{j=1}^{n} \eta_j > 1$,评价单元为规模收益递减,说明决策单元在增加投入后,产出的增长比例会小于投入的增加比例。

(3) 超效率 DEA 模型

使用传统的 DEA 评价决策单元的效率时,会出现多个评价单元都处在前沿面上的情况,从而无法判断其优劣,因而安德森(Anderson,1993) 建立了基于投入导向的超效率 DEA 模型,使相对有效的决策单元之间也能进行效率高低的比较,原理如图3—11所示,在计算 C 点效率值时,将其排除在决策单元的参考集之外,有效生产前沿面由原来的 $ACDE$ 变为现在的 ADE,C 点的效率值变为 $OC_1/OC > 1$,而原来就是 DEA 无效的 B 点,其生产前沿面仍是 $ACDE$,评价值不变,仍为 $OB_1/OB < 1$。

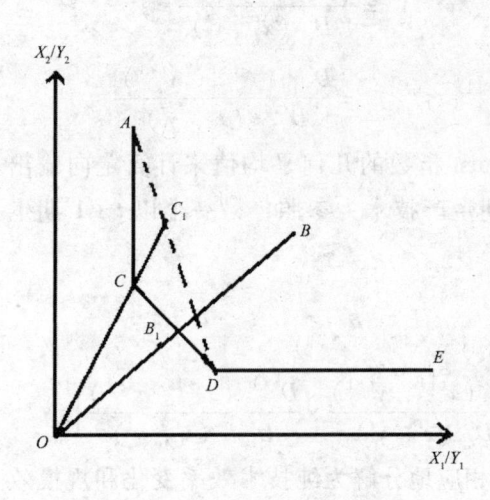

图3—11 超效率 DEA 模型

综上所述,假定有 n 个独立的评价单元 DMU,每个 DMU 都有 m 种投入 x_j 和 s 种产出 y_j,线性规划方程为:

$$\text{Min} \theta_0$$

$$\text{s.t.} \sum_{\substack{j=1 \\ j \neq i}}^{n} \eta_j x_{ij} + s_i^- = \theta_0 x_{i0}, i = 1, 2, 3, \cdots, m$$

$$\sum_{\substack{j=1 \\ j \neq i}}^{n} \eta_j y_{rj} - s_r^+ = y_{r0}, r = 1, 2, 3, \cdots, s$$

$$\eta_j, s_i^-, s_r^+ \geq 0$$

(4) Malmquist 指数

Malmquist 指数首先由卡福斯(Caves D., 1982)等人引入,后由弗雷尔等人进一步发展而来。根据弗雷尔等的方法，本部分以甘肃省每个年份作为一个决策单元，构造创新效率的前沿面，把每年的创新效率同前沿面进行比较，以此对甘肃省的效率变化和技术进步进行测量。设 (x_t, y_t) 和 (x_{t+1}, y_{t+1}) 分别为 t 期和 $t+1$ 期的投入产出关系，投入产出关系从 (x_t, y_t) 向 (x_{t+1}, y_{t+1}) 变化就是创新效率变化。$D_c^T(x_t, y_t)$、$D_c^{T+1}(x_{t+1}, y_{t+1})$ 为距离函数，则基于 t 和 $t+1$ 期参照技术的 Malmquist 指数分别为：

$$M_t(x^t, y^t, x^{t+1}, y^{t+1}) = \frac{D_c^t(x^{t+1}, y^{t+1})}{D_c^t(x^t, y^t)},$$

$$M_{t+1}(x^t, y^t, x^{t+1}, y^{t+1}) = \frac{D_c^{t+1}(x^{t+1}, y^{t+1})}{D_c^{t+1}(x^t, y^t)}$$

弗雷尔等运用两个 Malmquist 指数的几何平均值来计算定向输出的 Malmquist 指数，一个以 t 期生产技术为参照，另一个以 $t+1$ 期生产技术为参照，即：

$$M(x^t, y^t, x^{t+1}, y^{t+1})$$
$$= \left[\frac{D_c^t(x^{t+1}, y^{t+1})}{D_c^t(x^t, y^t)} \times \frac{D_c^{t+1}(x^{t+1}, y^{t+1})}{D_c^{t+1}(x^t, y^t)}\right]^{1/2}$$

根据研究，效率变化可以相应地分解为纯技术效率变化和规模效率变化，即：

$$M(x^t, y^t, x^{t+1}, y^{t+1}) = \frac{S_c^t(x^t, y^t)}{S_c^t(x^{t+1}, y^{t+1})}$$

$$\times \frac{D_c^t(x^{t+1}, y^{t+1}/CRS)}{D_c^t(x^t, y^t/CRS)}$$

$$\left[\frac{D_c^t(x^{t+1}, y^{t+1})}{D_c^{t+1}(x^{t+1}, y^{t+1})} \times \frac{D_c^t(x^t, y^t)}{D_c^{t+1}(x^t, y^t)}\right]^{1/2}$$

上式中，左边是 Malmquist 指数，该指标若大于1，表明自主创新效率上升；若小于1，表明自主创新效率降低。右边第一项是规模效率指数，表明规模经济对生产率的影响；第二项是纯技术效率指数，表示在不变规模报酬假定下的技术效率变化，该指标可能大于1、小于1和等于1，分别表示技术效率的提高、降低和技术效率无变化；

最后一项是技术进步指数,反映生产前沿面的移动从 t 到 $t+1$ 期的移动,该指数大于 1 表示技术进步,等于 1 表示技术无变化,小于 1 表示技术退步。

二 数据来源及统计描述

本章研究的基础数据来源于《甘肃发展年鉴（2000—2011）》、《甘肃农村年鉴（2000—2011）》、《中国科技年鉴（2000—2011）》和《中国农村统计年鉴（2000—2011）》。借鉴前人的相关研究成果,本章研究选择了投入与产出两大类指标。投入指标包括农业 R&D 经费支出、企事业单位农业技术人员数量;产出指标包括农业增加值和土地生产率。为了真实地反映甘肃农业自主创新的投入及产出效果,本章以 2000 年不变价格为基础进行相应调整,以剔除价格因素的影响。农业创新要考虑研发效果的滞后性和累积作用,农业创新投入的滞后性是指从投入到获得产出,要经过一定时间。当年的投入并不能马上全部产生经济效益。农业创新投入滞后效应,目前还没有统一的标准,本章选取一年作为滞后期,例如以 2010 年的投入对应 2011 年的产出。指标的描述性统计见表 3—6。

表 3—6　　　　　　　　　变量描述性统计

变量	最大值	最小值	均值	均值标准误	标准差	峰度	偏度
土地生产率	2291.00	1866.28	2121.64	38.42	127.42	0.171	-0.561
农业增加值	20.38	11.49	15.08	0.93	3.07	-0.538	0.788
R&D 支出	14569.53	2840.27	7799.60	1146.07	3801.10	-0.619	0.698
农业技术人员	25046.00	17847.00	21710.27	869.20	2882.81	-1.984	-0.154

三 甘肃农业自主创新前沿效率测算结果及分析

（一）基于 DEA 的农业自主创新效率测算

在考虑规模报酬可变的情况下,选择投入导向的 BCC 模型对 2000—2010 年甘肃农业自主创新投入产出的总体效率进行考察。

表3—7　　　2000—2010年甘肃农业自主创新效率变动情况

年份	技术效率	纯技术效率	规模效率	规模区间
2000	1	1	1	—
2001	0.993	1	0.993	irs
2002	1	1	1	—
2003	1	1	1	—
2004	1	1	1	—
2005	1	1	1	—
2006	0.794	0.801	0.991	irs
2007	1	1	1	—
2008	0.815	0.86	0.947	drs
2009	0.869	1	0.869	drs
2010	1	1	1	—
平均值	0.952	0.969	0.982	

注：irs为规模收益递增，—为规模收益不变，drs为规模报酬递减。

通过对表3—7结果进行分析可知：

（1）从总体上看，2000—2010年甘肃农业自主创新效率平均值为0.952，其中2000年、2002—2005年、2007年和2010年均为DEA有效，这7个年份构成了甘肃农业自主创新效率的生产前沿面。农业创新效率最低的年份是2006年，为0.794。

（2）在规模收益可变的条件下，对非DEA有效的年份可以进一步考察其纯技术有效性和规模有效性。2001年和2009年是纯技术有效但非规模有效。2006年和2008年既非技术有效也非规模有效，也就是说，这些年份甘肃农业自主创新存在投入冗余的情况，如果减少其部分投入，也有可能保持当前的产出水平不变。

（3）从规模收益看，DEA有效的7个年份都处在规模收益不变的阶段。2001年和2006年甘肃农业自主创新处于规模收益递增阶段，说明在这两年增加投入后，产出的增长比例会大于投入的增加比例。2008年和2009年甘肃农业自主创新处于规模收益递减阶段，说明在增加投入后，产出的增长比例会小于投入的增加比例。

在测算了2000—2010年甘肃农业自主创新综合效率之后，再以企事业单位农业技术人员为人员投入，以R&D经费为资金投入，分别计算甘肃农业自主创新的人员效率和资金效率。计算结果如表3—8所示。

表3—8 2000—2010年甘肃农业自主创新人员效率和资金效率

年份	人员效率				资金效率			
	TE	PTE	SE	规模区间	TE	PTE	SE	规模区间
2000	1	1	1	—	0.648	0.695	0.932	drs
2001	0.973	1	0.973	irs	0.43	0.449	0.957	irs
2002	1	1	1	—	0.331	0.4	0.827	drs
2003	1	1	1	—	0.353	0.459	0.769	drs
2004	0.962	0.991	0.971	drs	0.663	1	0.663	drs
2005	0.845	0.849	0.995	irs	1	1	1	—
2006	0.752	0.765	0.983	irs	0.487	0.493	0.986	irs
2007	1	1	1	—	0.761	1	0.761	drs
2008	0.815	0.858	0.95	drs	0.296	0.501	0.591	drs
2009	0.869	0.946	0.919	drs	0.277	1	0.277	drs
2010	1	1	1	—	0.289	1	0.289	drs
平均值	0.929	0.946	0.981		0.503	0.727	0.732	

注：TE是技术效率的缩写；PTE是纯技术效率的缩写；SE是规模效率的缩写。

由表3—8可知，2000—2010年，甘肃农业自主创新人员效率呈现波动趋势，其中2006年最低，仅为0.752。2001年为纯技术有效但非规模有效，说明2001年人员投入无效是由规模无效造成的。2004—2006年、2008年和2009年甘肃农业自主创新无效是由纯技术无效和规模无效共同造成的。从农业技术人员的规模报酬看，2001年、2005年和2006年，甘肃农业自主创新处于规模报酬递增阶段，2004年、2008年和2009年处于递减阶段，其余技术有效的年份规模报酬不变。

从甘肃农业自主创新资金投入角度看，2000—2010年甘肃省农业自主创新资金效率整体呈现下降趋势，平均值仅为0.503。2004年、2007年、2009年和2010年甘肃农业自主创新纯技术有效但规模无效，即资金投入无效是规模无效率造成的。2000—2003年、2006年和 2008 年甘肃农业自主创新资金投入的无效率是由规模无效和纯技术效率无效共同造成的。从农业技术人员的规模报酬看，2001 年和 2006 年，甘肃农业自主创新规模报酬递增，2005 年规模报酬不变，其余年份规模报酬一直处于递减阶段，这说明农业自主创新资金配置规模不尽合理，需要调整。

从创新综合效率、资金效率和人员效率的比较看，无论是纯技术效率，还是规模效率，综合效率值都大于资金效率和人员效率，说明资金和人员协调配置对提高农业自主创新有效性具有重要作用。

（二）基于超效率 DEA 的农业自主创新效率测算

通过表 3—7 的计算结果可以发现，2000 年、2002 年、2003 年、2004 年、2005 年、2007 年和 2010 年甘肃农业自主创新效率值均为 1，因此无法对上述年份甘肃农业自主创新进行详细的分析。基于此，本节引入超效率模型，计算结果见表 3—9。结果表明：超效率模型的测算结果将上述年份的农业自主创新效率进行了有效区分，可以更清楚地看出，2000—2010 年甘肃农业自主创新效率呈现波动趋势。

表 3—9   2000—2010 年甘肃农业自主创新超效率值

年份	综合效率	超效率
2000	1	1.055
2001	0.993	0.993
2002	1	1.014
2003	1	1.013
2004	1	1.048
2005	1	1.536
2006	0.794	0.794
2007	1	1.093
2008	0.815	0.815
2009	0.869	0.869
2010	1	1.006
平均值	0.986	1.021

（三）农业自主创新 Malmquist 生产率指数及其分解分析

DEA 模型的结果仅仅反映了甘肃农业自主创新 2000—2010 年是

否有效，并没有考虑技术进步的影响。由于科技体制改革等因素引起的技术进步对自主创新能力也会产生很大影响，接下来用 Malmquist 指数来考察甘肃农业自主创新的效率变化情况。分析结果见表3—10。

从表3—10的结果可知，2000—2010年甘肃农业自主创新效率年平均增长率为-4.4%。农业自主创新全要素生产率增长呈现出明显的波动性特征，整体呈现倒"U"形演进轨迹。其中，下降的时间段有2000—2001年、2001—2002年、2005—2006年、2007—2008年和2008—2009年，这些时间段甘肃农业自主创新效率分别下降了19.4%、13.7%、38.5%、38.7%和1.4%，其余时间段均处于增长状态。可以很明显看出，在2000年和2001年，甘肃农业自主创新效率分别出现下降，随后显著上升，2002—2003年、2003—2004年和2004—2005年甘肃农业自主创新效率分别上升9.1%、34.2%和15.4%，这主要是得益于政府"以工哺农、以城带乡"战略方针的实施。然而2007—2009年，甘肃农业自主创新效率出现了较显著的下降，可能和金融危机、自然灾害等一些外部因素有关，这体现出农业生产发展的脆弱性，说明农业自主创新效率的变动是各种内外因素综合作用的结果。

表3—10　　　　2000—2010年甘肃农业自主创新投入产出的TFP指数变动情况

时间	效率变化	技术进步	纯技术效率	规模效率	全要素生产率
2000—2001	1	0.806	1	1	0.806
2001—2002	1	0.863	1	1	0.863
2002—2003	1	1.091	1	1	1.091
2003—2004	1	1.342	1	1	1.342
2004—2005	1	1.154	1	1	1.154
2005—2006	1	0.615	1	1	0.615
2006—2007	1	1.4	1	1	1.4
2007—2008	1	0.613	1	1	0.613
2008—2009	1	0.986	1	1	0.986
2009—2010	1	1.047	1	1	1.047
2000—2010	1	0.956	1	1	0.956

理论上，甘肃农业自主创新效率的增长是技术效率提升与技术进步共同作用的结果，然而事实并非如此。从曼奎斯特生产率指数分解结果来看，甘肃农业自主创新效率的增长主要由技术进步所致，并非得益于技术效率的改善。技术进步是甘肃农业自主创新效率提高的主要推动力，也是甘肃农业生产发展的主要动力。

四 实际效率与前沿效率比较

从两种测算方法的思想上看，实际效率和前沿效率都是以投入产出比作为衡量效率高低的标准，所不同的是，前沿效率是一种相对效率，其效率会更加明显地受到其他决策单元投入产出的影响。图3—12表示的是2000—2010年甘肃农业自主创新的实际效率与前沿效率，可以看出，前沿效率与实际效率基本保持一样的变化趋势，这更加反映出甘肃农业自主创新效率的波动规律。

图3—12　2000—2010年甘肃农业自主创新实际效率与前沿效率

第五节　甘肃农业自主创新效率影响因素分析

影响创新效率的因素很多，不同的学者基于不同的视角、不同的行业对此做了分析。弗里曼和苏特（Freeman & Soete, 1997）研究表明，创新成功与否，在于成功者更注重用户教育、市场预测、宣传和销售，而中国农业企业却常常忽视顾客在科技创新中的作用。张会元和唐元虎（2003）研究表明，在影响企业技术创新的外部环境中，创新政策的影响程度非常强,其中,税收政策、科技开发贷款政策、科技人员奖励政策、技术政策和产业政策等对企业技术创新影响最强。杨印生等(2008)研究表明,企业内部技术创新体系的构建是创新的关键因素,政府宏观政策对企业技术创新过程具有重要影响。高启杰(2008)以125家农业企业调研的第一手资料为基础,采用26个指标对农业企业技术创新能力及其影响因素进行了系统的研究,认为企业内部因素是影响技术创新的关键因素,企业外部因素对企业技术创新能力的影响相对较弱,企业战略、资金状况、技术水平、关键技术人员发挥作用的程度、主要领导支持程度、企业化是影响企业技术创新能力的最关键因素,而在所有的外部影响因素中,政策对企业技术创新影响最大。

综合上述研究结论以及甘肃农业自主创新体系的特点,本节从研发主体、研发人员素质、投入结构、技术市场发育、农业经营规模和组织程度等因素出发,对影响甘肃农业自主创新效率的因素进行分析。

一 政府支持

农业科技研发具有投入大、见效长、风险大等特点。巨大的风险和投入使得市场主体一般不愿意对农业科技研发进行投资。但是农业科技研发具有极大正外部效应,这就需要政府对农业科研项目进行必要的投入和支持。单纯依靠市场机制来配置科技研发资源,易使全社会农业科技研发经费的支出水平远远低于社会所需最优水平。

农业在整个国民经济中处于重要的基础地位,农业科技研发本身具有公共物品属性。此外,随着农业产业链的升级和农地流转速度的加速等市场条件的变化,甘肃农业已经进入新阶段。加速的农业转型迫切要求政府对农业科技的研发进行必要支持和引导。政府对科技创新的引导能对农业科技资源配置的优化和农业科技创新能力和效率的提升产生积极影响。同时,政府对农业科技创新活动的财政支持可在一定程度上有效弥补农业供给的"市场失灵"。

本书以政府财政科技支出作为衡量政府对科技的支持力度,2000年甘肃财政科技投入为2.65亿元、2005年为4.4亿元、2010年为

10.89亿元，虽然增长较快，但同中东部地区以及对其他行业的投入相比，甘肃省政府对技术创新支持仍然不足。因此，政府应该增加对农业技术投入，促进农业技术发展，有效地提高甘肃农业自主创新效率。

二 技术市场

农业技术的有效传播会对农业自主创新效率提升产生极大影响。这就需要技术市场的存在。技术市场的存在使得技术需求和供给能够实现有效的对接，能够通过价格的市场形成机制使农业科技供给者获得所期望的回报，从而有利于科技的研发和传播。此外，发达的农业技术市场还需要对农业科技供给者的知识产权实施有效的保护。只有这样才能提高农业技术供给者研发和传播的积极性。总之，农业技术市场越发达，越能够推动农业技术的研发和传播，越能够推动农业技术从供给者手中迅速转移到需求者手中，从而极大提升农业自主创新效率。

本书以技术市场合同数代表技术市场发达程度。2000—2010年，甘肃省技术市场合同数增长缓慢，2000年为2960件，2005年为1877件，2010年为2503件，而数量最少的2002年仅为317件，这说明甘肃省技术市场发展缓慢，效率低下，缺乏稳定性，不能很好地使技术需求和供给实现有效对接。因此，要促使甘肃省技术市场快速发展、规范技术交易有序进行，以此来提高甘肃农业自主创新效率。

三 农业企业

农业企业是农业自主创新的重要载体之一。农业企业作为一个重要的市场主体，为了追求利润的最大化，企业会瞄准市场需求，努力提高生产效率，并设法降低生产成本（高启杰，2008）。企业会以市场为导向，不断研发新产品和新技术，不断提升企业市场占有率和竞争力。在竞争中随着每个企业科技创新能力和效率的增强，区域科技创新能力和效率将获得迅猛提升。同时，随着市场的优胜劣汰，区域科技创新资源也将获得优化配置。因而，农业企业对农业自主创新效率提高具有促进作用。

本书用企业 R&D 经费比重代表农业自主创新主体构成，2011 年甘肃企业资金占总 R&D 经费比重为 59.8%，同年中国企业资金占总 R&D 经费比重为 74%，由此可见，相对于全国其他省份，在甘肃省，企业对技术创新的投入还略显不足。所以，应当加大农业企业对农业创新的支持力度，以此来提升甘肃农业自主创新效率。

四 科研人员素质

农业自主创新的实现最终是通过农业科研人员来实现的。科研人员是创新活动的唯一能动主体，也是创新的源泉。科研人员素质和行为在一定程度上决定了农业科技创新效率，也可以说，科研人员素质越高，越能够促进农业技术进步，提高农业自主创新效率。

本书以科学家和工程师占科技人员比重来分析甘肃省科研人员素质，2001 年甘肃省科学家和工程师占科技人员比重为 80.4%、2005 年为 67.8%、2009 年为 69%、2010 年为 70%，由此可以看出，2000—2010 年甘肃科研人员素质并没有随着经济的发展而有所提高。因此，要制定和实施相关政策建议，吸引高水平农业技术人员，努力提高科研人员整体素质，以此来促进农业自主创新效率提升。

五 农业经营规模和组织程度

近年来，随着农业市场环境条件的变化，种植大户、农业企业等市场主体为了增强其市场可得性和信贷可得性，对农业生产的规模化和组织化产生了巨大的需求（杨印生，2008）。近几年随着政府土地政策和农户非农就业机会的增多、农地流转现象的迅速增加使农地生产经营组织化和规模化成为可能。而农业生产规模化经营对农业科技装备的使用、新品种的引入、新的种植技术和新的管理方式的应用具有积极的推动作用。也就是说，农业生产的规模化经营有利于农业科技创新的有效需求的形成和扩大，也有利于农业科技资源配置的优化，从而有助于农业科技创新效率的提升。

本书利用粮食商品率来表示农业经营规模和组织程度，2000 年甘肃粮食商品率为 35%、2005 年为 51%、2010 年为 61.61%，相比之下，2010 年中国平均粮食商品率为 81.81%，由此可见，虽然甘肃粮食商品率逐年上升，但与全国平均水平相比，还有一定差距。因此，应该扩大甘肃农业经营规模、提高农业组织程度，以此提高甘肃农业自主创新效率。

第四章

现代农业发展评价与分析

国家"十二五"规划指出,推进农业现代化是"十二五"时期的一项重大任务。加快发展现代农业,既是转变经济发展方式、全面建设小康社会的重要内容,也是提高农业综合生产能力、增加农民收入、建设社会主义新农村的必然要求。如何科学测度和合理评价现代农业的发展水平和发展趋势,成为指导现代农业建设的重点。甘肃农村经济欠发达,来自农业产业的人均纯收入依然占家庭经营收入的近70%,农业发展对农民生计与收入仍有较大影响,对甘肃现代农业发展水平进行研究,积极探寻现代农业发展的瓶颈因素,对提高农业生产经营效益,增加农民收入,为甘肃省各职能部门及相关机构制定有利于现代农业发展的各项政策提供理论依据,具有现实意义。

本章在分析甘肃现代农业发展现状的基础上,运用多指标综合分析法,使用多年统计资料和调查数据对甘肃现代农业发展水平进行评价与分析。通过对甘肃现代农业发展的时序评价找出甘肃在现代农业投入、软件和硬件方面的不足,以及其他阻滞现代农业建设的关键因素。

第一节 现代农业发展评价理论与方法

一 现代农业发展水平评价的理论基础

现代农业发展水平评价体系的建立要以正确的理论为依据,这是评价体系正确与否的关键。现代农业发展水平评价所遵循的理论主要有农业可持续发展理论、现代农业发展水平评价理论、指标体系理论等理论。

(一) 农业可持续发展理论

可持续发展理论注重经济因素、社会因素、资源因素与环境保护因素的相互依赖性，可持续发展前提与基础是发展经济，可持续发展保障是可持续利用的生态资源与改善的生态环境，可持续发展目的是有序与全面发展的社会系统，可持续发展的核心问题是发展的可持续性、协调性和公平性。

现代农业在某种程度上讲是通过农业的化学化、机械化、水利化实现高产出、高收益，其必然会产生一些消极的影响，如化肥的过量使用和灌溉方式的不合理必然会产生农田土壤板结，农药的大量使用会造成环境的污染等问题。为降低农业工业化所产生的消极影响，解决现代农业带来的生态危机、资源环境危机等问题，20世纪80年代形成了可持续发展理论，其出发点是以保护农业自然资源和环境为基础，农业发展同农业自然资源与环境保护紧密结合起来，使农业发展走上优化结构、资源节约、集约化经营、控制人口和保护生态环境的道路。

甘肃省农业资源相对短缺，农业劳动力素质较低，生态环境较差，现代农业持续发展的压力很大。加之甘肃省在农业生产中的粗放经营、短期行为以及缺乏农业可持续发展的意识和机制，不断造成生态环境的严重恶化、农业生产资源急剧减少，给甘肃农业的持续发展造成了更大的威胁。加强对生态环境的保护，注重农业生产与环境的协调，从而保证农业可持续发展战略的实现，这是甘肃发展现代农业必须坚持的根本原则。因此，本章在建立甘肃现代农业发展水平评价体系中，以农业可持续发展理论为指导，加入了反映农业可持续发展的指标，来合理指导现代农业的发展。

(二) 现代农业发展水平评价理论

现代农业发展水平评价，是现代农业建设理论的重要组成部分，就是通过对现代农业发展变迁历程的研究，综合资源、经济、社会实际情况，认识并把握现代农业发展因子的作用机制，构建科学且行之有效的评价指标体系和模型，在统一量化标准后，准确度量并解释现代农业发展在时间、空间上的动态变化特征。通过对现代农业发展水平的评价，实现不同地区纵向、横向比较，找出本地区在现代农业投入、软件和硬件方面的不足，以及其他阻滞现代农业建设的关键因素，为各级政府制定发展规划提供理论依据。我国现代农业评价的主要方法可以归纳为以下几种。

1. 模型法

该方法认为我国现代农业的本质是现代农业科学技术的运用，因而计算科技进步在现代农业发展中的作用来测评现代农业的发展程度。它从技术经济分析角度出发，着重研究投入产出关系，从生产函数的角度出发，以各种生产要素如资金（X）、劳动（L）、科技（S）等为参数，经过微分、线性变形、时间序列分析及多元回归，以形如 $Y=AX^{\alpha}L^{\beta}S^{\gamma}$ 的公式来分析资金、劳动、科技对农业生产的贡献，从而测定现代农业的发展程度。

2. 参数比较法

这种方法从比较社会学的观点出发评价农村的变迁，采用统计学中的相对数、平均数来解决多变量指数问题，并针对地域实情，参考历史数据及国外发达国家的实例，给出具体的测定结论。

3. 多指标综合测定法

是把描述评价对象的多项指标的信息加以汇集合成而从整体上认识评价对象的优劣。其基本思想是：要反映对象的全貌，就必须把多个单项指标组合起来，形成各个侧面的综合指标。其实质是将高维空间中的样本投影到一条直线上，通过投影点来研究样本的规律。这种方法主要采用主成分分析法、聚类分析法、灰色关联分析法和综合指标体系法等把描述对象的多项指标、信息加以汇集，经数学处理后，从整体上确认研究对象的进程动态。

4. DEA 方法

这种方法主要适用多投入、多产出情况，通过对生产部门物质投入、产出相对效益比较及各自优势来测定出农业现代化进程。DEA 方法的一个根本特点是用各决策单元的投入产出比观察数据组成的生产可能集所形成的生产有效前沿面，来衡量每个决策单元离此前沿面的远近，进而确定决策单元（DMU）是否有效。

（三）指标体系理论

仅仅依靠定性分析和描述，很难评估现代农业发展水平究竟达到了何种程度,与世界发达国家相比究竟差多少,差在何处。为了便于指导和服务于现代农业的发展,必须将现代农业发展水平定量化,制定一套完整的指标体系。但指标体系的内容、指标数的多少、目标值的高低等问题,目前仍存在较大的分歧。其原因就在于设置指标体系的原则不同,对现代化水平的理解不同。

指标体系是指为完成一定研究目的而由若干个相互联系的指标组成的指标群。指标体系的建立不仅要明确指标体系的组成,还要确定指标之间的相互关系,即指标结构。指标体系可以看作一个信息系统,该信息系统的构造主要包括系统元素的配置和系统结构的安排,系统中元素即指标,包括指标的概念、计算单位、计量单位等。各指标之间的相互关系即是该系统的结构。指标结构的核心任务是组织、构造和发展指标,这个过程不仅对决策循环有用而且归纳了可持续发展的许多方面和各个过程。

指标体系的形成是一个决策循环过程,一般有四个主要步骤:问题的确定、决策的形成、决策实施和决策实施结果评估。在这个过程中,指标是通过每一个决策步骤由简化技术数据块传递重要情况和趋势以及提供测量可持续进程的工具来支持有效决策和制定政策的。在方法上采用频度统计法、理论分析法和专家咨询法设置、筛选指标,以最大限度地满足科学性原则。指标体系的建立是指标选取及指标之间结构关系的确定,它是一种定性分析和定量研究的结合。定性分析主要从评价的目的和原则出发,考虑评价指标的充分性、可行性、稳定性、必要性以及评价方法的协调性等因素。定量研究则是通过一系列检验,使指标体系更加科学和合理的过程。常见的指标综合方法主要有加权法、层次分析法、聚类分析法等。

二 现代农业发展水平综合评价方法

现代农业发展水平评价体系是一个多指标、多层次的系统评价问题,而多指标综合分析方法评价过程比较规范,结果较为直观,使用方便,能较为系统地反映所评价的问题,因此本书采用多指标综合分析方法评价甘肃现代农业发展水平。多指标综合分析方法首先需要建立现代农业发展水平评价综合指标体系;其次,对指标值进行无量纲标准化处理；再次，确定指标权重；最后，利用数学模型计算现代农业发展水平。

多指标综合分析的重点在于指标权重的确定，常见的方法有层次分析法和熵值法。

（一）层次分析法

层次分析法（AHP）是美国运筹学家塞蒂（Saaty）教授于20世纪80年代提出的一种实用的多方案或多目标的决策方法。其主要特征是，它合理地将定性与定量的决策结合起来，按照思维、心理的规律把决策过程层次化、数量化。层次分析法的基本思路是先分解后综合的系统思想，整理和综合人们的主观判断，使定性分析与定量分析有机结合，实现定量化决策。运用AHP法进行决策时，需要经历以下五个步骤：（1）建立系统的递阶层次结构；（2）构造两两比较判断矩阵（正互反矩阵）；（3）针对某一个标准，计算各备选元素的权重；（4）计算当前一层元素关于总目标的排序权重；（5）进行一致性检验。

（二）熵值法

由于层次分析法对比较矩阵的给出存在着一定的主观因素，于是本书将利用熵值取权法。熵值取权法的优势在于，它是通过判断各个因素的变化剧烈程度来决定该因素在最终目标中所占的权重。设有 m 个待评方案，n 项评价指标，形成原始指标数据矩阵 $X = (x_{ij})_{m \times n}$，对于某项指标 x_j，指标值 x_{ij} 的差距越大，则该指标在综合评价中所起的作用越大；如果某项指标的指标值全部相等，则该指标在综合评价中不起作用。在信息论中，信息熵 $H(X) = - \sum P(x_i) \ln P(x_i)$ 是系统无序程度的度量，信息是系统有序程度量，二者绝对值相等，符号相反。某项指标的指标值变异程度越大，信息熵越小，该指标提供的信息量越大，该指标的权重也应越大；反之，某项指标的指标值变异程度越小，信息熵越大，该指标提供的信息量越小，该指标的权重也越小。所以，可以根据各项指标的指标值变异程度，利用信息熵这个工具，计算出各指标的权重，为多指标综合评价提供依据。

第二节　甘肃现代农业发展评价指标体系及模型构建

现代农业是经济社会发展到一定阶段的必然产物，是一个渐进的发展过程，不同阶段呈现出不同的发展特征。构建科学、全面、客观的农业现代化发展水平评价指标体系，并对甘肃农业现代化发展水平进行测算，对于判断甘肃省现代农业所处的发展阶段，指出与其他地区的主要差距，明确未来现代农业发展的潜力及支持政策的制定具有重要的参考价值。

一　评价指标体系构建

（一）指标体系构建原则

建立指标体系是评价工作的基础。指标体系科学与否，直接关系到评价结果的正确性。但是由于现代农业的发展是一个动态的、不断变化的概念，它的内涵十分丰富，是质和量的综合体。所以要想用有限的指标，单单从量化的角度来评价现代农业发展水平，难度很大。再加上各国家或地区自身农业发展状况的不同，各研究者所建立的现代农业发展水平评价指标体系也不尽相同，没有形成一个统一的标准。因此，本书在建立甘肃现代农业发展水平评价指标体系的过程中，参考了大量现有的国内现代农业发展评价指标体系的构建方法。该指标体系在构建过程中遵循了以下几个原则。

1. 系统性原则

现代农业的概念是一个系统的、复杂的概念，对现代农业发展的测评应该从系统化的角度出发，在各指标的相互关联、相互制约中体现出现代农业的系统性特征。现代农业评价指标体系作为一个有机的整体，要能全面反映和测度被评价对象的现代农业发展水平。当然，现代农业发展水平评价指标体系不可能包罗万象，但那些已经被公认的几个现代农业发展的主要方面，应当作为主体指标进行逐一的测评和分析。

2. 可操作性原则

要综合考虑数据的可获取性，指标尽量少而精，简洁直观，不过分追求理论上的完善，以便于操作和运行为重要准则。要选择公开权威的数据来源，保证指标含义、范围明确，对目前尚不能统计和收集或统计和收集有较大难度的数据和资料，暂不纳入评价指标体系。

3. 科学性原则

指标体系一定要建立在科学基础之上，指标的选取，权重的确定，各个指标的定义、规定、描述、计算与合成必须以科学理论为依据，具有科学性和准确性。

4. 可比性原则

评价指标必须具有可比性。评价就是为了比较。只有具有了可比性原则，才能够真正发挥评价指标体系的作用。这里包含两个方面的内容：一是评价指标应该在不同的时间或空间范围上具有可比性，那些在较长时期内变化不大的指标，或者在不同地区之间差别不大的指标，不应列入评价指标体系。如果因其地位重要必须列入，那么在评价模型设计中，也应赋予较少的权重。二是在不同时间和不同地区之间进行比较时，除了评价指标的口径、范围必须一致外，一般用相对数、比例数、指数和平均数等进行比较，才具有可比性。

5. 动态发展原则

现代农业发展是一个动态的发展过程，时代特征是现代农业的基本特征，其评价指标的选取应识别不同时期发展的特点，体现指标体系的时代特征，灵活地反映现代农业的发展水平。

（二）评价指标体系的建立

到目前为止，已经有很多学者建立了关于评价农业现代化的指标体系。赵美玲（2008）依据现代农业的内涵和特征，提出了由现代农业生产水平、要素投入水平、支持保障水平、可持续发展水平4个一级指标、30个二级指标构成的现代农业评价指标体系。杨俊中（2009）依据现代农业指标体系的设计原则、思路，在参考现阶段国内众多农业现代化评价指标体系的基础上，经过严格的分层筛选，确定了农业基础建设及物质装备水平指标、农业产业化指标、农业科技指标、农业投入水平指标、农业市场化水平指标、农业人才指标等6个一级指标及29个二级指标。齐城（2009）指出现代农业评价范围包括内部结构和外部效应，其内部结构可分为物质装备、科技与经营管理、劳动者三个子系统，其外部效应可分为经济、社会和生态效益三个方面，共20个具体指标，并用该指标体系分析了中国1996年、2000年、2006年三个时点上的现代农业发展水平和2006年各省现代农业发展水平，提出了加快现代农业发展的政策建议。

本章将采用理论分析法、频度统计法和专家咨询法来确定指标体系。首先，采用频度统计法，对现代农业指标体系进行频度统计，选择使用频率较高的指标，剔除明显不适宜的指标。其次，深入分析现代农业发展的基本内涵与特征，结合甘肃农业发展特点，统筹考虑数据的可获得性，初步建立现代农业评价指标体系。最后，广泛征求专家意见，经修改、补充、完善，形成甘肃现代农业发展评价指标体系（如图4—1）。

该指标体系分为三个层次。第一层次为目标层，即甘肃现代农业发展水平；第二层次为准则层，包含农业投入水平、农业产出水平、农村社会发展水平、农业可持续发展水平4个一级指标；第三层次为指标层，包括17个二级指标，其中农业投入水平指标7个，农业产出水平指标4个，农村社会发展水平指标4个，农业可持续发展水平指标2个。

1. 农业投入水平

（1）劳均投入。充足稳定的资金投入是现代农业发展的前提和基础。该指标主要反映政府对农业投入资金的状况。其计算公式为：劳均投入（元/人）＝农业投入/第一产业就业人员。

（2）单位耕地面积。规模化经营是现代农业的重要特征和发展方向。单位劳动力的耕地面积越大，农户农业生产的投入和先进技术采用的积极性越强烈，便于实现农业的集约化经营、高效发展。其计算公式为：单位耕地面积（公顷/人）＝耕地面积/第一产业就业人员。

（3）单位耕地农机总动力。农业机械化水平是现代农业的一项基本特征，表征了农业生产中机械代替人力、畜力的水平。农业机械化的引入，可以有效减轻农业生产的劳动强度，提高农业生产效率，推动农业规模化经营。其计算公式为：单位耕地农机总动力（千瓦/公顷）＝农业机械总动力/农作物播种面积。

（4）有效灌溉率。该指标表征了农业的水利化程度和水资源有效利用水平。一般情况下，有效灌溉率越高，则农业基础设施投入尤其是灌溉沟渠投资越大，旱涝保收高标准农田的比例越高，农业稳产高产的保证性越强。其计算公式为：有效灌溉率（%）= 有效灌溉面积/耕地面积×100%。

（5）单位耕地面积有效化肥施用量。这是一项反映现代农业生产要素利用水平的指标，它对农业的产出有重要的影响作用，其计算公式为：单位耕地面积有效化肥施用量（千克/公顷）= 化肥施用量/耕地面积。

（6）农业R&D经费支出。该指标反映农业自主创新资金投入力度，农业R&D经费支出越大，越能够促进该地区农业技术进步。

（7）农业技术人员。该指标反映农业自主创新人员投入力度，农业技术人员比重越高，则农业技术推广力度越大，相应的农业技术水平往往越高。

2. 农业产出水平

（1）农业总产值。农业总产值表示的是农业生产中，各种产业全部加总的产值，包括农、林、牧、渔业。该指标表示农业现代化中农业的产出能力，其指标的计算公式为：农业总值 = 农、林、牧、渔总产值之和。

（2）农业劳动生产率。该指标是指平均每个农业劳动者在单位时间内生产的农产品量或产值，或生产单位农产品消耗的劳动时间。农业劳动生产率的提高，是增强农业生产竞争能力、提高农业效益和农民收入水平的重要途径。其计算公式为：农业劳动生产率（元/人）= 农、林、牧、渔业总产值/农业从业人员数。

（3）土地产出率。土地是农业的基本生产资料，单位耕地面积高产出率是现代农业的追求目标，集中反映现代农业的综合生产水平。尤其是对人多地少、人口众多的地区而言，提高土地的产出率尤为重要。其计算公式为：土地产出率（吨/万亩）= 粮食总产量/粮食种植面积。

（4）农民人均纯收入。农业现代化的主要特征之一就是农民生活富裕，有较强的扩大再生产能力。农民人均年纯收入是指农民全年总收入扣除相应的各项费用性支出后，最终归农民所持有的可支配性收入。这是一项较具综合性的指标,通过它可以观察农民扩大再生产和改善生活的能力。其计算公式为:农民人均纯收入(元)=农民收入总额/农业人口数。

3. 农村社会发展水平

(1) 城镇化率。城镇化率是体现现代农业发展阶段的一个重要特征。一般情况下,城镇化水平越高,则该地区农业、社会、经济发展水平越高,工业反哺农业的水平越强,用于农业投入的力度越大。其计算公式为:城镇化率(%)=城镇人口数/总人口数×100%。

(2) 农业从业人员比重。反映从事农业的就业人数占全部就业人数的比重。

(3) 劳动力受教育水平。劳动者的知识结构和知识水平的高低直接关系到现代农业的可持续发展。该指标主要反映初中以上文化程度的劳动者占乡村劳动力的比重,其指标计算公式为:农村劳动力初中以上文化程度比重(%)=农村劳动力初中以上文化程度人数/乡村劳动力人数×100%。

(4) 农村居民恩格尔系数。农村居民恩格尔系数是农民的食品支出总额占个人消费支出总额的比重。19世纪德国统计学家恩格尔根据统计资料,通过消费结构的变化发现一个规律:一个家庭收入越少,家庭总支出中用来购买食物的支出所占的比例就越大,随着家庭收入的增加,家庭总支出中用来购买食物的支出比例则会下降。该指标反映现代农业发展过程中农民生活水平状况。其指标的计算公式为:恩格尔系数(%)=食物支出金额/总支出金额×100%。

4. 农业可持续发展水平

(1) 森林覆盖率。反映一个国家或地区的森林覆盖程度及绿化程度。森林覆盖率的提高,对于涵养水源、保持水土、防风固沙、调节气候具有重要作用。其计算公式为:森林覆盖率(%)=有林地面积/国土资源总面积×100%。

(2) 农业成灾率。该指标主要反映农业现代化的可持续发展水平,自然灾害成灾率表明灾害发生的频率和防灾、抗灾及减灾的能力,对现代农业的生产有直接的影响作用。其指标计算公式为:农业成灾率(%)=农业成灾的面积/农业受灾总面积×100%。

甘肃现代农业发展评价指标体系框架如图4—1所示。

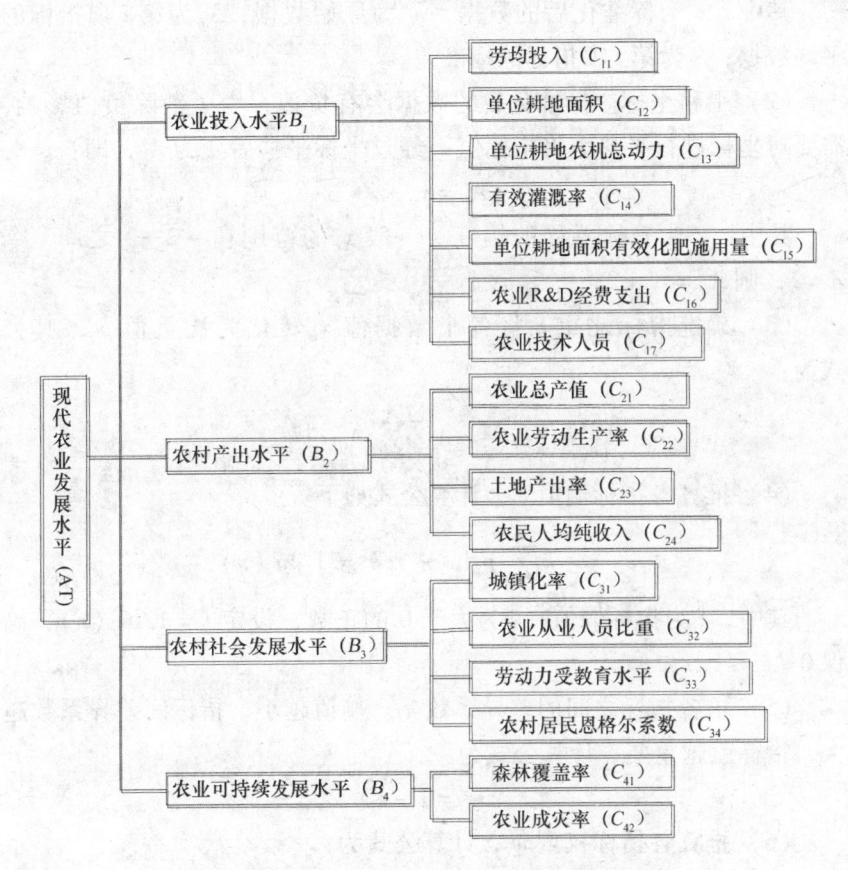

```
现代农业发展水平(AT)
├── 农业投入水平 B₁
│   ├── 劳均投入 (C₁₁)
│   ├── 单位耕地面积 (C₁₂)
│   ├── 单位耕地农机总动力 (C₁₃)
│   ├── 有效灌溉率 (C₁₄)
│   ├── 单位耕地面积有效化肥施用量 (C₁₅)
│   ├── 农业R&D经费支出 (C₁₆)
│   └── 农业技术人员 (C₁₇)
├── 农村产出水平 (B₂)
│   ├── 农业总产值 (C₂₁)
│   ├── 农业劳动生产率 (C₂₂)
│   ├── 土地产出率 (C₂₃)
│   └── 农民人均纯收入 (C₂₄)
├── 农村社会发展水平 (B₃)
│   ├── 城镇化率 (C₃₁)
│   ├── 农业从业人员比重 (C₃₂)
│   ├── 劳动力受教育水平 (C₃₃)
│   └── 农村居民恩格尔系数 (C₃₄)
└── 农业可持续发展水平 (B₄)
    ├── 森林覆盖率 (C₄₁)
    └── 农业成灾率 (C₄₂)
```

图4—1 甘肃现代农业发展评价指标体系框架

二 评价方法与模型构建

（一）现代农业发展水平的评价方法

现代农业综合水平评价的客观性与公平性在很大程度上取决于评价方法的科学性。因此，选取科学、客观的评价方法至关重要。本章主要采用熵值法来确定指标的权重，进而对甘肃省现代农业发展水平进行综合评价。熵值法的计算步骤如下：

（1）标准化数据。由于现代农业发展水平评价指标原始数据的量纲不同，在对其发展水平进行测评之前，必须对所收集的数据进行标准化处理。公式为：

$$x_{ij} = (X_{ij} - \overline{X_{ij}})/S_i$$

其中，x_{ij}为标准化后的数据，X_{ij}为原始数据；$\overline{X_{ij}}$为第i项指标的平均数据；S_i为第i项指标的标准差。

（2）平移坐标。标准化后的数据会有负值，为了消除负值影响，需要对坐标进行平移。将指标值x_{ij}经过坐标平移后变为A_{ij}，即：

$$A_{ij} = x_{ij} + Z$$

其中，Z为坐标平移的幅度。一般x_{ij}的范围在-2—2之间，令$Z=2$，则$A_{ij} = x_{ij} + 2$。

（3）确定指标比重。将各个数据值x_{ij}转化为比重值p_{ij}，其公式为：

$$p_{ij} = A_{ij}/\sum_{j=1}^{n} A_{ij}$$

（4）推算各指标熵值e_i，计算公式如下：

$$e_i = -k\sum_{j=1}^{n} p_{ij}\ln(p_{ij}), k = 1/\ln(n)$$

其中，e_i为指标熵值；k为大于0的正数，设定$k = 1/\ln(n)$，确保$0 \leq e_i \leq 1$。

（5）求各指标之间的差异系数g_i。熵值越小，指标间差异系数越大，指标就越重要，计算公式为：

$$g_i = 1 - e_i$$

（6）推算各指标权重w_i，计算公式为：

$$w_i = g_i/\sum_{i=1}^{m} g_i$$

（7）推算第j年现代农业评价综合指数v_j：

$$v_j = \sum_{j=1}^{m} w_i p_{ij}$$

（二）现代农业发展水平评价模型的构建

在已设计出的现代农业发展水平评价指标体系和各项指标进行层次分析的基础上，笔者构建了现代农业综合水平评价模型组。该评价模型组合包括现代农业综合水平测度总模型及分模型（含一级子系统模型和各项个体指标）。属于一级子系统模型的有：农业投入子系统模型（B_1）、农业产出子系统模型（B_2）、农村社会发展子系统模型

(B_3) 和农业可持续发展子系统模型（B_4）。农业现代化综合水平评估模型组的构成和数学表达式如下。

（1）现代农业发展水平评价总模型（AT）。考虑到现代农业发展的系统构成，笔者构建的总模型包括四个一级子系统模型，其数学表达式为：

$$AT_t = W_1 B_1 + W_2 B_2 + W_3 B_3 + W_4 B_4$$

式中，B_i 为一级子系统指数，W_j 为各级子系统权重，T 为评价区域，t 为时期。

（2）现代农业投入一级子系统测度模型（B_1）。现代农业的投入对生产力水平和经济效益水平有相当大的作用和影响，是现代农业进行生产的基础和前提。在这一级投入的子系统中主要从资金、人力、技术、土地、机械设备、化肥以及农业水资源的供应七个方面来反映。农业投入子系统测度模型可表示为：

$$B_1 = W_{11} C_{11} + W_{12} C_{12} + W_{13} C_{13} + W_{14} C_{14} + W_{15} C_{15} + W_{16} C_{16} + W_{17} C_{17}$$

（3）农业产出一级子系统测度模型（B_2）。现代农业的产出主要通过农业总产值、劳动生产率、土地生产率和农民纯人均收入四个方面来反映。所以农业产出子系统的测度可用下式表示：

$$B_2 = W_{21} C_{21} + W_{22} C_{22} + W_{23} C_{23} + W_{24} C_{24}$$

（4）农村社会发展一级子系统测度模型（B_3）。现代农业的发展不仅表现为高的农业产出，同时也会导致农村城镇化程度、农村非农劳动力就业率和农民组织化程度的不断提高，因此，农村社会发展一级子系统测度模型可表示为：

$$B_3 = W_{31} C_{31} + W_{32} C_{32} + W_{33} C_{33} + W_{34} C_{34}$$

（5）农业可持续发展一级子系统测度模型（B_4）。现代农业发展建立在生态环境不断改善的基础上。农业可持续发展水平包括农业成灾率和森林覆盖率两个方面，因此，农业可持续发展一级子系统测度模型可表示为：

$$B_4 = W_{41} C_{41} + W_{42} C_{42}$$

第三节 甘肃现代农业发展评价结果与分析

一 甘肃现代农业发展概况

（一）甘肃现代农业发展状况

近年来，甘肃省农业经济迅速增长，现代农业建设取得了一些成效，但是现代农业建设的发展状况却不容乐观。截至2011年，甘肃省农业人口占总人口的62.9%，土地面积占全国的4.73%，耕地面积为4658.8千公顷，占全国的3.83%。2011年甘肃省农作物播种总面积4094.8千公顷，粮食播种面积2833.7千公顷，分别比上年增长2.5%和1.2%；粮食总产量达到1014.6万吨，比上年增长5.9%；全年农、林、牧、渔总产值1187.8亿元，占全省生产总值的23.64%。同时，农村基础设施继续得到改善，2011年共有乡村办水电站754个，比2010年新增18个；卫生厕所普及率达68%。全年有效灌溉面积1291.8千公顷，较上年增加13.4千公顷；旱涝保收面积1002.8千公顷，较上年减少6.3千公顷。全年农业机械总动力2136.5万千瓦，占全国的2.19%。2011年甘肃单位播种面积小麦产量为2872.6千克/公顷，远远低于全国的4837.2千克/公顷。农业R&D经费支出为14790万元，比2010年减少3015万元。

虽然近几年甘肃农业发展取得了一定成效，但仍存在许多问题。主要体现为有效灌溉率偏低，2011年甘肃省耕地构成中，水田仅占0.3%，水浇地为21.8%，旱地占了77.9%，加上地形复杂，气候多变，农田水利设施不配套，区域之间不平衡，容易出现旱涝险情。此外，与全国其他省份相比，甘肃农村居民家庭劳动力受教育程度偏低，这在一定程度上阻碍了高新科技在农业发展中的推广及应用。在表4—1的甘肃与全国平均农业生产情况比较中，甘肃的农业劳动生产率两个指标都远低于全国平均水平，全国劳均农业产值水平是甘肃的1.76倍，劳均粮食产量是甘肃的1.43倍；土地产出率两项指标同样低于中部和东部，全国平均单位播种面积农业产值是甘肃的1.69倍，单位播种面积粮食产量是甘肃的1.44倍。反映出甘肃农业投入低、农业劳动生产率低、土地产出率较低的问题。

表4—1　　　　2011年甘肃省与全国农业生产情况比较

项目	农业生产指标	甘肃	全国
农业生产率	农业劳均农、林、牧、渔产值（元/人）	11333	20000
	农业劳均粮食产量（吨/人）	0.986	1.41
土地产出率	单位面积创造的农、林、牧、渔产值（万/公顷）	2.97	5.01
	单位面积粮食产量（吨/公顷）	3.58	5.17

资料来源：根据《中国统计年鉴（2012）》、《中国农村统计年鉴（2012）》整理。

（二）甘肃现代农业发展的困境

1. 经营规模小

甘肃省劳均耕地面积只有0.381公顷，一家一户的小规模经营极为普遍，经营成本高，效益低下，增加了农业生产的市场风险。在小规模经营条件下，农民对市场信息不了解，生产的农产品不能满足适销对路的市场要求，造成小规模与大市场的矛盾。即使能够解决农产品的销路，在市场交易中也往往处于不利地位，经常出现农产品增产而农业不增收的现象。

2. 产业结构不合理

甘肃省农业生产依然呈现典型小农经济特色，生产的目的满足一家一户的粮食需求，因此，甘肃农业生产缺乏有效的整体布局和规划经营，农业生产的内部产业结构比例失调，种植业所占比重居高不下，农业比较优势没有充分发挥。

3. 机械化程度低

甘肃省农业投入不足，资金匮乏，机械化程度低。受地理条件约束，绝大多数农民仍使用传统的手工工具，利用人力与畜力从事农业生产，农业现代物质装备水平低。根据《中国统计年鉴》数据，2011年底，全国农业机械总动力为97734.7万千瓦，而甘肃省只有2136.5万千瓦，占全国2.2%。

4. 产业链条短

甘肃省农产品向外出售的绝大多数为初级产品，有的直接就是原材料，没有进行深加工，产业链条短，产品附加值低，极大地降低了农业经济效益。简短的产业链条，导致农产品技术含量低，农产品市场竞争力弱，农产品商品率低。

二 甘肃现代农业发展时序评价

基于数据的可得性和实际研究的需要，本章分析中利用《中国统计年鉴（2001—2012）》、《中国农村统计年鉴（2001—2012）》、《甘肃农村统计年鉴（2001—2012）》、《甘肃发展年鉴（2001—2012）》和《中国第二次全国农业普查资料》的统计数据作为甘肃现代农业发展水平评价的基础数据，研究时间段为2000—2011年。

（一）模型构建

由于测度地域现代农业发展水平需要考虑的因素很多，且层次不一，同时，考虑到测度结论要能与国内现有研究案例直接对比，以及操作的可行性，本章对主体指标项得分值和综合水平指标的计算采用层次分析法。

1. 主体指标综合得分值计算

在运用层次分析法评判计算主体指标项得分值之前，先要将不同层次的多个指标项，按主体指标项类别分成几类，然后再运用层次分析原理对每一类主体指标进行综合评判。

2. 综合发展水平得分值计算

现代农业发展水平得分值的计算，按照各主体指标的子系统，根据测算出的权重值，通过子系统及其权重，加权求和算出农业现代化综合发展水平的得分值。

（二）评价结果与分析

依据上文构建的衡量农业现代化水平的指标，对甘肃农业现代化水平指数值进行测算，得出测算结果如表4—2所示。

表4—2　　　2000—2011年甘肃省农业现代化水平指数值

年份	劳均投入	单位耕地面积	单位耕地农机总动力	有效灌溉率	单位耕地面积有效化肥施用量	农业R&D经费支出
2000	0.091420	0.000221	0.048037	0.018348	0.012552	0.158226
2001	0.092208	0.000219	0.051211	0.018438	0.012901	0.209613
2002	0.091728	0.000217	0.054261	0.018605	0.013596	0.285612

续表

年份	劳均投入	单位耕地面积	单位耕地农机总动力	有效灌溉率	单位耕地面积有效化肥施用量	农业 R&D 经费支出
2003	0.094460	0.000216	0.057634	0.018778	0.013667	0.270292
2004	0.113134	0.000217	0.060569	0.018919	0.014200	0.152264
2005	0.125796	0.000219	0.064172	0.019330	0.014817	0.095228
2006	0.135892	0.000220	0.066487	0.019586	0.014843	0.195326
2007	0.156976	0.000221	0.071360	0.019779	0.015515	0.199056
2008	0.171963	0.000218	0.075866	0.023216	0.015670	0.423955
2009	0.187282	0.000214	0.081605	0.023103	0.015882	0.520669
2010	0.205496	0.000214	0.088321	0.023745	0.016302	0.592971
2011	0.233518	0.000216	0.095169	0.023745	0.016621	0.492561
e_i	0.978423	0.999980	0.991206	0.997806	0.998464	0.945209
g_i	0.021577	0.000020	0.008794	0.002194	0.001536	0.054791
w_i	0.233518	0.000221	0.095169	0.023745	0.016621	0.592971

年份	农业技术人员	农业总产值	农业劳动生产率	土地产出率	农民人均纯收入	城镇化率
2000	0.025678	0.103306	0.10848	0.009658	0.079413	0.262925
2001	0.026324	0.110207	0.115859	0.010603	0.083855	0.2684
2002	0.026965	0.11495	0.114056	0.011278	0.088395	0.284278
2003	0.027517	0.124877	0.123411	0.011962	0.092992	0.299828
2004	0.029259	0.152658	0.146511	0.012042	0.102942	0.313297
2005	0.031885	0.166787	0.160457	0.012252	0.110056	0.328738
2006	0.034834	0.179525	0.175092	0.011784	0.118616	0.340455
2007	0.034833	0.206676	0.216778	0.011621	0.129451	0.34593
2008	0.036036	0.258433	0.260174	0.012543	0.1514	0.352063
2009	0.035941	0.280238	0.280074	0.012527	0.165646	0.357538
2010	0.034328	0.338038	0.341606	0.012968	0.190359	0.395537
2011	0.036941	0.379849	0.388902	0.013017	0.2173	0.406816
e_i	0.996587	0.962395	0.961499	0.998711	0.978487	0.996392
g_i	0.003413	0.037605	0.038501	0.001289	0.021513	0.003608
w_i	0.036941	0.379849	0.388902	0.013017	0.2173	0.406816

续表

年份	农业从业人员比重	劳动力受教育水平	农村居民恩格尔系数	农业成灾率	森林覆盖率
2000	0.037418	0.320912	0.029699	0.292935	0.362706
2001	0.037371	0.327375	0.030842	0.341123	0.383222
2002	0.037371	0.346087	0.030842	0.38264	0.387093
2003	0.037258	0.352743	0.031984	0.419529	0.425802
2004	0.037119	0.379172	0.029699	0.412587	0.445157
2005	0.035278	0.375314	0.030156	0.47602	0.464511
2006	0.035106	0.383609	0.030459	0.34507	0.519479
2007	0.034855	0.394798	0.030385	0.374881	0.522575
2008	0.034641	0.414765	0.030156	0.403188	0.519479
2009	0.034497	0.453347	0.033526	0.333228	0.519479
2010	0.033963	0.495788	0.031584	0.337856	0.519479
2011	0.033377	0.520867	0.033012	0.369257	0.519479
e_i	0.999668	0.99538	0.999703	0.996873	0.996567
g_i	0.000332	0.00462	0.000297	0.003127	0.003433
w_i	0.037418	0.520867	0.033526	0.47602	0.522575

然后依据构建的现代农业发展水平评价模型，对甘肃现代农业发展水平进行评价，评价结果如表4—3所示。

表4—3　2000—2011年甘肃现代农业发展水平评价结果

年份	农业投入水平	农业产出水平	农村社会发展水平	农业可持续发展水平	现代农业发展水平
2000	4.97	4.58	6.81	6.50	4.91
2001	5.88	4.87	6.94	7.20	5.49
2002	7.18	4.99	7.31	7.68	6.16
2003	7.01	5.37	7.55	8.43	6.30
2004	5.38	6.32	7.96	8.54	6.04
2005	4.69	6.86	8.06	9.39	6.03
2006	6.53	7.42	8.28	8.52	7.10

续表

年份	农业投入水平	农业产出水平	农村社会发展水平	农业可持续发展水平	现代农业发展水平
2007	6.95	8.66	8.45	8.86	7.90
2008	10.96	10.49	8.73	9.13	10.59
2009	12.84	11.35	9.24	8.39	11.84
2010	14.35	13.60	10.07	8.44	13.63
2011	13.19	15.40	10.47	8.77	14.00

1. 农业投入水平

从农业投入水平变化看（见图4—2），甘肃农业投入在这12年中总体呈现上升趋势，从2000年的4.97到2011年的13.19。然而按照现代农业的投入标准，甘肃农业投入水平还不高，仅仅处于现代农业发展的准备阶段。主要原因有：

（1）农业发展资本短缺，对农业投入不足。农业是国民经济的基础，要使农业得到较快的发展，必须一靠政策，二靠科技，三靠投入。资本是农业发展的最重要的生产要素之一，如果对农业投入不足，不仅制约农业生产的发展，而且会引发出一些深层次的矛盾。发达国家正是凭借强大的经济后盾，由政府给予大量的投资支持和各种形式的补贴，才使得农业实现现代化。然而甘肃经济基础薄弱，地方财政困难，部分贫困地区的农民还未解决温饱问题，所以历年来对农业的投入不足。近年来，随着各项支农惠农政策的落实，甘肃农业投入力度不断加大，农业生产条件和农村基础设施得到改善和提高。但是总体来看，相对于其他行业和领域，甘肃省对农业的投入非常有限，远不能满足农业经济发展的要求。2011年，甘肃劳均投入只有5000元/人，还处在一个非常低的水平。同时，土地、资金等一些要素仍然不断地从农村流入城市，这严重影响现代农业的发展。

（2）农业科技投入水平低。2011年农业R&D经费支出只占到农业总产值0.125%，严重制约现代农业的发展。多年处于徘徊趋势，导致农业科研经费短缺，限制了农业技术人员对农业的服务，从而制约了科技成果的转化效率，严重影响现代农业的发展。

（3）2011年甘肃有效灌溉率为37%，比较低。在水资源利用方面，甘肃基本上是漫灌，跑水、漏水现象比较严重，再加上甘肃水利基础设施还比较落后，所以有效灌溉率较低。

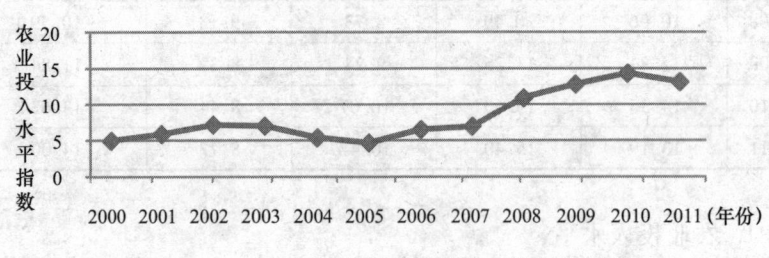

图4—2　2000—2011年甘肃省农业投入水平变化

2. 农业产出水平

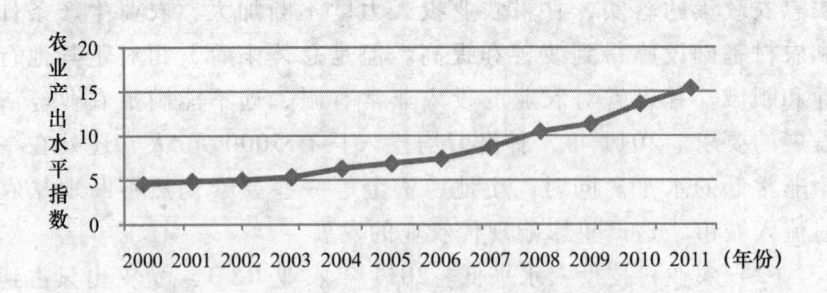

从图4—3可知，2000—2011年甘肃省农业产出水平总体呈现上升趋势，可分为两个阶段：2000—2003年农业产出水平增长缓慢，原因是农产品流通体制改革未达到预期效果，市场供求结构的不平衡，农产品价格持续走低，使农业产出水平受到极大的影响；2003—2011年，甘肃省农业产出水平快速上升，2011年甘肃省农业产出水平指数达到15.4。在这期间，国家在政策和资金上给予农业发展很大的支持，使得农业劳动生产率、农产品商品率、粮食单产有了很大的提高，促使甘肃现代农业产出水平有了较快的增长。

图4—3　2000—2011年甘肃省农业产出水平变化

3. 农村社会发展水平

图4—4为甘肃省农村社会发展水平变化，由图4—4可知，2000—2011年甘肃省农村社会发展水平总体呈现上升趋势，从2000年的6.81上升到2011年的10.47。但按照现代农业发展标准，农村社会发展水平还比较低，主要原因有：

（1）城镇化水平低，制约现代农业发展。在农村社会经济发展方面，甘肃省存在着城镇化水平低（如2011年城镇化水平只有37.15%）、农业从业人员比重高（如2011年农业从业人员比重达到69.86%）的问题。城镇化的发展，可以大大拓展劳动者的活动空间，形成农村劳动力"离土又离乡"的流转态势，即农业劳动力离开农业，进入城镇从事非农业生产经营活动。城镇化还可以带动物资、资金、信息、人员等资源的迅速流动，促进农村经济的发展。但甘肃省城镇化水平低，农业从业人员比重高，使大量农业劳动力被束缚在土地上，制约了农村剩余劳动力的转移和农村经济结构的调整，影响现代农业的规模化发展。

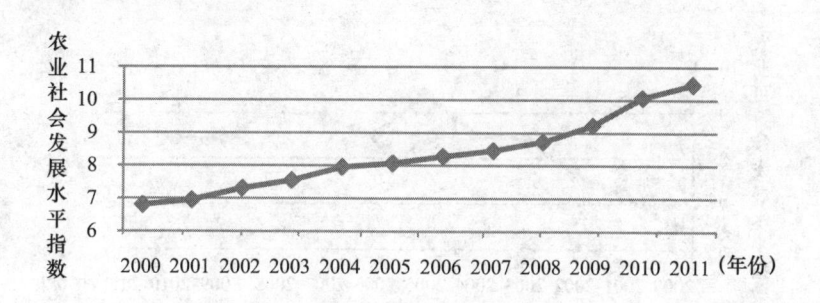

图4—4 2000—2011年甘肃省农村社会发展水平变化

（2）农村劳动者文化水平低，结构不合理。近年来，甘肃农民的文化素质从整体上呈逐年上升的趋势，但与其他地方农民相比，其水平仍然偏低，制约了农业科研成果的有效转化和技术的快速推广。统计资料显示，2011年甘肃省农村劳动力中，小学及以下文化程度占39.2%，初中文化程度占45%，高中以上文化程度仅占15.8%。农民教育比较发达的北京市，2011年年底农村劳动力中，小学及以下文化程度仅占7.6%，高中以上文化程度占41.9%。由于农民文化素质较低，造成其在接受新观念、获取信息、提高技能和参与市场竞争等方面的障碍，使之难以冲破传统农业和小农意识的束缚，缺乏承载现代科学技术的文化知识积累，直接限制了劳动生产率的提高速率，制约现代农业的发展。

（3）恩格尔系数是反映人们生活水平的一个公认指标。从2000年到2011年，甘肃恩格尔系数从48%降到了42.2%，可以看到人们生活水平是在逐步提高的，但发展速度较慢。

4. 农业可持续发展水平

图4—5是甘肃省农业可持续发展水平变化，从图4—5中变化可知，2000—2011年甘肃省农业可持续发展水平增长缓慢，可分为两个阶段：2000—2005年，甘肃农业可持续发展水平缓慢上升；2005—2011年，甘肃省农业可持续发展水平总体呈下降趋势。2011年可持续发展指数为8.77，说明甘肃省农业可持续发展水平很低，主要原因有：

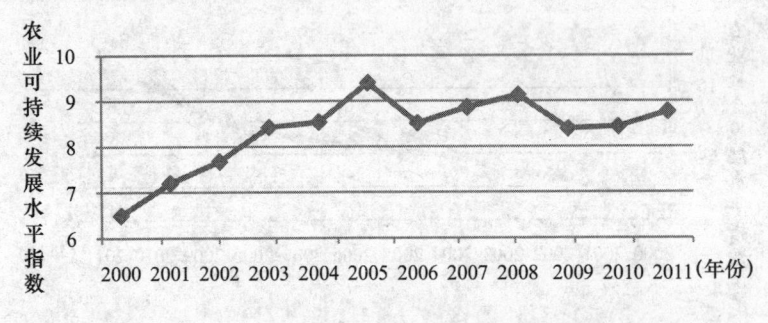

图4—5　2000—2011年甘肃省农业可持续发展水平变化

（1）甘肃自然生态极端脆弱，境内地形复杂，高山、平川、沙漠和戈壁等兼而有之，水土流失、荒漠化、水资源短缺等问题十分突出，大风沙尘、干热风以及暴雨、冰雹、霜冻等灾害性气候现象频发，林地面积少，森林覆盖率低，农业资源相对匮乏。

（2）农业生产条件差，严重缺乏抵御自然风险的能力，农业成灾率居高不下，加之资源短缺与设施装备差，加大了甘肃省农业发展和农产品供给的压力,给甘肃现代农业发展带来了许多障碍。

(3)甘肃省在农业生产中的粗放经营,不注重农业生产与环境的协调,形成生态环境与农业生产之间的恶性循环,即生态环境的不断恶化—农业生产资源急剧减少—农业产出减少。

这些因素共同导致甘肃农业的可持续发展水平低,使得现代农业的发展后劲不足。

5. 甘肃现代农业发展水平综合分析

依据综合评价原理,对甘肃现代农业发展水平进行综合评价。评价结果表明,2000年,甘肃现代农业发展水平指数是4.91,2005年是6.03,2011年是14.00。由图4—6可以看出,甘肃现代农业发展水平总体呈上升趋势,可以分为两个阶段:第一阶段是2000—2005年,甘肃现代农业发展水平呈缓慢增长趋势,主要是农产品价格多年来持续走低、农业投入不足等原因造成农产品供给缓慢增长,致使农业产出水平不稳定,呈现上下波动,增长缓慢,从而使现代农业发展水平迟滞不前;第二阶段是2005—2011年,甘肃现代农业发展水平呈现快速增长趋势,主要是国家连续出台关于"三农"问题的一号文件,在政策和资金上给予农业发展很大的支持。另外,自2005年以来,主要农产品价格大幅上涨,使农民积极性提高,农业产出水平大幅度提高,多方面的因素使得现代农业发展水平出现了快速增长的趋势。

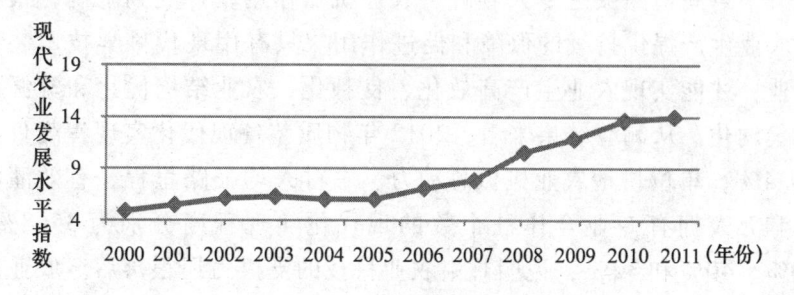

图4—6 2000—2011年甘肃现代农业发展水平变化

按照已有研究文献对现代农业发展阶段的划分，2011年甘肃现代农业发展水平指数还不到20，总体水平还很低，仅仅处于现代农业发展准备阶段。

三 甘肃发展现代农业存在的问题

（一）农业生产效率较低，现代设施农业不足

农业生产水平是影响农业现代化进程的一个最重要因素。2012年，甘肃农业生产现代化实现程度为40.8%。在反映农业生产现代化的七项指标中，农业劳动生产率实现程度为31.3%，土地产出率实现程度为36.6%，农产品加工产值与农业产值之比实现程度3.5%，农业从业人员人均设施面积实现程度为22%。由于农业资源匮乏，产业不足，农村贫困现象严重。耕地资源质量差，农民还在用传统的小农生产方式进行农业生产，靠天吃饭现象较多。虽然，近几年甘肃省对发展设施农业越来越重视，但起步较晚，在全省的推广面并不大，还没有起到真正的经济带动作用。农产品的深加工还不完善，部分农产品只停留在初加工阶段，没有形成品牌、市场，农产品加工水平和转化率不高。

（二）农业基础较差，技术装备落后

由于甘肃工业化水平较低，经济发展相对滞后，各级政府的财政收入相当有限。农业生产性基础设施普遍存在着年久失修、功能老化、更新改造缓慢等问题，许多农村小型基础设施处于无人管理状态，乡间道路缺乏专人管理，农业机械作用发挥受到限制，很难对农业生产提供持续的保障和促进作用。只有用现代科学技术装备农业，才能实现农业生产高效化、良种化，农业结构优化和资源利用集约化。从测算结果来看，2012年物质装备现代化实现程度仅为54.4%，单位耕地农业机械总动力、农村人均公路里程、有效灌溉率和万人拥有专业合作社个数的现代化实现程度分别为35.8%、20%、40%和32%，说明甘肃农业科技的支撑力还很落后。农业生产基础设施差，农作物耕、种、收大部分还是传统人工作业，机械化程度不高，有效灌溉面积占耕地面积的比重少，是农业现代化水平较低的主要原因。

（三）农产品经营滞后，产业化水平较低

农业基础薄弱，规模化和产业化水平低，农民专业合作经济组织规模不大、覆盖不广、参与农户比例不高，小生产与大市场之间的矛盾突出，加之地区间发展不平衡性等因素，是甘肃农产品经营管理落后的重要原因。从2012年测算结果来看，农业经营管理现代化实现程度为44.1%，农户参加各类合作经济组织比重只占18.1%，从事非农业生产的人员比重不高，占总从业人数比重的44.7%，大部分农民还在从事纯农业生产，参与各类专业合作经济组织的积极性不高，农作物在收、储、加工过程中损失严重，导致农业生产效益低下，影响农民利益。

（四）自然条件严酷，农业生产环境压力大

甘肃干旱和半干旱地区约占全省面积的70%，干旱灾害出现的频率高，对农业生产的影响最大。从测算结果来看，农业生产环境现代化实现程度为29.2%，单位耕地有效化肥施用量和农业成灾率的农业现代化实现值分别为51%和72.4%，万元GDP用水量的实现值为10%。这三个逆指标的测算结果说明，自然灾害发生频繁、农用化肥使用过大和万元GDP用水量过大是甘肃实现农业现代化的重要制约因素。由于全省年均降水量不到全国年均降水量的一半，水资源在农业生产方面的利用率不是很好。干旱、大风、沙尘暴、暴雨、冰雹、霜冻和干热风等主要的气象灾害频繁发生。长期超标使用化肥，导致部分地区土壤酸度发生变化，形成板结，肥力下降，破坏土壤结构，有害物质对环境产生了严重污染，对农业影响较大。

（五）农民收入较低，区域差距较大

2010—2012年，全国农村居民人均纯收入年平均增长6.7%，2011年甘肃全省农民人均纯收入达到3909元，增幅达到4.8%，在全国排名第31位；2012年，甘肃省农民人均纯收入为4507元，同比增长15%，但仍比全国平均农民人均纯收入低3410元，居全国第31位。甘肃农民的主要收入来源于劳务输出和特色农业，第三产业和其他收入所占比重非常小，增收的渠道窄，并且随着农用物资的价格上涨、市场准入要求的提高，对于以妇幼老弱为主、文化程度只有初中水平的甘肃农民来说，增收难度加大。从区域差距来看，河西地区农业较发达，农民生活向小康迈进，而陇南地区农民生活尚处在温饱阶段。2012年农民人均纯收入兰州市为6224元、酒泉市为9645元、临夏州为3167元、陇南市为3088元，收入差距非常大，并且随着农村城镇化的发展，还有进一步扩大的趋势。

四　促进甘肃现代农业发展的对策建议

依据对甘肃农业发展多方面的分析，并结合国内外实践经验，甘肃省现代化农业发展的对策可以从多方面来进行，具体包括以下几个方面。

（一）夯实农业发展基础，提高现代农业水平

1. 增加农业投入

增加财政支农支出，创新财政支农支持模式，提高财政资金使用效能，着力提升农业的综合生产能力和可持续发展能力。建立和完善风险补偿制度，激励农村金融机构增加对农业龙头企业、农民专业合作社和种养大户贷款。鼓励农村金融机构大力发展农村小额信贷和适合"三农"特点的各种微型金融服务，并在贷款额度、期限、利率、程序等方面更好地满足农民需要。积极探索土地承包经营权、林权、宅基地使用权、其他建设用地使用权及房屋、果园、养殖场站等的抵押贷款管理办法。

2. 加强农业基础设施建设

基础设施建设是发展现代农业的基础。落实发展现代农业的政策措施，需要各级政府进一步加大财力支持力度，将对"三农"的投入作为公共财政保障的一个重点，应抓紧建立规范高效的政府支农资金管理体制和运行机制。按地域特点，突出重点，搞好农业基础设施建设，按照国家多予少取放活的原则，打破目前政府对农业投入总量偏小、农业资金短缺、农业贷款渠道不畅通、农业市场化程度不高等制度性的制约。加大农田水利基本建设，增加农田有效灌溉面积，完成病险水库除险加固。因地制宜地探索设施农业发展的途径和模式。加强耕地保护制度，加快建设旱涝保收的高标准农田。

3. 加大对农业科技的投入

加强农业科技创新体系建设，推进农科教、产学研相结合，完善省、市、县、乡四级科技推广服务体系，建立科技成果进村入户的有效机制，提高先进适用技术的入户率和普及率。一是政府重视优势产业的发展，从资金层面给予扶持。二是切实增加对农业科技的投入，改善科技发展环境，增强发展能力和技术储备。三是加快农业科技人才的培养，加强对农民的培训，政府应在重点农业科研机构和队伍建设重大农业科研项目方面加大投入，改善农业科技资金紧张的状况，切实加强优质新品种、节水灌溉、旱作农业、农产品精深加工和贮运技术、生态环境治理、防沙治沙等农业关键技术的创新和高新适用技术的推广应用，探索农业科研、推广单位积极参与重点产业开发和龙头企业建设的有效途径，支持各类专业技术组织参与农业技术推广，鼓励有条件的科研单位和科技服务单位创建农业科技企业。

4. 提高农业机械化水平

衡量农业现代化水平的主要指标是农业劳动生产率，而农机机械化是提高农业劳动生产率的主要手段，农机机械化水平是现代农业发展程度的重要标志。甘肃要实现农业的现代化，形成农业竞争力的核心能力，必须大力发展农机化，用现代物质条件装备农业，提高农业生产的机械化和集约化水平。农机机械化是农业现代化的重要推进器，有牵一发而动全身的效果。加快发展农业机械化，要加快农业生产中关键农机化技术和配套装备的研发，加强先进适用、安全可靠、节能减排、生产急需的农业机械研发推广，优化农机装备结构。加强设施园艺、设施畜牧等设施农业装备与技术研发，大力推广钢架大棚、高效日光温室、节水滴灌以及保险冷藏设备。加大对农民购置新型适用农业机械的补贴力度，要完善农机专业合作组织，切实抓好重要季节、主要作物、关键环节和重点区域的机械化生产。进一步拓宽农机作业服务领域，逐步扩大跨区作业的品种、范围和规模，突出抓好重要农时、重点作物、关键环节的机械化生产，力争率先基本实现粮食生产机械化。加强农业基础设施建设，积极推进循环农业发展，不断改善农业生产条件。

（二）提高现代农业的产出水平

1. 提高农产品加工率

一是要扶持农产品加工企业的发展，使其不断发展壮大，带动农业产业化发展和农民增收。二是农民专业合作经济组织规模不断扩大，提高参与农户的比例，解决小生产与千变万化的大市场之间的矛盾。

2. 提高农民的商品化组织程度

现代农业的特征之一就是农产品商品化程度高，而甘肃的农产品商品化程度还不高，在激烈的市场竞争环境中处于一种不利的交易地位，影响现代农业的发展。提高农产品商品化程度的途径之一就是不断发展农民经济合作组织，使更多的农户参与合作组织，延长农产品产业链，稳定农产品销售渠道，提高农业商品化程度，使农业的产出水平不断提高。

（三）完善农业服务体系，助推现代农业提升

1. 加强现代农业科技推广

在强化公益性农业技术推广队伍的同时，积极培育多元化农业科技服务组织，鼓励农业企业、农民专业科技组织等社会力量开展基层农技推广服务事业。加大先进实用农业科技成果的推广力度，大力推广农业新品种、新技术，从单个技术的推广实施向标准技术的配套、运用转变。加强政策完善，稳定和壮大农业科技人才队伍。

2. 加强现代农业信息系统建设

按照求实效、重服务、广覆盖、多模式的要求，推进农村信息化服务等重点工程建设。完善农业管理信息服务体系，积极构建农业管理信息，向社会公开涉农部门的农业政务、行政审批、农技人员等信息，实现资源共享。搭建农业信息服务平台，为生产经营者提供信息服务。

3. 完善发展农民专业合作组织

政府在完善和构建农民组织化和公司服务体系方面提供政策支持和服务保障，促进现代农业发展。加强农民合作组织建设，拓宽服务领域，积极地去组织、去引导，增强自我服务能力。加强农业

龙头企业建设，采取"公司+农户"、"公司+合作组织+农户"的形式，提供产前、产中、产后"一条龙"服务，积极开展农产品购销服务，有效解决农民销售难的问题。

（四）创新农业产业模式，提升农民市场意识

1. 改革和完善现有的土地产权制度，推行土地规模经营

一是要建立农村土地使用权流转登记管理制度，完善农村土地使用权流转手续，加强农村土地流转的登记管理，建立农村土地用途登记管理制度，严格界定农用地与非农用地，防止农村土地在流转中变更用途导致难以复耕而影响农民长期利益。二是要建立市场化的土地流转制度，把土地由实物形态转变为货币形态，为农业的规模经营创造条件。按照"明确所有权，稳定承包权，搞活使用权"的原则，对土地进行合理估价，形成实物和货币两种形态，允许土地使用权转让、租赁、入股和抵押，在划定基本农田保护区外，其余土地根据农业产业发展的需求，集中建设商品生产基地，农户按土地的货币形态成为永久性股东，对生产经营各个环节实行监督，形成利益共同体，为跨区域的产业重组、规模化生产创造条件。三是要在坚持现有土地、林地承包关系长期不变的基础上，积极引导和鼓励农民通过转包、出租、互换、转让、股份合作等多种形式依法流转土地经营权，促进规模化、集约化经营。

2. 加快农村产业结构调整，突出优势农产品生产和优势农产品产业带建设

甘肃农业资源和农产品丰富多样，农业生产具有多方面的优势。为了充分发挥甘肃农业的比较优势，实行扶优扶强的非均衡发展战略，重点培育优势农产品和优势产区，是促进甘肃现代农业发展的需要。因此，要把突出优势农产品生产和发展优势农产品产业作为甘肃建设现代农业工作的重中之重。积极发展品种优良、特色鲜明、附加值高的优势农产品，加快形成"一村一品、一乡一业"的产业格局。在农民组织化结构、土地流转规模经营的基础上，积极引导农民多种方式发展小区养殖及二、三产业等，提升就业增收渠道。政府通过政策引导、就业技能培训及产业补助等，提升服务成效，繁荣农村市场。

积极与大中城市搞好产业转移、优势互补，延伸产业链。充分挖掘生物农业技术领域的发展潜力，重点开展马铃薯、油菜、玉米和啤酒花等特色农作物品种选育和畜牧与水产品育种扩繁技术研究，加快生物农药、生物肥料及生物饲料添加剂等农用生物制品的研制开发，提升特色农牧产品品质，推进农牧产品优良品种产业化进程。

一是马铃薯育种及加工产业链。重点开发马铃薯品种的选育、快繁技术，扩大生产规模，推动新品种向高产、高抗、专用方向发展。在加强微型薯快繁育种基地、一级种薯繁育基地以及马铃薯种植基地建设基础上，不断推进以马铃薯淀粉、全粉、变性淀粉和速冻薯条等产品为代表的马铃薯综合深加工。加强冷藏以及物流体系建设，拓展完善销售渠道和网络，建成集种薯、原料薯生产和马铃薯加工、市场销售等为一体的马铃薯产业链。

二是油菜育种及加工产业链。以油菜良种培育和菜籽加工为基础，拓展油菜下游产业，挖掘油菜的蛋白生产、工业原料生产、美化、菜饲肥兼用的功能。以高产、早熟、高油分、矮秆、抗病、抗倒、抗裂角等性状为育种目标，结合品种配套技术体系的研究，加强品种推广示范，做大做强油菜优良品种。加强高级食用油生产，积极推动低硫低苷油菜饼粕的综合利用，推动浓缩蛋白、植物酸钠、单宁等油粕精细化产品的研究开发。

三是动物育种与扩繁产业链。重点推进先进分子生物技术的广泛应用，实现良种奶牛、专用肉牛肉羊等具有优势的动物良种繁育产业化发展。促进超数排卵和胚胎移植技术的应用，加快遗传改良速度，缩短育种进程，实现动物良种的快速扩繁。扩大动物良种的养殖规模，推动具有区域优势的动物产品的产业化开发，显著提高畜牧业整体效益。

（五）加大培训力度，提高农民素质

甘肃各区域农民的文化知识水平和操作技能较为低下，严重阻碍了现代农业的发展。而建设现代农业，就必须提高农民素质，培养大批有文化、懂技术、会经营的新型农民。

1. 形成政府统筹协调，农业部门牵头，有关部门协作配合，社

会广泛参与的农民培训机制

各级政府应从上到下成立统一的管理机构，制定相关政策，加强组织协调，充分发挥政府的服务和引导作用。同时，也要充分发挥非政府组织的作用，如对外务工牵线搭桥、技能培训和咨询服务等。

2. 加大农村"两后生"职业技能教育

完善初高中教育政策，把"两后生"纳入职业技能学历教育培训，以提高农村劳动者素质，推进小康社会建设。加强"两后生"职业职能教育培训激励机制，提升各级别培训补助标准，不断推进高职技能人才队伍发展。开展农业生产技能培训和市场经营知识的培训，努力把广大农户培养成有较强市场经济头脑、有较高生产技能、有一定管理能力的现代农业经营者。

3. 加强农村成人技能教育

要进一步加强农村成人文化技术学校建设，建立县、乡镇、村三级实用型、开放型农民文化科技教育培训体系，把人力资源开发、技术培训与推广、劳动力转移培训与扶贫开发服务结合起来。加强农村成人技能教育和现代农业科技培训及补助，建立健全返乡创业政策扶持体系、服务体系和保障体系。鼓励返乡创业农民工通过租赁、承包等方式利用闲置土地等进行创业。

（六）构建现代农业政策支持体系

1. 积极探索和完善农业补贴政策

继续完善粮食生产补贴和家电补贴政策，创新补贴机制和模式，积极探索对农民的投资补贴、建房补贴、教育补贴和保险补贴等，提高财政资金补贴成效。设立农产品品牌创建奖励补贴，加大对农产品品牌的支持力度；设立农业生产和农产品加工贷款贴息补贴，支持优势农产品的标准化、区域化、规模化、产业化生产；设立农村防疫员补贴，加强对农村防疫员务工和培训；设立灾害救助补贴，扩大农业生产救灾和重大动植物疫病扑杀补助资金规模，确保灾后农业生产尽快恢复。

2. 完善农村金融机制，解决农民贷款难问题

要认真落实金融支农政策，建立和完善商业金融、合作金融、

政策性金融和小额贷款组织互为补充、功能齐备的农村金融体系，充分发挥农业银行、农业发展银行和农村信用社在农村金融中的骨干和支柱作用，积极调整信贷结构，引导各类金融机构增加对"三农"的信贷投放。成立农村民间金融组织，在充分防御金融风险的基础上，鼓励民间资本进入农村和农业领域，开展各类金融服务。

3. 加大扶贫开发力度

坚持扶贫与农业项目建设相结合，与种养殖大户、合作组织、龙头企业相结合，努力增加农民收入。支持特色优势产业开发，主要对集中在贫困地区的马铃薯、中药材、蔬菜、果品、制种、酿酒原料六大特色优势产业予以重点扶持。加大易地扶贫搬迁投资，对生存条件恶劣地区的农民进行易地扶贫搬迁。加强陡坡耕地、严重沙化耕地治理，增加贫困群众收入，恢复生态系统功能，增强可持续发展能力。

（七）加快农产品市场建设，壮大农业品牌发展

1. 加强农产品市场建设

加快农产品流通体系建设，结合农业产业布局、交通运输通信等物流基础，有重点地建设和改造一批粮油、果蔬、水产品、肉类等流通贸易市场，改造提升一批农产品专业批发市场，培育现代农业物流中心。

2. 发展农产品信息化建设

注重农产品营销主体培育工作，壮大和发展农村经纪人队伍，鼓励农业生产大户、农民专业合作组织从事农产品营销，建立健全统一、规范、高效的"绿色通道"，提高经营主体开拓市场的能力。加强农产品推广工作，通过举办农产品展销会、交易会，开展网上营销、农超对接等多种形式，帮助企业和农民搞好产销衔接，初步形成功能完备的农产品推广体系。

3. 建立区域特色产业加工集群

以甘肃特色农产品产业带规划建设为重点，壮大区域优势农产品市场基地和品牌效应。形成河西以小麦、玉米制种、啤酒大麦、棉花、酿酒为主，中部、陇南以马铃薯、蔬菜、药材为主，陇东以果品、肉类为主，甘南、临夏以乳制品及皮革加工为主的特色农产

品加工格局。

4. 推进国家级现代农业示范区建设

甘肃省要突出抗旱与节水技术、环保与生态技术的示范建设。黄土高原地区要结合退耕还林还草项目的实施，加强基本农田建设，推广旱作农业技术，发展优质小杂粮和苹果等优势产品生产，提高专业化生产水平，大力发展节水农业，加强优质高产的糖料、棉花、瓜果生产基地建设。重点发展葡萄、香梨、啤酒花、牧草、枸杞等特色农产品。调整畜群结构，加强品种改良，转变养殖方式，积极推行舍饲圈养，加快草场建设，提高牧区畜牧业发展水平。

(八) 大力发展现代农业科技企业

现代农业项目能否正常运作和农业科技成果的产业化是否能形成，关键在于必须拥有一批能吸收应用科技成果的现代农业科技企业。所以要鼓励科技人员到农业科技园区创办经济实体、科技企业，加速科技体制和农业管理体制的改革。在农业科技园区创办各种形式的股份制科技企业，探索设立"技术股"、"创业股"，在分配制度上要"加大要素参与分配"的改革，可采取特殊贡献"分红"、特殊津贴、年薪制及利润分成等方法。还要积极鼓励有条件的科研机构和大专院校以不同形式进入农业科技园进行科研开发，同时支持和鼓励企业创办科研机构，积极开展科研开发和技术改造，使农业科技成果尽快转化为现实生产力。

(九) 走农业可持续发展的道路

甘肃受自然条件的影响较大，自然灾害发生频繁，其中干旱出现的频率高，对农业生产影响很大。另外，甘肃地处西北内陆地区，植被稀少、森林覆盖率低、生态环境脆弱，再加上破坏性的经营，使得生态退化和荒漠化加剧，所以甘肃发展现代农业必须把生态环境保护和建设放在首要位置，坚持改土兴水相结合，大力宣传并组织实施好修梯田、集雨水、兴科技、抓调整的旱作农业发展路子，组织搞好节水灌溉、小型水利、水库除险加固等。继续搞好长防长治、小流域综合治理、水源涵养林保护以及沙产业开发等生态工程建设，全面保护、建设和改善生态环境。中东部地区要有计划、有步骤地退耕还林还草，把生态环境效益和经济效益有机地结合起来，把退耕还林还草与农业结构调整、优质林草基地建设结合起来，科学安排林草比例，坚持乔灌草有机结合，加快优质林木种草基地建设步伐，确保林草成活率。河西地区生态建设要坚持以南护祁连、中建绿洲、北治风沙为重点，搞好荒漠化治理和防护带建设，推进节水型高效生态农业示范区建设，走现代农业发展道路。

（十）建立适应甘肃现代农业发展的统计监测体系

监测农业现代化发展进程，研究当前农业现代化所处阶段和分析现代农业建设中存在的问题，对于制定科学合理的农业发展规划具有十分重要的作用。为了解甘肃各市（州）建设农业现代化进程的实际状况，总结发现农业现代化建设的特点，促进甘肃农业现代化建设进程的持续发展，在汲取全国和部分现代农业发达省份发展经验的基础上，立足实际，建立适应甘肃现代农业发展的指标监测体系尤为重要。在甘肃全省范围内建立和推广实施甘肃现代农业发展统计监测体系，测算全省和各市（州）农业现代化进程，分析农业现代化发展中存在的主要问题，提出加快农业现代化进程的政策建议，为科学推进甘肃农业现代化加快发展，为2020年甘肃与全国同步进入小康社会的目标奠定基础。

第五章

农业自主创新对现代农业发展的影响

第一节 农业科技进步对甘肃农业经济增长的作用

一 甘肃农业经济增长中科技进步的促进作用

党的十八大报告对"三农"问题给予了高度关注,指出"解决农业农村农民问题是全党工作重中之重",要"加快发展现代农业,增强农业经济生产能力,确保国家粮食安全和重要农产品有效供给"。2012年中央"一号文件"突出强调农业科技创新,把推进农业科技创新作为2012年"三农"工作的重中之重,认为实现农业持续稳定发展,长期确保农产品供给,根本出路在科技创新。农业科技是确保国家粮食安全的基础支撑。党的十八大报告再次肯定了"科技创新是提高社会生产力和综合国力的战略支撑"。农业科技的发展必然会推动现代农业的发展,推动高效农业的形成。农业科技创新对农业科技发展、农业经济增长和"三农"问题的解决都具有重大的意义。

科技进步与自主创新是推动农业经济发展的原动力,这在自然资源日益稀缺的当代社会更是如此。人口的增加、社会的发展使社会对农产品的需求数量和需求层次有了更高要求,日益稀缺的资源对农业越来越大的约束使农业对科学技术的依赖程度越来越高,科学技术已全面渗透到农业的自然再生产和经济再生产的各个环节中,在促进农业经济增长、提高农业经济效益、缓解农业生态环境压力方面发挥着越来越大的作用。

甘肃地处中国西北地区，农业生产的基础条件薄弱，农业发展水平相对落后。但甘肃省自然资源多样化特征明显，为特色农业发展提供了条件，通过技术进步发挥比较优势、促进现代农业发展具有一定的潜力和空间。

党的十一届三中全会和全国科学大会以来，甘肃省实施了以大面积农业科技承包为代表的一大批农业科技发展项目，"八五"、"九五"以来，以甘春 20 号硬红春小麦、陇鉴 196 冬小麦、蓝天 4 号冬小麦、陇油 1 号双低油菜、天亚 5 号多抗丰产兼用胡麻、甘肃高山细毛羊、甘肃白猪、甘肃绒山羊等为代表的一大批动植物品种创新为甘肃省农业生产奠定了坚实的基础。具有明显地域特色的新一代高效节能日光温室研制成功并在全省大面积普及应用，为发展农村市场经济和提高农民收入注入新的动力。集水农业理论与技术的突破使旱地农业走向新的发展阶段，旱作农业初步实现了由被动抗旱向主动抗旱的革命性转变。河西沿祁连山冷凉灌区粮食作物大面积亩产超千斤试验示范创建了我国又一个新的粮食作物高产带。规模化工厂养殖技术、暖棚养畜技术、饲料配方及添加剂技术等通过科技承包的方式在全省范围内快速推广，尤其是瘦肉型杂交猪的工厂化养殖及产业化技术开创了畜牧产业的新局面，养殖畜牧业成为农民增收的重要支柱产业。

"十五"以来，甘肃省各级农技推广部门创新思路，转变观念，逐步从行政推动向技术创新和服务转变，重点加大对农业先进适用技术的引进、示范和推广，并对农民进行引导、培训和服务，提高农业技术推广的效率和效益。对此，各地加速农作物优良品种的更新换代。陇东及中部地区以高产耐旱小麦品种为主，河西地区则发展优质专用小麦；各地种植的玉米逐步向高蛋白、高油、高淀粉专用新品种转变；以定西为主的马铃薯产区推广脱毒品种、垄作栽培、整薯坑种等新技术，不断扩大加工型马铃薯面积。

近年来，甘肃省农业科技创新启动了现代农业科技创新七大行动，农业科技创新创业支撑体系逐步健全，培育农牧业新品种（系）70 多个，平均增产幅度达到 10% 以上，良种覆盖率达到 90%

以上。全膜双垄沟播技术等一大批抗旱、节水新技术及装备的研发走在了全国的前列，地膜覆盖栽培、农机化应用和节水灌溉面积分别达到1600万亩、1200万亩和100万亩。选育出了大通牦牛和甘肃金鳟鱼等动物新品种，推广了一批牛羊选育、改良及健康养殖新技术，开发出了一大批附加值高、市场前景好的新产品，推动了甘肃省畜牧业的发展。

农业科技进步促进甘肃农业经济发展主要集中体现在以下几个方面。

第一，耕作制度的改革取得重大突破，推动了农作物一熟制向多熟制、中低产向高产超高产的转变，有效地提高了光、热与土地资源的利用率。

第二，农牧良种选育持续稳定发展，每年有20多个新品种（系）投入生产，基本实现了依靠自己的技术创新解决品种短缺和更新换代的问题，大幅度提高了农牧产品的产出率与商品率。

第三，以覆盖栽培为主的种、养农业配套技术日益成熟和完善，发挥了增温、增产、节水、抗灾和集约经营的重要作用，特别是地膜小麦的研制成功和暖棚养殖技术的全面推广应用，培育了农业经济新的增长点，带动了相关产业的发展。

第四，节水灌溉与提高雨水资源利用率的技术不断创新，初步实现了技术的配套、示范区建设的规模化和节水设施的多样化开发，使水资源的利用率和利用效率明显提高。

第五，具有甘肃特色的设施农业技术在节能日光温室园艺、畜牧工厂化养殖和新技术节灌、设施环境控制等方面取得突破，初步实现了建造技术、专用品种、模式化栽培、环境控制和市场营销的衔接配套，对解决菜篮子、肉架子问题发挥了重大作用，并在商品基地建设和农业产业化经营方面探索了新路子，摸索了新经验。

第六，在防灾减灾和农业可持续发展领域开展了卓有成效的科研工作，干旱气象、滑坡泥石流监测防治、退化草原与小流域治理、土地沙漠化治理、土壤次生盐渍化改良、干旱造林和水土保持以及重大病虫害监测与综防等领域都取得了重要成果，为生态建设和西部大开发提供了技术支持与储备。

第七，现代生物技术、信息技术、辐射育种技术等高新技术在转基因育种、基因工程疫苗研制、生物菌肥与植物生长调节剂开发和资源监测、灾情预警测报、农业专家智能系统、农业科技信息网络系统等领域得到初步应用，为加快农业现代化建设进程奠定了基础。

第八，高技能人才和高素质劳动者的培养。劳动者素质的水平对新型农业产业化有着重大的影响。就人才需求结构而言，农业科技成果的推广既需要高素质的农业科技研发人员，也需要大量懂技术、能应用农业科技成果的新型农业劳动者。大力发展农业职业教育是加快推进新型农业化的必然选择，只有通过农业职业教育的熏陶才能培养出大量的新型农业技术人员和从业人员。甘肃全省仍有大量的城乡劳动力需要进行再就业和劳动力分配，这部分劳动力都应进行必要的职业技能培训。

第九，利用农业信息化促进农业经济增长。农业信息化是指充分利用信息技术的最新成果，加速改造传统农业，全面实现农业生产管理、农业科技信息、农产品营销和农业知识获取、处理、传播和合理利用，大幅度提升农业生产效率、管理和农业经营决策水平，促进农业持续、稳定、高效发展的过程。它包括计算机技术在农业上普遍的应用，微电子技术、通信技术、光电技术、遥感技术等在农业方面系统应用的过程。在农业经济发展的过程中农业信息化的发展具有重要的推动作用，随着农业信息化的发展，借助信息技术向农产品信息发布、农业技术培训和农村社会服务进行农业产业化渗透。

总体而言，虽然科学技术并不能独立存在，但它通过劳动者、劳动资料和劳动对象的有机结合，成为生产力的重要组成部分。因此，农业科技进步对农业的发展具有极其重要的作用，其具体表现可概括为以下几个方面。

第一，提高劳动生产率。农业科技进步，可以对原有的农业生产设备进行改进（例如从手工农具到半机械化农具），并且可以提供新型、高效的农业生产设备，缩短农民的工作时间，提高劳动生产率，降低成本投入，提高投入产出比。

第二，提高土地生产率和农产品质量。通过农业科技进步可以改善生产资料的质量（例如新化肥等），并且降低生产资料的成本，提高生产效率；可以不断进行动植物良种培育，开发新的动植物（例如驯化野生动物，人工种植野生植物），提高投入产出比；还可以改善和提高各种家禽养殖（生猪疾病防治技术等）和农作物种植（例如先进的耕作技术、栽培技术等）的科技水平，这样，就可以在提高农产品质量的同时，提高土地生产率和投入产出比率。

第三，充分合理地利用资源，提高农业经济效益。农业科技的进步，在使原来没有用处的东西变成有用的农业资源的同时，提高了单位农业资源的利用率，使有限的农业资源能够物尽其用，减少了因为利用率不足引起的浪费问题；还可以使农业生产与环境的持续发展有机地结合到一起，合理地进行农业资源配置，因地制宜进行生产，充分发挥农业生产的地域优势，提高农业的经济效益。

第四，可以改善和提高宏观经济管理水平。国家可以通过有效的宏观调控，正确地引导农民进行农业生产经营活动，避免农民盲目地进行农业生产。同时，农业科技进步可以提高国家进行农业管理的水平，从而及时发现农业生产中出现的问题并加以纠正，使农业生产活动健康、有序地进行。

第五，可以改变农民的生产方式和生活方式，促进整个农村的全面发展。农业科技的进步，不断改善农民的生产劳动条件，降低了农民的劳动强度，他们可以将节省出来的时间用在其他劳动上，提高农民的总体收入，调动了农民学习科学文化知识和劳动技能的积极性。农民掌握了先进的农业科技知识，使农民的智力水平和科学文化素质都有大幅度的提高，农民的生产方式发生改变，进而改变了农民的思想意识乃至生活方式，这种变化对整个农村的发展有极其深远的影响。

二 甘肃农业科技进步促进中存在的问题

虽然甘肃省农业技术进步对农业经济增长起到了巨大的促进作

用。但在取得长足发展的同时，甘肃省农业与农业科技尚存在不少问题，突出表现在以下几个方面。

一是农业科技的发展思路不够开阔。突出表现在科技与经济结合不够紧密及成果转化慢的问题尚未取得实质性突破，农业科技市场化和发展科技产业的观念薄弱。

二是农业科研开发机构的创新能力建设相对滞后，整体实力比较薄弱。农业科研开发机构的基础设施建设与仪器装备水平较为落后，科技现代化程度落后于经济与生产的发展，严重制约了农业科技工作自身技术进步与创新能力的提高。

三是农业科研开发与科学管理水平比较低。动植物遗传资源十分有限，育种与种养技术研究开发中，常规的传统手段目前仍占据主导地位，经验型、区域型和分散重复的问题还比较突出，现代生物技术、信息技术和集成创新研究开发尚处在起步阶段，科技管理整体改革开放水平不高。

四是农业科技成果数量不少，但缺乏高质量、具有重大转化价值和市场前景的突破性成果，成果的工程化问题研究薄弱，只能支撑温饱农业，支撑农业和农村经济战略性结构调整和加快发展市场农业经济的后劲不足。

五是农业科技工作的布局结构不尽合理，比较重视产中和高产化发展，对产前市场预研服务和产后加工增值技术发展重视不足。区域农业科技战略和生态技术发展缓慢。

六是农业科技推广体系配套性较低。很多单位大幅度削减推广部门的事业费，使得农业科技推广工作陷入了严重的困境，严重阻碍了农业科技成果的市场化推广和转化，先进农业技术的覆盖率和入户率都偏低。

七是农业从业人员素质较低。农业从业人员直接参与农业经济发展的每个环节，也就直接影响着农业科技进步的深度和广度。

八是农业信息化发展速度缓慢，信息化网络终端实现性差，农民对农业信息化丧失热情，缺乏积极性。（1）农业信息获取手段单一，没有针对性。一方面是农民自身本就不善于积极主动地沟通，不善于获取有用信息；另一方面是外部条件问题，缺乏基层科技人员使农民难以获得农业新技术。（2）基层信息点至最终用户间在信息双向传输上存在瓶颈。这个双向传输既包括农业信息输送到农民手中，还包括从农民和农村终端进行数据信息采集的过程。落后的基础设施建设导致这一问题普遍存在，边远贫困地区尤为严重。

第二节　农业科技进步对甘肃农业经济增长的影响分析

农业科技进步是指人类对原有农业技术的改造、革新或研究开发出新的农业技术以提高农产品产量，改善农产品品质，降低生产成本，提高生产率，减轻劳动强度，节约能源和改善生态环境等。包括技术进化、技术革新、管理水平、决策水平和智力水平等广义的科技进步。

农业科技进步贡献率是指科技进步作用在农业经济增长量中所占的份额。通常用农业总产值增长量表示农业经济增长量，因科技进步产生的农业总产值增长率，称为农业科技进步率。农业科技进步率除以农业总产值增长率，即为农业科技进步贡献率。农业科技进步贡献率反映的是科技进步对经济的贡献份额，其实质内容是通过科技进步提高生产要素的生产效率并降低生产成本。

一　农业科技进步与农业经济增长关系测度

农业技术进步是技术进步在农业生产领域的具体化，农业技术进步是一个不断创造新知识、发明新技术，并推广应用于农业实践，从而不断提高经济效益和生态效益的发展过程。科技进步对于农业发展的作用越来越大，许多学者对科技进步的作用及科技投资进行了研究。现有的研究主要集中在从总量上分析科技进步对我国农业增长所做出的贡献，地区层面的研究还处于初级阶段。科技进步贡献率的理论和测定方法，是一个学术上正在继续探索的问题，计算方法也比较复杂。对某个新科技成果的经济效益的测算，一般采用直接效果比较法，即计算新科技成果比原有科技成果或当前技术的新增经济效益。技术进步的宏观经济效益的测算则不能采用直接效果比较法。由于科技成果的不同性质和目的，它们对生产所起作用的大小和方式均不相同，有的是使用同样多的生产投入获得更多的产品，有的是充分利用闲置资源或廉价资源而得到更多的产品或收益，有的是减少投入、节约费用而得到同样多的产品，等等。而且各种科技成果产生经济效益的年限有前有后，有长有短。因此，我们不可能按照单项科技成果经济效益的测算方法来测算农业技术进步的宏观经济效益。

目前，测算农业技术进步宏观经济效益的有效方法是生产函数法或索洛余值法。生产函数法是一种间接的测算方法，它能从大量的多点和多年的统计数据中判定各个生产因素对经济增长的相对贡献，而这些因素各自作用的结果便是经济的全部增长。索洛余值法是 C—D 函数的微分表达式，其公式简洁明了，计算简便，曾引起人们对科技进步作用的极大关注。

1957 年，美国著名经济学家索洛首次给出了测度技术进步在经济增长中贡献份额的规范方法，他提出了以增长速度方程为模型，用"余值法"测算技术进步的方法。"索洛余值法"的前提假设主要包括：技术进步是非体现型的；规模报酬不变（$\alpha + \beta = 1$）；生产要素主要是资本和劳动，且任何时候，资本与劳动都可以得到充分利用；技术条件是希克斯所定义的中性技术进步。

在建立增长速度模型之前，利用生产函数预先测定资本、劳动力及耕地面积等投入要素的生产弹性系数。

$$Y = A \prod_{u=1}^{n} x_u^{a_u} \quad Y = A \prod$$

Y 表示农业总产值；A 表示科技进步作用系数；u 表示年数；x 表示有 n 要素量，a_u 表示与第 n 个要素的弹性系数。利用柯布—道格拉斯生产函数建立农业总量生产函数（假定科技进步中性）表现为一般形式：

$$Y = A e^{\lambda t} K^{\alpha} L^{\beta} M^{\gamma}$$

其中 Y 表示农业总产值，A 为常数项，λ 是农业科技进步率，K、L、M 分别为要素投入，即固定资本存量、劳动力及耕地面积。t 为时间变量，α、β、γ 分别为 K、L、M 的弹性系数。对公式两边取对数，转化为如下形式：

$$\ln Y = \ln A + \alpha \ln K + \beta \ln L + \gamma \ln M + \lambda t$$

将上式的两端对 t 求导如下：

$$\frac{1}{Y}\frac{dY}{dt} = \alpha \frac{1}{K}\frac{dK}{dt} + \beta \frac{1}{L}\frac{dL}{dt} + \gamma \frac{1}{M}\frac{dM}{dt} + \lambda$$

当以时间序列数据来计算时，可取 $dt = 1$，把 dY 改写为 ΔY，dK 改写成 ΔK，dL 改写成 ΔL，dM 改写成 ΔM，得如下形式：

$$\frac{\Delta Y}{Y} = \alpha \frac{\Delta K}{K} + \beta \frac{\Delta L}{L} + \gamma \frac{\Delta M}{M} + \lambda$$

上式即为增长速度方程，移项变形可得，科技进步贡献率测算模型：

$$\lambda = \frac{\Delta Y}{Y} - \left(\alpha \frac{\Delta K}{K} + \beta \frac{\Delta L}{L} + \gamma \frac{\Delta M}{M} \right)$$

其中，λ 表示农业科技进步率，$y = \frac{\Delta Y}{Y}$ 表示农业总产值增长率，$k = \frac{\Delta K}{K}$ 表示农业固定资本存量增长率，$l = \frac{\Delta L}{L}$ 表示劳动力增长率，$m = \frac{\Delta M}{M}$ 表示耕地面积增长率。

资本贡献率 $E_k = \frac{\alpha k}{y}$，劳动力贡献率 $E_l = \frac{\beta l}{y}$，土地贡献率 $E_m = \frac{\gamma m}{y}$，科技进步贡献率 $E_a = \frac{\lambda}{y} \times 100\% = \frac{[y - (\alpha k + \beta l + \gamma m)]}{y} \times 100\%$。

本测算方法测算的是广义农业科技进步对农业总产值增长率的贡献份额。农业总产值的增长来自两个方面：一部分来自生产投入的增加，另一部分来自科技进步引起的投入产出比的提高。因科技进步产生的总产值增长率，叫科技进步率。农业科技进步率是农业总产值增长率中扣除新增投入量产生的总产值增长率之后的余额。

在测算各种投入要素参数前，为避免多重共线性的影响，假设规模报酬不变，即 $\alpha + \beta + \gamma = 1$，$Y = Ae^{\lambda t}K^{\alpha}L^{\beta}M^{\gamma}$ 变形为：

$$\frac{Y}{L} = A e^{\lambda t} \left(\frac{K}{L} \right)^{\alpha} \left(\frac{M}{L} \right)^{\gamma}$$

两边取对数：

$$\ln\left(\frac{Y}{L}\right) = \ln A + \alpha \ln\left(\frac{K}{L}\right) + \gamma \ln\left(\frac{M}{L}\right) + \lambda t$$

令 $\ln\left(\frac{Y}{L}\right) = Y'$，$\ln\left(\frac{K}{L}\right) = K'$，$\ln\left(\frac{M}{L}\right) = M'$，$\ln A = A'$，代入上式，得到：

$$Y' = A' + \alpha K' + \gamma M' + \lambda t \qquad \text{模型 5—1}$$

二　甘肃农业科技进步对经济增长的影响分析

（一）变量选取与数据说明

1986—2012年《甘肃统计年鉴》、《中国农村统计年鉴》、《中国农业年鉴》和《新中国农业60年统计资料》是科技进步贡献率模型基础数据的主要来源，选定产出变量为农林牧渔业总产值，投入要素包括农业资金投入、农村劳动力和耕地面积。

1. 产出增长指标

目前，大部分学者选取统计年鉴上的农林牧渔总产值作为产出增长指标，该数据包括农作物种植业和其他农业、林业、牧业、渔业。由于从2003年起农林牧渔总产值数据包括农、林、牧、渔服务业产值，而2003年以前的数据不包括该项。为了统一口径，本章选取数据时，将2003年以后的数据用农、林、牧、渔总产值减去农林牧渔服务业的产值，为消除通货膨胀的影响，采用1978年的价格水平，即计算年的农业总产值用价格指数进行缩减，价格指数选用农村商品价格指数。折算后的不变价当年农业总产值＝计算年的当年价农业总产值/农村商品零售价格指数（1978年＝100）。

2. 资本投入指标

资本投入的计量，目前还没有一个统一的计量方法。农业资本投入指标，是度量农业生产过程中的资金投入量的指标，国内外大多数学者研究认为，资本投入指标包括固定资产的投入和流动资金的投入两部分（资本投入＝固定资产投入＋流动资金投入），本书也采用这种方法。

固定资产投入用农业生产过程中占有的生产性固定资产的折旧

来度量，生产性固定资产＝农村居民家庭拥有生产性固定资产原值＊乡村人口户数，农村居民家庭拥有生产性固定资产原值可以从统计年鉴直接获得，乡村人口户数可以通过历年《甘肃统计年鉴》以及《中国农村统计年鉴》直接得到，固定资产原值折旧＝固定资产原值＊折旧率。

流动资金包括农业生产过程中对一次性转移价值的物质和服务的消耗，这种消耗指的是农业生产过程中的生产性消耗使用。在流动资金的选取上，不同的学者采用的方法也不同。由于统计年鉴未能直接提供农业中间消耗的数据，因此本书采用"农业中间消耗＝农业总产值－农业增加值"来反映。

为消除通货膨胀的影响，采用基年（1978年）的价格水平，固定资产投入用固定资产投资价格指数进行缩减，固定资产投入＝当年价固定资产投入／固定资产投资价格指数；流动资金用商品零售价格指数缩减，流动资金＝当年价流动资金投入／商品零售价格指数。

3. 劳动力投入指标

严格来说，农业生产劳动力投入指标应采用参加农业生产劳作的实际劳动力人数来度量，很多研究学者采用统计年鉴上从事农林牧渔业劳动力的数量来衡量农业劳动力投入指标。本书遵循大多数学者的做法，采用《新中国农业60年统计资料》中甘肃省1985—2008年的乡村农、林、牧、渔从业人数的统计数据，2009—2011年的数据从《甘肃统计年鉴》中补齐。

4. 土地投入指标

本书采用1985—2011年各年年底统计实有耕地面积来衡量土地投入指标，数据来源于《新中国农业60年统计资料》和《甘肃统计年鉴》。

以上各指标的原始数据如表5—1、表5—2所示。

表 5—1　甘肃省 1978 年、1985—2011 年农业产出、劳动力和土地投入

年份	农、林、牧、渔总产值（万元）	农、林、牧、渔服务业（万元）	农业总产值（万元）	商品零售价格指数（%）	农业总产值不变价（万元）	农村劳动力（万人）	年末实有耕地面积（万公顷）
1978	224533.28	—	224533.28	100	224533.28	503.2	350.8
1985	488182.2	—	488182.2	121.2	402790.6	571.2	349.1
1986	563959.6	—	563959.6	128.5	438879.1	579.3	350.2
1987	655161.4	—	655161.4	137.9	475098.9	618.7	357.9
1988	847165.9	—	847165.9	163.6	517827.6	652.1	356.7
1989	891232.1	—	891232.1	190.5	467838.4	661.3	357.7
1990	1024993	—	1024993	196.9	520565.1	683.3	347.7
1991	1065704	—	1065704	206	517332.1	690.2	361.1
1992	1194970	—	1194970	217.9	548402.9	696.6	358.7
1993	1353978	—	1353978	246.4	549504.1	678.9	366.2
1994	2121949	—	2121949	301.8	703097.8	670.5	363.9
1995	2694508	—	2694508	351.6	766356	667.5	348.2
1996	3073203	—	3073203	374.8	819958.1	672.0	370.9
1997	2992411	—	2992411	380.8	785822.3	680.1	377.3
1998	3346943	—	3346943	373.9	895143.9	683.8	376.3
1999	3199866	—	3199866	363.2	881020.3	689.8	348.6
2000	3201176	—	3201176	360.2	888721.9	697.5	343.3
2001	3396579	—	3396579	358.8	946649.6	696.8	341.9
2002	3528583	—	3528583	354.9	994247.2	738.2	340.9
2003	4278433	457570.65	3820862	355.6	1074483	760.8	339.9
2004	5035034	491897.85	4543137	363.1	1251208	763.2	340.4
2005	5497110	555786.74	4941323	362.74	1362222	761.4	342.1
2006	5937000	635385.9	5301614	367.1	1444188	751.0	344.1
2007	6860990	757272.2	6103718	383.4	1591997	741.4	344.9
2008	8080990	868261	7212729	413.7	1743468	727.6	346.8
2009	8762818	917722	7845096	421.2	1862558	729.6	348.5
2010	10570174	979430	9590744	440.6	2176746	732.9	349.4
2011	11877562	1098672	10778890	464.4	2321036	715.4	350.3

表 5—2　　　　甘肃省1985—2011年农业资金投入核算

年份	生产性固定资产存量（万元）	折旧率（%）	固定资产投入（万元）	固定资产不变价（万元）	农业中间消耗（万元）	农业中间消耗不变价（万元）	资金投入（万元）
1978	—	—	—	—	—	—	—
1985	299861.8	4.65	13943.58	12561.1	186766.2	154097.5	166658.6
1986	314927.9	4.76	14990.57	13505.89	215301.6	167549.9	181055.8
1987	349752.5	4.95	17312.75	14915.52	248445.4	180163.5	195079
1988	401629.7	5.13	20603.6	16349.4	335340.9	204976.1	221325.5
1989	432847.1	5.21	22551.34	16619.94	369060.1	193732.3	210352.3
1990	486318.9	5.35	26018.06	17327.94	386064.7	196071.4	213399.4
1991	504041.7	5.47	27571.08	17484.74	374052.1	181578.7	199063.5
1992	591754.6	5.53	32724.03	20439.44	412825	189456.2	209895.6
1993	655568.7	5.59	36646.29	22390.49	499553.2	202740.8	225131.2
1994	871857.1	5.66	49347.11	28483.3	764132.8	253191.8	281675.1
1995	913797.7	5.59	51081.29	26249.83	1089222	309790.1	336040
1996	1212732	5.66	68640.65	33625.62	1356471	361918.6	395544.2
1997	1420279	5.79	82234.16	39225.71	1188390	312077.3	351303
1998	1390881	5.86	81505.64	38761.92	1473372	394055.1	432817.1
1999	1517310	5.93	89976.5	42366.78	1287807	354572.4	396939.1
2000	1957415	6	117444.9	53534.06	1267559	351904.2	405438.3
2001	1997292	6.07	121235.6	54178.38	1326059	369581.7	423760.1
2002	2172769	6.14	133408	59499.02	1384055	389984.4	449483.4
2003	2448076	6.21	152025.5	66655.81	1420674	399514.6	466170.4
2004	2554838	6.29	160699.3	66791.95	1692712	466183.4	532975.4
2005	3257835	6.36	207198.3	84297.73	1860757	512972.6	597270.4
2006	3445684	6.44	221902.1	86724.2	2990218	814551.4	901275.6
2007	3725475	6.51	242528.4	92203.72	3398711	886466.1	978669.9
2008	3946692	6.58	259692.3	92555.6	2590019	626062.1	718617.8
2009	4226401	6.65	281055.7	98689.26	2874697	682501.7	781190.9
2010	4640521	6.72	311843	105786.7	3597990	816611.5	922398.2
2011	5305788	6.81	361324.2	117070	3991435	859482.1	976552.1

（二）实证结果与分析

根据表5—1和表5—2所列出的甘肃省1985—2011年相关统计数据，采用EViews 3.1软件对模型5—1进行最小二乘估计，得到结果如表5—3所示。

表5—3　　　　模型5—1 土地作为变量的估计结果

变量	回归系数	标准差	t检验值	概率
A^*	5.053735	0.667723	7.568615	0.0000
K^*	0.268488	0.106945	2.510527	0.0203
M^*	0.470556	0.411200	1.144348	0.2654
t	0.049691	0.010601	4.687439	0.0001

R^2	0.984601	被解释变量均值	7.164533
调整后的R^2	0.981668	被解释变量标准差	0.458069
回归方程的标准差	0.062021	赤池信息准则	-2.551642
残差平方和	0.080779	施瓦茨信息准则	-2.309700
似然函数对数	38.17134	F统计量	335.6772
D.W.统计量	2.089581	概率（F统计量）	0.000000

由表5—3可见，将土地投入面积M作为变量时，结果不理想，无法通过显著性检验。分析原因，笔者认为，由于历年甘肃省人均土地占有量变动性不大，可认为人均土地占有量M近似为常量。根据我国农业部科学技术与质量标准司发布的《我国农业科技进步贡献率测算方法》中的规定，将土地的产出弹性定为0.25。假设边际规模报酬不变，$\alpha+\beta+\gamma=1$，则有$\alpha+\beta=0.75$。

$$Y_t = A_0 e^{\lambda t} K_t^{\alpha} L_t^{0.75-\alpha} M_t^{0.25}$$

对上式两边取对数，则有：

$$\ln\left(\frac{Y_t}{L_t}\right) - 0.25\ln\left(\frac{M_t}{L_t}\right) = \ln A_0 + \alpha\ln\left(\frac{K_t}{L_t}\right) + \lambda t$$

令$Y = \ln\left(\frac{Y_t}{L_t}\right) - 0.25\ln\left(\frac{M_t}{L_t}\right)$，$K = \ln\left(\frac{K_t}{L_t}\right)$，$C = \ln A_0$，则上式可变

为下式：

$$Y = C + \alpha K + \lambda t \qquad \text{模型 5—2}$$

采用 EViews 3.1 软件，利用表 5—1 和表 5—2 的数据对上式进行普通最小二乘分析，得到结果如表 5—4 所示。

表 5—4　　　　模型 5—2 土地作为常量的估计结果

变量	回归系数	标准差	t 检验值	概率
C	3.408518	0.577824	5.898891	0.0000
K	0.539161	0.105804	5.095867	0.0000
t	0.023206	0.006876	3.375156	0.0025
R^2	0.971273	被解释变量均值		7.142085
调整后的 R^2	0.968879	被解释变量标准差		0.464072
回归方程的标准差	0.081867	赤池信息准则		-2.062993
残差平方和	0.160854	施瓦茨信息准则		-1.919011
似然函数对数	30.85040	F 统计量		405.7258
D.W. 统计量	0.830102	概率（F 统计量）		0.000000

根据回归分析结果，1985—2011 年甘肃省农村资本弹性系数 $\alpha = 0.54$，劳动力弹性系数 $\beta = 0.75 - 0.54 = 0.21$，土地投入弹性系数 $\gamma = 0.25$。

通过对甘肃省 1985—2011 年相关指标数据进行测量，相应计算出各年甘肃省科技进步增长率及投入产出要素贡献率，结果见表 5—5。同时，为了消除气候等因素对产出变动的影响，各投入指标均进行 2 年平滑处理。在计算过程中，农业总产值、资本投入均是以 1978 年为基期折算后的值。

表 5—5　　　1985—2011 年甘肃省农业投入产出要素和科技增长率及贡献率　　（单位：%）

年份	农业总产值增长率	资本投入增长率	劳动力投入增长率	土地投入增长率	科技进步率	科技进步贡献率	资本贡献率	劳动贡献率	土地贡献率
1985	—	—	—	—	—	—	—	—	—
1986	4.4798	4.3194	0.7090	0.1575	1.9591	43.7310	52.0660	3.3237	0.8792
1987	8.5911	8.1735	6.8013	1.2584	2.4345	28.3375	51.3754	16.6251	3.6620
1988	8.6379	10.7062	5.3984	0.9179	1.4934	17.2890	66.9299	13.1243	2.6567
1989	-0.7312	3.6679	1.4108	-0.0280	-3.0012	41.0431	-27.0871	40.5176	0.9569
1990	0.2777	-1.8361	3.3268	-1.2598	0.8856	31.8855	-35.7001	25.1547	-1.1340
1991	5.0074	-2.6640	1.0098	0.4820	6.1134	12.2087	-28.7286	4.2349	2.4064
1992	2.6821	-0.8495	0.9273	1.5519	2.5581	9.5377	-17.1028	7.2601	14.4653
1993	3.0188	6.3742	-2.5409	0.7085	-0.0668	-2.2136	114.0218	-17.6758	5.8677
1994	14.0900	16.5000	-1.2373	0.7173	5.2605	37.3348	63.2365	-1.8441	1.2728
1995	17.3121	21.8839	-0.4474	-2.4654	6.2051	35.8428	68.2602	-0.5427	-3.5602
1996	7.9526	18.4339	0.6742	0.9830	-2.3890	-30.0404	125.1700	1.7802	3.0902
1997	1.2271	2.0863	1.2054	4.0467	-1.1643	-9.4876	91.8069	20.6272	8.2442
1998	4.6822	4.9907	0.5440	0.7217	1.6925	36.1484	57.5580	2.4400	3.8536
1999	5.6633	5.8200	0.8774	-3.8084	3.2883	58.0634	55.4946	3.2537	-16.8117
2000	-0.3616	-3.2996	1.1163	-4.5524	2.3239	64.2733	49.2799	-6.4834	-3.1476
2001	3.7084	3.3427	-0.1004	-0.9683	2.1665	58.4218	48.6746	-0.5683	-6.5281
2002	5.7495	5.3118	5.9414	-0.3503	1.7210	29.9336	49.8885	21.7010	-1.5230
2003	6.5863	4.8566	3.0615	-0.2929	3.3940	51.5317	39.8188	9.7614	-1.1118
2004	12.4212	9.1183	0.3155	-0.0734	7.4494	59.9735	39.6410	0.5333	-0.1478
2005	12.3722	13.1212	-0.2358	0.3234	5.2554	42.4777	57.2692	-0.4003	0.6535
2006	7.3842	32.5858	-1.3659	0.5421	-10.0609	13.6249	23.8299	-3.8845	1.8354
2007	8.1875	25.4513	-1.2783	0.4080	-5.3898	65.8292	16.7862	-3.2787	1.2459
2008	9.8571	-9.7161	-1.8613	0.3919	15.3967	15.6199	53.2276	-3.9655	0.9939
2009	8.1116	-11.6350	0.2749	0.5205	14.2067	17.5140	77.4552	0.7116	1.6040
2010	12.0154	13.5871	0.4523	0.3739	4.4899	37.3678	61.0636	0.7905	0.7780
2011	11.3504	11.4676	-2.3878	0.2579	5.5949	49.2921	54.5576	-4.4177	0.5681

从表5—5数据可以看出:

第一,从弹性系数方面分析。资本弹性系数 $\alpha = 0.54$,劳动力弹性系数 $\beta = 0.21$,土地投入弹性系数 $\gamma = 0.25$。即资本投入、劳动力以及土地投入每增加1%,农业总产值将分别增加0.54%、0.21%、0.25%。这说明甘肃省农业产出的增长对资本投入的依赖性较大,提高农业综合生产能力,还必须增加资本投入。

第二,从资金、劳动、土地对农业总产出方面进行分析。从上面的测算结果可以看出,甘肃省在1986—2011年的农业经济总体上稳定增长,各投入要素对农业经济的贡献率由高到低依次是资本、科技、土地和劳动。农业总产出的增加,主要取决于资本投入和科技进步两个因素。2011年科技进步贡献率达到49.2921%,为"十二五"开了好头。甘肃省"十二五"农业发展规划表明,为了加快农业转型,"十二五"期间甘肃省将力争把农业科技进步贡献率由目前的49%提高到55%以上。

第三节 农业自主创新对现代农业发展的作用机制

发展现代农业需要高水平的农业科技支撑,现代农业实际上是科技农业,先进的科学技术在农业领域被广泛应用和普遍武装,农业生产、农产品和相关农业设施、设备都渗透着大量科技元素,科技对农业发展的贡献率越来越高,科技进步是维持农业发展的最重要杠杆。农业科技进步创造了新型农业,现代农业本质上是创新型农业,通过农业科技的不断创新促进农业的持续发展,创新能力强是现代农业鲜明的时代特征,也是我国农业发展急需的产业品质。强化创新意识,实施农业科技的创新突破,才能加快农业科技进步,给予现代农业发展最有力的支持。

一 农业自主创新对现代农业发展的重要意义

(一)农业自主创新是推动现代农业发展的原动力

现代农业是以现代科学技术和物质装备为支撑,运用现代经营形式和管理手段，贸工农紧密衔接、产加销融为一体的多功能、可持续发展的产业体系。建设现代农业就是用现代物质条件装备农业，用现代科学技术改造农业，用现代产业体系提升农业，用现代经营形式推进农业，用现代发展理念引领农业，用培养新型农民发展农业。因此，提高农业自主创新能力，对解决农业问题、推进现代农业建设具有极为重要的现实意义和深远的历史意义。农业自主创新，就是要创造、发明新技术、新产品，包括原始创新、集成创新、引进消化吸收再创新，尤其是具有重大突破的原始创新成果，对农业生产将产生历史性的、革命性的突破，对改变现有农业增长方式、发展现代农业、提升农业的经济效益和社会效益，具有重要意义。因此，现代农业建设必须依赖农业自主创新这驾马车，推动其走上快速发展的轨道。

党的十七大报告明确指出，"提高自主创新能力，建设创新型国家"是国家发展战略的核心，是提高综合国力的关键。2004年至2012年连续九年发布的中央一号文件，都是以"三农"问题为主要内容，重点提出农业科技创新问题。2004年的主要内容为"促进农民增收"，2005年为"加强农村基础设施建设，提高农业综合生产能力"，2006年、2007年都是以"积极发展现代农业、扎实推进新农村建设"为主，2008年为"加强农村基础建设"，2009年为"促进农业稳定发展"，2010年为"统筹城乡发展力"，2011年为"加快农田水利改革发展"，2012年重点为"积极推进农业科技创新"。这一系列的政策体系中，农业科技创新和现代农业的发展正处于核心位置。

党的十八大指出："实施创新驱动发展战略，把科技创新摆在国家发展全局的核心位置，推动科技和经济紧密结合，着力构建以企业为主体、市场为导向、产学研相结合的技术创新体系。"创新驱动就是强化自主创新，提高核心竞争力。农业科技创新，是转变农业发展方式、应对市场竞争、缓解资源压力、实现农业可持续发展的关键因素和主要动力，农业科技自主创新是推进现代农业发展的原动力。

（二）农业科技进步是现代农业发展的重要支撑

农业科技创新的实质，就是人们通过对农业生产体系中各要素的考察发现更优越的组合规律，并引入生产体系。农业科技创新的关键在于优化组合，任何一种事物的存在与发展都有自身的组合规律。科技创新就在于找到组合成该事物各要素的基本运动规律，根据各要素的规律与特性，以一种新的、更科学的方式进行组合，使其事物发生变化，致使该事物克服原有状态的弱点，转变成一种新型的更优越的状态，这一转变过程就是创新过程（李华东，2008）。现代农业的发展首先表现为一个农业技术持续进步的过程。从农业科技发展的角度看，现代农业伴随着科学技术的发展而发展，并随着现代农业科学技术的创新与突破而不断产生新的飞跃。19世纪30年代，细胞学说的提出，使农业科学实验进入了细胞水平，突破了传统农业单纯依赖人们经验与直观描述的阶段。40年代，植物矿物质营养学说的创立，有力推动了化肥的广泛应用与化肥工业的蓬勃发展。50年代，生物进化论的问世，揭示了生物遗传变异、选择的规律，奠定了生物遗传学与育种学的理论基础。20世纪前半期，杂交优势理论的应用及动物人工授精等技术的突破，使种植业、畜牧业和渔业增产十分明显。二战期间，滴滴涕等杀虫剂的研制与生产有力地促进了农药的应用与农药工业的发展（黄祖辉、林坚、张冬平等，2003）。此后，随着现代科学技术的迅速发展，特别是生物技术和信息技术在农业中的广泛应用，不仅大大拓宽了农业科研领域，提高了农业科研水平，加快了农业科技传播速度，而且创建了更新的农业发展形态，如"精准农业"、"基因农业"和"计算机集成自适应生产"等模式（柳建平，2008）。

从农业技术装备发展的角度看，其特点是以工业化带动农业技术装备的现代化。如随着钢铁、机械、化工、能源和计算机集成等现代工业的不断发展，促进了高效农机具、化肥、农药以及农业信息技术的普遍应用，使以机械动力替代人畜力、以化肥替代农家肥、以信息技术控制替代人工操作等都有了前所未有的发展，成为加速传统农业改造和大幅度提高农业生产力水平的关键因素。

农业科技进步是现代农业发展的重要支撑，我国农业发展滞后与农业科技进步和创新不足有着直接关系。现代农业是科技密集型农业，其高产、优质、高效、生态、安全的要求，对农业科技进步和发展提出了更高要求。农业科技创新是针对农业领域内客观存在的未知事物，通过农业科学家的工作发现新的未知事物和新的科学方法。即通过对农业生产要素的开拓与重组，提高农业生产力水平，主要表现为研发新技术、新的投入品，改进农产品的品质，更新农产品，提高产量，等等。世界农业发展史上每一项农业技术的重大突破应用，都对农业生产产生了重大影响。以主要生产要素、科技含量和生产技术水平的不断提高为标志，农业科技创新对农业生产起到了举足轻重的作用，推动了现代农业的不断发展。

（三）农业科技创新在现代农业发展中发挥重要作用

改革开放以来，我国农业科技自主创新能力不断提高，在新品种培育、农产品高效生产、农业病虫害防治、区域综合治理等领域不断取得新突破，杂交水稻、超级稻、矮败小麦、杂交玉米、转基因抗虫棉、"双低"油菜、马传贫弱毒疫苗、禽流感和口蹄疫基因工程疫苗等一批重要科技成果，以及作物分子育种技术、杂种优势利用技术、动植物重大疫病防治技术等一批关键、核心技术达到国际领先或先进水平，我国主要农作物良种实现了5—6次更新换代，良种覆盖率达到95%以上。2014年农作物耕种收综合机械化程度突破60%，农业科技进步贡献率达到56%；农业产业结构不断调整，畜牧业、特色农业以及农业服务业在农业产值中的比例不断提高；农村经济结构不断优化，农业集约化发展和现代化建设水平不断提升，城乡经济社会一体化新格局正在形成。实践证明，农业科技自主创新能力已经成为支撑和引领现代农业发展的决定性力量。

1. 重大科技创新对种植业的推动作用

农业科技创新形成生产力，对生产的影响主要体现于物化形式之中。（1）优良品种对作物产量的提高是革命性的。如水稻矮秆品种、杂交水稻、超级稻连续使水稻产量实现三次飞跃；抗病育种有效控制了作物病虫害造成的损失，大幅度提高单产。（2）新肥料增产效果明显。（3）灌溉技术发展提高了农业用水的效率。采用地埋塑料管线输水比传统土渠可节水43%；滴、喷灌比大水漫灌可节水50%。（4）农药的使用保障了丰产丰收。（5）技术创新提高了生产效益。

2. 重大科技创新对畜牧业的推动作用

科技创新促进了畜禽良种覆盖率的提升，出栏率大幅度提高，畜禽死亡率下降。科技进步使目前畜禽产品头（只）均产出量提高，饲料技术显著提高了畜禽生产能力，畜禽疫病防治有效保障了畜牧业的发展，品种改良促进了产业升级，配套饲养技术提高了生产效益。

3. 科技创新对生产方式和生产布局变革的推动作用

推广先进技术打破了传统生产方式和生产布局对农业以及养殖业的限制，一些因为气候、温度原因不能种植（养殖）的作物（畜禽），通过新的种植技术（养殖方式）得到跨地区的推广，生产能力得到最大幅度的扩展。地膜的应用改变了种植模式。地膜覆盖使土壤增温明显，弥补了北方早春、晚秋及冬季的温度低、积温不足，使作物适宜耕作区纬度向北推移，向高海拔推进，改善了种植结构。

二 科技进步促进农业经济增长的作用机理

科技进步与农业经济增长的关系，首先表现在经济发展本质上要求科学技术不断提供新技术成果，反过来又会进一步深化科学技术的持续性发展和创新。另外，科技成果的实际应用和广泛实施，是经济增长的一个原动力。农业科技进步作为影响农业经济增长的一个重要因素，能直接或间接地使劳动过程发生变化来促进农业经济的增长。

科技进步对农业经济增长的影响概括为三个方面：提高生产技术、提高劳动者的素质、提高管理决策服务水平。在影响农业经济增长的因素中，剔除了由于增加资金和增加劳动力引起的增长量以后的剩余部分即为科技进步因素。生产要素效率获得提高是科技进步对农业经济增长起促进作用的重要表现。

（一）科技进步是通过渗透原理来促进农业经济增长

科技进步在农业经济增长过程中，通过对劳动者、生产资料、劳动对象等生产要素发生渗透和要素催化作用。决定农村经济、社会发展的基本力量是农村生产力的发展，科技进步已成为农村生产力发展中最有决定意义的因素之一。首先,用科学技术知识武装劳动者,有效提高他们的农业生产经验、劳动技能和综合素质;其次,科技进步对生产工具不断创造和改进,对自然规律认识的深度与广度进行拓展;再次,科技进步对新劳动对象逐步扩大和发展,对尚未开发的自然资源进行广泛的发掘和利用,丰富生产力的物质内涵;最后,科技进步大幅度提升了生产力要素的组合功能,形成和构建高级全新农业生产力系统。由此可知,现代农业生产力的每个生产要素在很大程度上是物化了科学技术,各种生产要素的变化,正是社会生产要素宏观比例变化即农业结构变化的重要基础。

没有科技进步,要增加产量只能单纯地靠增加劳动力和生产资料的投入量,不发展生产力,农业经济将不会有高速的增长。依靠科技进步,可以在不增加劳动力和生产资料的情况下,通过提高劳动力和生产资料效率使农业效益得到提高。科技进步推进农村生产力的不断进步对农村经济社会产生了重要影响。科技进步成为农村生产力发展的内在动因。

(二)科技进步是推动农业经济增长的决定性因素

科技进步是促进农业经济增长的关键。在农业经济发展过程中,科学技术的创新和进步发挥了无与伦比的巨大推动作用,而且随着时代的发展进步,技术进步对农业经济增长的贡献作用越来越显著,农业生产的发展程度越高,对科技进步的需求和依赖也就越强烈。随着科技的不断进步,农业生产资源得到优化配置,生产要素的利用率和产出率不断提高。

进入20世纪以后,耕地投入对农业经济增长的促进作用已经远低于农业科技发展和农业现代化;农业物质投入要素在农业经济增长中起着越来越重要的作用;就目前的测算结果而言,科技进步对农业经济增长的贡献率排第二位,仅次于农业物质投入,这说明科技进步已经成为农业经济发展的主要动因。传统的以劳动力、土地等传统投入增加来促进农业经济发展的手段已经不适应新形势下农业经济发展的需求,应该将促进农业经济增长的视角集中到以农业科技成果开发、应用与推广方面。

(三)科学技术成果的供给与需求,促使农业经济增长

科技成果成为市场领域中流通的商品以后,通过在买卖双方之

间的流动实现供求运动规律，在明确买卖双方供求关系的前提下，通过协调和适当地处理供求双方的合法权益可以提高供求双方的积极性，加速科技进步进程。生产力水平的进步，要求科技研究不断产生关于技术进步和经济发展的崭新课题，要求崭新的科技成果投入到市场中，形成良好的技术成果流通。

以信息化流通的方式，如互联网、电子商务、传统传媒等作为流通媒介，疏通供求之间的信息阻塞，实现农产品产销平衡。高速、高效、低成本的特征使得技术成果寻找客户以及农业从业人员寻求农科成果的效率获得了极大的提高。

科技进步在不同的发展阶段将影响市场的变化，当科技发展起到支配性作用时产生卖方市场，此时供给决定需求的物质对象和满足水平，卖方天然处于有利地位。反之，科技进步程度不适应市场需求、经济管理水平偏低、买方资金困难以及农业从业者素质偏低，导致出现农科成果供应过于需求时，技术市场出现萧条，此时，需求成为供求的主要矛盾支配技术市场的发展程度，也就是所说的买方市场。在这种情况下，买方可以在一定程度上支配市场需求，也就间接支配供给方。如发明创造新的耕作栽培技术、动物饲养技术和各种先进的生产资料投入，利用农业服务体系，甚至可以通过重新评价定义市场农科技术需求开发新的技术产品促进农业经济发展，起到需求拉动的作用。以上科学技术成果供求关系，反映了双方支配矛盾的辩证发展，促进了科技进步，从而促使农业经济增长。

（四）科学技术成果转化推动农业经济的发展

科学技术的有效转化对农业生产力的提高有着至关重要的作用。对于技术成果转化速度和最终成效而言，实力和动力两大作用力是最主要的影响因素。其中，实力可以解释为硬能力，即科学研究、生产和推广相关技术及应用于其中的人力、物力及财力，以及经济管理科学理论的运用等。实力可以精确度量，实力的正确使用和投入才能获得良好的成果。而动力则可以解释为软能力，动力直接促使科研成果推广应用，促进科研人员工作积极性，是实力充分发挥的保证，贯穿于科技转化整个过程，对技术成果转化有不可忽视的决定性作用。

"强制推动"和"市场引力"是推动农业科技成果转化的两大动力。强制推动是通过政府部门的组织和管理，有计划的政策性科技成果推广，带有强制性，作用域集中在农业经济的基础性、远期性和公益性研发；市场引力是通过科技市场的开拓，使科技成果通过市场途径完全进入生产领域，是一种百分之百以经济利益为前提的纯自发性的引力，作用范围大，影响领域宽广。科技成果转化效率的提升一方面需要政府用对应的方针政策进行指导推广，提高力度；另一方面又需要强调农产品市场的主导地位，增强市场需求推广应用的吸力。

三 科技进步促进现代农业发展机理分析

农业现代化是我国农业发展进入新阶段的必然选择，从根本上看，决定区域现代农业发展的原动力在于农业的科技进步。本部分探讨科技进步促进区域现代农业发展的作用机理，即研究科技进步是如何促进区域现代农业发展的。

（一）创新理论方向的机理分析

创新理论是由经济学家熊彼特提出的，他认为，创新是经济发展的根本原因。所谓的"创新"，就是"建立一种新的生产函数，把一种从来没有的关于生产要素和生产条件的新组合引入生产体系"。具体包括：产品创新、工艺创新或生产技术创新、市场创新、材料创新和组织管理创新。

科技进步促进现代农业发展，从创新理论来讲，主要是通过渗透机理来实现的。首先，依靠技术进步，可以加强农产品新品种引进培育，提高农产品的自主开发能力，发展科技含量和附加值高的特色农产品，提高农业的综合效益和市场竞争力。其次，通过技术进步，改进农业的生产技术和生产组织方式，通过渗透到劳动资料、劳动对象、劳动力等要素中发生作用，提高生产要素的质量，优化其配置方式和配合比例，从而影响产业的投入产出状况以及生产要素的配置和转换效率，带动生产要素的流动，进而推动农业产业变革。例如，良种繁殖技术、模式化栽培、工厂化养殖、病虫害防治、化肥使用、高科技应用等方面的进步都有效地提高了土地单产水平和产品总供给能力，有效地促进了区域现代农业的发展。再次，依靠科技进步，可有效地改善生产的物质技术基础、扩大劳动对象范围、开拓农产品市场、提高劳动者素质和管理水平，从而降低农业的生产成本，推动农业向高级化和现代化发展。

由此可见，技术进步不仅直接推动和影响现代农业发展，而且从新产品、新技术、新市场、新生产要素、新生产组织方式等方面均可推动和影响区域现代农业发展和升级。

(二) 以经济理论为基础的机理分析

现实中科技进步对现代农业发展的作用是混合的、交融的，直接和间接并存，且相互推动。从经济理论角度来看，科技进步促进区域现代农业发展的作用机理可概括为以下几条路径。

第一，科技进步能实现规模经济。农业科学技术的进步，特别是现代化劳动手段的应用，能促使生产单位的经营规模扩大，引起平均成本的降低，取得规模效益。例如，技术的突飞猛进，可导致农业生产的高度社会化，温室技术、工厂化技术、基因技术引入农业领域，使农业的社会化程度越来越高，从而导致农业的规模经济，有效地促进农业的现代化和产业化。

第二，科技进步转变了农业的增长方式。科技创新使我国农业的增长方式由粗放经营转向集约经营，从根本上改变农业资源配置的机制、结构和效率，实现农业资源的合理开发利用，变资源的粗放经营为技术和资本密集的集约经营，不断提高农业的科技含量。

第三，科技进步有效地促进了农业结构的调整。农业技术进步对农业结构变动的影响主要通过两种方式进行：一方面通过形成新的产业、改造传统产业、产业结构优化（合理化、高级化）等直接影响农业结构；另一方面通过刺激需求结构改变劳动力就业结构、消费结构、区域结构和改变贸易格局等间接促进结构变动。

第四，科技进步有效地提高农业经济效益。一方面，农业科技进步能提高农业的集约边际，在技术既定的条件下，对单位土地面积的投入水平有一个最高限度，超过这一限度就会出现土地报酬递减,经济学上把这个投入的最高限度称为集约边际。集约边际不是固定不变的,随着农业科学技术的进步,农业的集约边际会不断提高,从而获得更大的经济效益。

(三) 基于可持续发展理论的机理分析

传统的粗放型农业增长方式有两个致命的弱点:其一是对资源的消耗过大;其二是环境污染严重,化学农药、肥料、塑料等无节制发展和使用,对农业生产条件与农民生存环境的危害越来越重。因此,应及时调整技术路线,转变生产方式,重点发展生态、高产、优质、高效农业,这就需要依靠现代农业科技,建立以节水、节地、节能为中心的集约化生产体系,改变过去不合理的产业结构和资源利用方式,依靠现代农业科技把资源节约、生态高效的相关技术应用到生产、流通、消费等各个领域,依靠现代科技来发展教育和提高劳动者素质,提高经济增长的质量和效益,从而实现现代农业的生态持续与社会持续发展。

农业可持续发展理论是从农业自身的角度出发,强调保护农业生态环境的重要性。现代农业可持续发展理论的根本目的之一就是要通过科技进步谋求农业新的发展模式和新的经营管理理念,促进农业的高级化和现代化,实现农业的可持续发展和保护农业生态系统平衡。依靠科技进步,能够保护和改善区域现代农业发展的生态环境,防治污染,维护生态平衡,提高农产品的安全性,实现区域现代农业的可持续发展,把环境建设同经济发展紧密结合起来,提高生态环境系统的稳定性和持续性,增强区域农业的发展后劲。

(四) 基于系统理论的机理分析

农业系统理论指自然再生产过程、社会发展过程、经济再生产过程相互结合、相互影响的复合过程系统(即生态—社会—经济的复合系统)。农业系统理论强调发挥农业生态系统的整体功能。农业系统理论认为,整个农业生态系统是一个物质循环、能量流动和信息传递系统。通过农业技术创新和组织方式变革,调整和优化农业生态系统内部结构及产业结构,提高农业系统物质能量的各级循环利用,最大限度地利用农业资源,利用生产中每一个物质环节,倡导绿色生产和节约消费，严格控制外部有害物质的投入和农业废弃物的产生，最大限度地减少环境污染和生态破坏。

依靠科技进步，可以充分应用高科技手段，集节约能源、保护与改善农业生态环境、发展农业经济于一体，全面规划、调整和优化农业结构，使其综合发展，并使农、林、牧、副、渔各业之间互相支持，相得益彰，提高区域现代农业的综合生产能力。

第四节 农业自主创新推动现代农业发展的途径

现代农业是科技化农业，主要依靠科学基础上的实验技术创新来提升农业技术水平，依靠技术培训和技术推广来提高农业劳动者的技术素质和生产技能。发展现代农业的关键在于加快农业科技创新。必须紧紧围绕粮食等主要农产品有效供给、农民持续增收和农业可持续发展的重大科技需求，以促进农业发展方式转变为主线，优化农业生产技术结构，提升农业科技服务水平，提高农业科技管理效能，加快构建新型农业科技创新体系，不断增强农业科技对现代农业的支撑、推动和引领能力。

科技是推动现代农业发展的关键要素，先进的科技不断从潜在生产力转化为现实生产力，成为推动现代农业发展的强大动力，因此，必须高度重视农业科技创新对推动现代农业发展的重要作用。科技创新推动现代农业发展主要表现在以生物技术、信息技术等为代表的现代科技逐步应用和渗透到农业种质资源、动植物育种、作物栽培、畜禽饲养、土壤肥料、植物保护等各个领域，使现代农业生产的深度和广度不断拓展，从而大幅提高农业生产力，促进农民的增收致富。加强农业科技创新需要从政府的公共投入、科技创新立法、培养造就人才队伍、加强农业科技基础条件建设及管理创新等方面入手，坚定发展方向、探究发展规律，保持农业科技创新发展的连续性。同时，还应积极重视农业科技创新建设的长期性，针对当前现代农业的发展方向，顺应国内外现代农业发展的总体趋势，注重与地方特色产业发展结合，保持创新研究的可持续性，为现代农业发展提供不竭动力。

一 构建现代农业科技持续创新机制

(一) 加快发展现代农业高新技术

首先,重点强化生物育种技术、微生物工程技术、转基因技术、胚胎工程技术和克隆技术等农业生物技术的研究与开发。其次,重点加强农业数据库和农业信息网络体系建设,研究开发农业专家决策支持系统、生态和生物系统建模、仪器设备的自动化控制软件等农业信息应用软件,突破农业资源精准监测、数字农作物、数字动物、农作物生产智能作业、智能化动物精细养殖、精确施肥/施药、农业环境数字模拟、农业遥感、农田生态系统监测、农业生产数字化管理与信息服务等关键技术及产品,构建数字农业技术和应用体系,大幅度提高农业生产经营管理效率和效益。最后,重点发展紧密贴近作物营养需求,农机农艺相结合以及高效、多元、无公害的精准施肥、施药技术,耕、种、收机械化技术,灌溉工程技术,工厂化种植和养殖技术等,使甘肃农业工程技术研究开发跟上时代步伐。

(二) 大力突破农产品安全生产技术

首先,在继续不断推进超级稻研究的基础上,进一步推进超高产小麦、超高产玉米等农作物新品种的选育,在农作物超高产新品种的选育上取得新的重大突破,确保我国人口不断增长条件下的粮食安全。其次,加强动植物种质资源的筛选、保护和创新利用,特别是在利用基因工程技术育种方面应取得突破;大力推进育、繁、推一体化和种子加工标准化,加速良种产业化进程,在动植物良种繁育技术方面取得突破。再次,加强规模化、集约化养殖所需的现代化养殖设施、环境净化设施的研究,研制更加有效的生物农药、生物肥料,大力发展规模化、集约化、可持续发展的现代化养殖业,加速畜牧业由食粮畜禽为主向草食畜禽为主的结构转变。复次,重点研发转基因食品的检测技术、主要农产品污染检测技术、土壤农药残留及重金属污染等监测与控制技术和农产品质量检测仪器设备的制造技术等,在农产品质量检测与控制和食物安全性评价等技术方面有较大突破。最后,重点加强农业生产技术的标准化操作规程的研究和制定，加强农业产前、产后加工、服务体系标准的研究和制定，加强与国际市场接轨的农业生产资料、农产品以及农产品加工品质量标准的研究和制定，在农业标准化生产技术方面有重大突破。

（三）继续强化农业资源高效型和环境友好型关键技术创新

首先，创新突破一批农业资源合理利用与保护技术。重点加强动植物物种资源的有效保护技术、农业资源调查与监测技术、水资源高效利用与保护技术、水污染防治技术、土地整治与合理利用技术、土壤培肥与精确施肥技术、可再生能源的开发和综合利用、生物质能的开发利用、农业废弃物处理与利用技术等，重点研究旱作节水农业精细栽培与灌溉技术，研究建立适合不同生态类型区域，以培育和利用抗旱节水品种为基础，工程节水、农艺节水、管理节水相结合，节水、保水、蓄水技术相配套的综合技术体系。其次，创新突破一批保障国家农业生物安全方面的技术。主要包括外来入侵生物的预防与控制、农业转基因生物的安全评价与监测等；重点加强病虫害的生物控制技术及其主要病虫害的区域监测预报及综合控制技术等方面的研究；研究集约化饲养场疫病综合防治技术以及兽医疑难病和新出现疫病的诊断和治疗方法；研制生物饲料、生物（有机）肥料、生物（有机）农药、高效低毒低残留农药等无公害农业投入品等。最后，创新突破一批生态环境保护与农业防灾减灾技术。重点开展农业生态多样性保护技术、农业生态修复技术以及种养殖清洁环境再造技术等研究，气候变化背景下热害、冷害、干旱等气象灾害和动植物疫病防控技术等研究，开发预警监测、检验检测及防控技术，突破应对农业灾害关键技术。

（四）积极发展农业功能拓展技术

农产品不仅是粮食作物，也是饲料、食品、化工、能源等基础原料。一是创新突破一批农副产品贮运、保鲜和精深加工技术。加快研究开发适合我国国情的从农产品保鲜贮藏特别是产地贮藏、保鲜运输到货架销售的一系列冷链技术与装备。重点加强粮、棉、油、果、菜、茶、畜禽、水产等大宗农产品精深加工技术，以及工业用农产品高效生产技术等的研究开发。二是创新突破一批农业生物质综合利用技术。揭示生物质构成与利用的科学基础，加大各类生物质的综合利用与开发，重点开展农作物秸秆还田、农业废弃资源综合利用技术和可降解农用生物质新材料、新型酶制剂产品创制技术研究；挖掘能源植物资源，培育能源专用新品种，研究开发生物质转化沼气、柴油、生物乙醇等能源技术及工艺，为生物质能源开发提供技术储备，实现生物质资源的高效综合利用。

二 构建现代农业科技成果转化与科技服务机制

（一）建立和完善现代农业科技推广服务体系

建立起以国家农业技术推广机构为主导，农村合作经济组织为补充，农业科研、教育等单位和涉农企业广泛参与、分工协作、服务到位、充满活力的多元化新型基层农业科技推广服务体系，加大农业科技推广人才队伍建设，加大对基层农业科技推广人员的培训，促进其知识更新，提高科技服务能力，以适应新时期新农村建设的需要和现代农业发展的要求，更好地服务于现代农业生产的技术需求。科技服务主要是以农业主导产业的科技型龙头企业、外向型龙头企业、规模以上乡镇企业和农村科技型中小企业、农业产业化龙头企业为主要对象，支持建立科技创新中心，通过提高农业龙头企业和农村科技型企业科技创新能力和服务农民的能力，推进农业产业化和农村新型工业化进程。科技服务开展的活动方式主要是科研和推广相结合，根据不同群体的需求和接受能力不同而采用不同的手段提供针对性的农业科技服务以达到最好的农业科技服务效果。

（二）加大对科技成果吸纳主体的培训，提高农业科技成果的有效需求

要建立现代农业生产科技培训体系，采用多形式、多渠道、灵活多样的培训方式和方法，加大对现代农业生产主体——农民、粮食大户、粮食生产企业等的科技培训，将增产增收效果好的科技成果和技术，配套集成为易学易懂的简单傻瓜式技术，提高从业主体对农业科技成果的吸纳能力和采用农业科技成果的积极性。

（三）建立产学研紧密结合的现代农业科技成果转化新机制

打破部门、区域、单位和学科界限，大力推进农科教结合、产

学研协作，强化科研上、中、下游的上下贯通，强化中央与地方科研团队的纵向协作，强化科研院所、大学、其他部门涉农科研力量的横向联系，逐步形成从源头到应用的完整的产业技术创新与服务体系，构建起"任务来源于生产，成果在生产中完成，效果受生产检验，人才在实践中成长"的科技服务生产新机制。此外，还可以进行项目联合，即科研机构与龙头企业共同申报农业科技项目、共同实施、共享科研成果的方式，让科研成果更快地运用到农业产业中去。如一些农业科技研究计划和推广计划支撑体系相关的农业科技攻关计划、星火计划、科技扶贫计划、农业综合开发及其他科技计划项目，重点解决农业科技领域中的关键技术，促进农业技术综合集成应用及科技成果转化与推广。通过这些项目的实施，一方面培育了一批区域性支柱产业及龙头企业，另一方面也让科研成果更快地应用于农业产业化经营。

（四）建立现代农业科技成果转化示范基地

结合国家现代农业发展规划等的实施，发挥国家农业科研体系和农业技术推广服务体系作用，分区域、分层次、有重点、有目标地进行现代农业生产主推技术的示范，重点抓好"三区"（即核心区、示范区、辐射区）成果中试基地、技术示范基地和现代科技示范园建设，加快农业科技成果的转化速度和效率。园区辐射即通过建设设备条件先进、研发能力强、具有高水平农业科研特色的农业科技园区，来达到培育龙头企业和促进科技进步更快为龙头企业服务的效果。

（五）成果推进

成果推进即通过农业科研成果的产业化，加快农业龙头企业采用科研成果的速度，提升整个产业的科技水平。目前，有两种常用的途径：（1）技术"开发—转让"途径。对技术成熟度较高、市场需求量大、适应面广的农业科技成果通过技术转让实现产业化。农业龙头企业有偿吸收高新技术成果，从而加快技术工艺、设备和产品的更新换代，促进产业结构的调整优化，实现农业高新技术的产业化。但该模式对技术的适用性、可操作性要求较高。（2）"科研成果入股"途径。科研院所与自然人（法人）共同组建股份制科技企业，科研院所以技术成果折价入股。科研人员直接参与公司经营管理，主要负责技术开发、科技示范工作。这种模式既有企业的市场灵活性，又有科研院所强大的技术支撑，适应性较广。

（六）构建农业科技信息共享平台

发挥成果转化中介机构、农村经济合作组织等的作用，整合现有网络资源，加强农业信息网、农业数据库、农业应用软件的开发与建设，建立一套专门针对现代农业科技信息服务体系的支撑平台，为农业科技成果的信息发布、成果完成单位与需求应用单位的对接提供服务，为农民提供即时技术信息和咨询服务，畅通信息传播渠道。

三 构建现代农业科技政策扶持机制

（一）建立现代农业科技发展的稳定投入机制

建立国家现代农业科技创新专项资金，加大对农业新品种培育、农业生产技术、生产管理系统研究、推广的资金投入，保障现代农业科技的可持续发展。政府加大公共财政支持力度，建立长效稳定的资金投入机制。基于农产品公共性的特征，政府在农业科技的发展进程中必须坚持主导地位，加大财政支出力度。财政农业科技投入增幅明显高于财政经常性收入增幅，逐步提高农业科研投入占农业增加值的比重，建立稳定的长效投入机制是促进农业科技可持续发展的有效路径。运用财政补贴的政策工具，坚持在农业科技发展中增加经常性投入，以保障投入的稳定性和持续性。另外，根据实际情况，向主产区、种植大户提供大量的资金支持的同时，也保证农村合作社资金的充足。此外，建立完善的农业科技发展基金。农业科技创新具有高成本、高风险的特征，不仅面临着技术风险、自然风险及市场风险，自然环境限制和地区差异也增加了农业科技创新的成本。必须建立一个稳定的投入机制，保障农业发展的持续性。最后，建立合理的激励机制，对在农业科技创新体系中做出贡献的人员及机构给予奖励。必须明确的是，农业科技创新需要的资金仅靠国家财政支出的不断投入具有一定程度的局限性，需要构建一个多渠道的资金投入机制，广泛吸收社会资本介入，采取财政贴息、信用担保、投资参股的方式，建立起一个以政府为主、社会机构与农民为辅的农业投资支撑体系。

（二）建立现代农业科技转化应用评价与激励机制

支持和鼓励现代农业高新技术的应用，对生产示范积极性高、成效显著的转化组织、个人要给予奖励或表扬，提高种粮农民科技应用的积极性。建立和完善符合农业产业和农业科技发展要求的科技评价指标体系，对不同类型科研机构、科技项目、科技人员实施分类考核和分类评价，重视发挥科技信用评价制度的激励约束功能。完善农业科研人员和农技推广人员的职称评定机制，改进农作物种业科研成果评价方式，形成有利于加强基础性、公益性研究和解决生产实际问题的评价体系。创新农业科研激励机制，健全合理的利益分配机制，调动科研人员积极性。

（三）建立内外有别的知识产权保护与利益共享机制

在完善新品种保护机制的基础上，对现代农业示范区科技成果的应用，采取使用权国家补偿、利益共享等方式，推动已有成果的转化和应用。

（四）对现代农业科技产业化发展实行财税优惠政策

进一步实行政策倾斜，加大对现代农业科技产业化发展的财政支持，特别是对科技产业化实行免或减税等政策，加大对现代农业生产的支持和保护。

四　造就发展现代农业的人才队伍

建设现代农业，必须造就一支结构优化、素质优良、技术精湛、富有创新能力的农村科技人才队伍；必须培养有文化、懂技术、会经营的新型农民，造就一支建设现代农业的人才队伍；必须大力发挥农业科技人才和农村人力资源的优势，大幅度增加开发人力资源的投资，采用各种培训机制和措施，全面优化农业科技人才和提高劳动者素质，为加快发展现代农业提供强大的人才智力支持。

（一）优化农业科技人才和培育现代农业经营主体

按照稳步增加数量、全面提高质量、着力优化机构、建立健全机制的原则，营造适合各类农业科技人才成长和发挥作用的良好培训环境，努力造就一支结构优化、素质优良、富有创新能力的农村科技人才队伍。要把培养现代农业科技人才作为农村科技人才队伍建设的一个重点，以提高农民自主创新能力为目标，以培训平台建设为基础，综合运用现场培训、远程培训等多种方式，培养一批具有高素质、高技能的现代农业科技人才，一批具有高素质、高农业技艺的现代农业劳动者。普遍开展农业生产技能培训，扩大新型农民科技培训工程和科普惠农兴村计划规模，组织实施新农村实用人才培训工程，努力把广大农户培育成有较强市场意识、有较高生产技能、有一定管理能力的现代农业经营者。积极培育和发展种养专业大户、农民专业合作组织、龙头企业和集体经济组织等各类适应现代农业发展要求的、具有现代农技手段的经营主体。大力支持工商企业、大专院校和中等职业学校毕业生、乡土人才创办现代农业企业。

（二）建设高素质的农村科技服务人员队伍

以提高农民的现代市场开拓能力为目标，以农村数字信息员、基层农技推广人、农村科技中介机构从业人员、农产品经纪人等为重点，开展和搞好农村科技"二传手"的培训工作，不断提高农村科技服务人员的素质和技术水平，建设一支高素质的农村科技服务人员队伍。

（三）加强农民和基层农技人员的培训和再教育，不断壮大农村科技队伍

农业技术人员是推动现代农业发展、加速农业科技成果转化的重要力量。但是，现有基层农技人员工作条件差、待遇低、活动经费少，影响了农业科技工作者的积极性和队伍的稳定性。大多数农技人员长期在本地工作，缺少交流和学习的机会，出现了专业技术与本地产业不对称、知识结构老化和断档等现象，不利于现代农业发展和转型升级。因此，各级政府要增加专项经费，解决农民和基层农技人员的培训和再教育问题。根据本地农业农村经济结构调整和市场对劳动力的技能需求，不断增强农村教育培训的实用性和针对性，着力提高农民对科技成果的吸纳能力和从事农业生产的基本技能，重点培养一批农技推广人员和以初高中毕业生为主体的农村劳动力，不断壮大乡村科技人员和农村实用人才队伍。

第六章

现代农业发展的载体：农业科技园区

当前，随着世界新技术革命的迅速发展，以高新技术为中心的科技革命正迅速地推动社会经济的发展。农业这个传统产业正面临着新技术革命的挑战，逐渐由过去的"资源依存型"向"科技依存型"转变。农业科技园区是农业和科技结合的产物，在一定的地域范围内，以当地的自然资源、社会资源为基础，通过现代技术的高度集成和资金的密集投入，以农业生产、科技、教育技术推广单位为依托，充分发挥农业科技进步的优势，利用各种资源，合理配置生产要素，代表了农业经济发展的新方向，促进了农业增长方式的根本性改变，增强了农业科技创新能力，大幅度提高了土地产出率、资源利用率和劳动生产率。

第一节 甘肃农业科技园区发展现状

2000年至今，由科技部主持评选的五批合计117个国家级农业科技园区中，甘肃省申报成功的有第一批的定西市农业科技园区、第三批的天水市农业科技园区以及第五批的武威市农业科技园区三家，同时建立以张掖、肃州、清河、敬业为代表的多处由地方政府投资兴建、围绕当地农业生产和农村经济发展的省级农业科技园。经过建园多年的探索与发展，甘肃的农业科技园区从一味模仿到强调区域特色，从外向引入到自主创新，从单一功能到综合系统，在带动农业增效和农民增收、拓展农业功能等方面发挥较为明显的作用，园区示范效应初显。

一 定西农业科技园区

定西农业科技园区基本建设粗具规模，园区围绕马铃薯、中药材、畜牧、食用菌和花卉等特色产业开发，建立了集雨节灌水窖的旱作农业发展模式，试验、示范、推广了一批先进实用的旱作农业高新技术，现已建成甘肃定西国家农业科技园区，一个核心园区和临洮花卉科技园、陇西中药材加工园、岷县中药材示范园三个专业科技园，同时基本建成优质专用马铃薯脱毒种薯生产、中药材 GAP 规范化种植、球根花卉新品种引进开发、珍稀食用菌新品种引进开发、优质牧草新品种引进与产业化开发五个产业化示范基地，成为全国最大的马铃薯脱毒薯种繁育基地。同时，园区利用国家退耕还林的契机，大力种植紫花苜蓿等牧草，引入荷斯坦奶牛、肉羊、彩色獭兔等一批草食畜品种，并通过良种扩繁和杂交改良，优化了养殖品种结构，带动了定西地区畜牧业的发展。

二 天水国家农业科技园区

天水国家农业科技园区主要以航天育种、食用菌、奶牛培育、盆花栽培、有机生态型无土栽培等30多项适用新技术，并首创沙培法培育番茄树的栽培技术，达到国内一流水平，形成了以航天种业、果品、蔬菜、畜牧、农产品加工五个特色产业。该园区的发展模式是农科企业研发农产品和"公司+基地+农户"的产业化经营，使技术成果推广应用范围不断扩大，产业化辐射带动效益强。园区具有较强的技术组装集成能力，有比较完善的技术推广体系，以中国科学院、中国农业大学、西北农林科技大学、甘肃省农科院、杨陵农业高新技术产业示范区等科研院校为技术依托单位，聘请多位国内外知名农业科技专家为技术顾问，定期不定期地到园区进行技术指导和培训，把最新的技术、成果引入园区；与中国科学院遗传与发育生物学研究所、中国空间技术研究院合作建立的中国西部唯一的航天育种基地；航天（太空）葫芦长廊；科普长廊；瓜果长廊；产品、音像展厅；国内一流、首创沙培番茄树；周年生产的连栋温室有机生态型无土栽培番茄、彩椒等蔬菜；在西北地区居技术领先地位一年三茬（次）生产的西甜瓜规模生产，为全国之最的仙客来花卉；极具科研、科普教育、观赏价值的无土栽培黄瓜树、茄子树、番茄树等蔬菜树；一年四季工厂化生产的竹芋、红掌、宝莲灯、石斛兰等名优花卉。

三 武威农业科技园区

武威农业科技园区总投资29.6亿元，其中新增投资5.3亿元。核心区由位于凉州区清源镇的武威重离子辐照作物育种示范基地和以黄羊工业园区为核心的区域组成。到2012年，园区已形成了葡萄酒、设施农牧、特色林果、农产品加工和信息物流产业等五大产业。建成酿造葡萄种植基地16.65万亩，该园区酿酒葡萄种植面积占全国酿酒葡萄种植面积的12%，葡萄酒年生产加工能力达到8.6万吨。建成蔬菜日光温室14.5万亩，设施瓜菜年产量在70万吨以上。畜禽饲养量达到1570万头（只），畜牧业占农业增加值的比重达到34%。现有工业企业95家，以淀粉、肉类、蔬菜加工业为主的食品工业体系初步形成。建成以日光温室、养殖暖棚为主的设施农牧业40.24万亩，增长速度连续五年居甘肃省首位。发展以红枣、枸杞、优质梨等为主的特色林果40万亩，新增加农民人均纯收入达512元。围绕酿造、农产品加工、优质瓜菜和草食畜等领域，培育发展了89家重点农业产业化龙头企业，培育出了30个甘肃省名牌产品和三个陇货精品。建设、提升农村各类集贸市场、物流中心89个，黄羊公铁联运物流中心已形成规模。2012年实现生产总值62亿元，完成固定资产投资27.12亿元，工业增加值20亿元。目前，全区正在构建以葡萄酒、设施农牧、特色林果、农产品加工和信息物流为核心的五大农业产业链条，以科技为支撑、市场为导向、产业为龙头、企业为主体的绿洲现代农业科技示范基地，院地农业科技合作和农业科技成果转化基地，城乡融合发展与农业科技创新创业基地，农村人才培养基地。

第二节 甘肃农业科技园区发展模式分析

伴随着农业产业一体化经营和农业科技的发展，农业科技园区在逐步的发展演化过程中形成了农业高新技术的孵化器、农业现代化的助推器和科技农业产业化的载体。但是由于发展背景的不同，制度和文化环境以及区域经济技术水平的差异，上述三个不同类型的农业科技园区形成了各具特色的发展模式。

一 农业科技园区发展模式共同特征分析

（一）以市场为导向，以先进适用技术为支撑，突出地方特色

各园区都是以市场为导向，以先进适用技术为支撑，发挥区域优势，突出地方特色，加强农业技术的组装集成和科技成果转化，通过发展区域主导产业促进传统农业的改造与升级，带动当地农村经济发展。

在园区建设工作中，政府是园区主要组织、建设和维护者。由政府对园区产业进行科学规划，确立相应的园区产业发展体系，并完善政策，以政府投资带动社会投资，实现多元化的投融资体系，提供一定的激励机制，为园区建设营造良好的发展环境。甘肃省政府为使农业能够持续高效发展，加速农业现代化进程，拉动农业经济增长，提高农民收入水平，继第一批和第三批相继申报成功定西和天水农业科技园区后又积极申报了武威农业科技园区，同时在省内积极建设相应的省市级、县级农业科技园区，加快科技改造农业的步伐，加强甘肃省农业产业优势，更好地抵御国内外市场的冲击。

（二）园区企业运作、中介参与的创新经营体制

在园区发展中，生产体系被一个企业所全部容纳或者由企业群落来承担，天水国家农业科技园区按照该园区规划和实施方案，加快园区各项建设任务的落实，制定了《园区循环经济发展规划》，并积极争取出台天水市支持园区发展的意见。同时，园区认真研究国家和甘肃省的投资导向，积极争取实施了一批重大项目。目前，园区已流转土地700多亩，引进了甘肃迦南绿色生态公司、天水牧乐饲料公司、天水森瑞科技公司、天水鑫盛源农业公司、天水云光林业公司等五家企业。其中森瑞公司已种植马铃薯脱毒种苗160万株，云光公司已繁育曼地亚红豆杉120万株，鑫盛源农业公司已种

植蔬菜197棚。

(三)构建科技创新和技术推广新体系

构建科技创新和技术推广新体系,在技术支撑方面邀请科研院所的专家学者广泛开展技术指导、技术洽谈、技术培训、合作研究和共同开发等各种形式,引导各领域应用新技术、新工艺,开发新产品,提高产品的科技含量和附加值。如天水农业科技园与中国科学院、中国空间技术研究院合作成立了甘肃省航天育种工程技术研究中心,利用返回式卫星、神舟飞船搭载等航天技术选育出了8000多份优良变异材料,达9大类393个品种,育成21个拥有自主知识产权的蔬菜新品种,并通过了省级科技成果鉴定和国家农业部新品种认定。定西农业科技园建园以来共引进新技术24项,引进新品种58个,引进新设施36套,推广新技术56项,推广新品种44个。园区积极加强与甘肃农业大学、甘肃省农业科学院、中国畜产品流通协会等科研院所和经济合作组织的技术合作,先后挂牌成立了甘肃省马铃薯工程技术中心、甘肃省食用菌工程技术中心、甘肃农业大学教学实验基地、定西师范高等专科学校教学实验基地,通过交流与自主开发,园区的技术水平稳步提高。

二 农业科技园区发展模式差异分析

园区区位作为一种特殊的生产要素,在科技农业产业发展过程中具有重要的作用。不同区位格局导致了园区不同的发展定位,园区的经营内容也会有所不同。如以定西农业科技园区、敬业农业科技产业园区为代表的旱作生态型园区侧重于将环境治理和产业发展有效地耦合起来,园区建设的定位主要是运用现代科技提升当地的传统特色型产业,带动区域经济平衡、稳定地发展;天水农业科技园区主要驻足现代农业发展的前沿,具备了技术创新、科技示范、产业孵化、培训交流、辐射带动、旅游观光六大功能,发展成为现代化、生态型、综合性的现代农业科技园区;以张掖农业科技园为代表的专业特色型园区主要注重于当地主导产业技术体系的研发和示范,通过对主导产业的有力提升来推动区域经济的发展;以武威农业科技园、金昌清和现代循环农业科技园为代表的专业特色园区主要以发展某一核心产业为切入点和核心带动区域经济示范区全面发展。

第三节 甘肃现代农业示范区发展现状

甘肃地理位置跨度较大，省内各地区气候、资源、人文意识形态均有所不同。农业资源分布不均，类型复杂，各农业科技园区所处的环境和客观条件有所不同，因此所采用的发展路径也大相径庭。

根据《甘肃省人民政府关于加快推进现代农业示范区建设的意见》，确定"十二五"期间，在全省建设20个省级现代农业示范区。第一批省级现代农业示范区分别为张掖市临泽县、酒泉市敦煌市、金昌市永昌县、武威市凉州区、临夏州临夏县、兰州市榆中县、白银市靖远县、定西市临洮县、平凉市静宁县、庆阳市合水县、陇南市武都区、天水市秦安县、甘肃条山农工商公司。甘肃省力争把现代农业示范区建设成为保障主要农产品有效供给的新样板，培养新型农民的新基地，促进农户与市场有效对接的新平台，增加农民收入的新途径，加大农业投融资的新渠道。

一 定西市安定区国家现代农业示范区

定西位于甘肃省中部，属黄土梁峁沟壑区，是一个自然环境恶劣、经济基础脆弱的农业县（区），是甘肃省乃至全国最为典型的旱作农业区之一，属于全国扶贫开发重点区域，历史上有"苦瘠甲于天下"之称。结合定西地区干旱半干旱自然特点，定西地委、行署把创办农业科技示范园区作为实现农业跨越式发展的新举措，于1999年10月在城郊西川兴建以集雨节灌为基础的万亩旱作生态型农业科技园区。

2012年，安定区国家现代农业示范区建设，在农业部、甘肃省农牧厅的指导下和安定区委、区政府的领导下，按照"一园三区一带四产"（一园——马铃薯循环经济产业园，三区——西川种薯繁育区、巉口精深加工区和南川现代物流区，一带——引洮工程灌区重点产业示范带，四产——马铃薯、玉米、高原夏菜、畜草）的发展布局，以"四化"（园区化、基地化、生态化、清洁化）为目标，奋勇拼搏，开拓创新，扎实工作，迎难而上，保持了示范区农业农村经济的又好又快发展，呈现出全面推进的良好态势。全区粮食生产达到51.13万吨，增幅达到83.9%，创历史新高；以高原夏菜为主的蔬菜产量达到56万吨，增长16.7%；肉类总产量达1.24万吨；蛋产量0.48万吨；农民人均纯收入预计达到3700元以上。

定西市安定区是甘肃省马铃薯原原种生产能力最大的县（区），全区共有脱毒种薯生产企业8家，原原种生产能力达到1.2亿粒。在马铃薯种植上，采取"地膜+脱毒种薯+配方施肥+病虫害防治"的马铃薯高效化栽培技术，完成地膜马铃薯41.27万亩，占马铃薯种植面积的40%以上，特别是黑色全膜种植抗旱优势十分明显。在马铃薯贮藏上，按照"多挖窖、广积薯、均上市、稳价格、保加工、增收入"的思路，把贮藏设施建设作为提升马铃薯产业发展的一个重要环节，大力实施马铃薯贮藏体系建设工程，年贮藏能力达到60万吨以上，形成了"恒温库+贮藏库+窖窖群+千家万户"的贮藏体系，促进了产、加、销各环节、各主体的有效连接。在保证安定区内需要的同时，大部分销往内蒙古、山东、贵州、福建、云南、青海、新疆等省市及省内非马铃薯产区。

安定区以马铃薯产业为支撑，在绿色食品加工上，把变性淀粉、全粉、休闲食品、菊粉及亚麻胶等作为发展重点和主攻方向。近年来，随着龙头企业不断壮大，马铃薯加工能力明显提高，相继建成圣大方舟六条万吨变性淀粉生产线，薯峰一条万吨变性淀粉生产线和三条万吨精淀粉生产线，金大地3000吨薯条生产线，超兴万吨全粉生产线和万吨精淀粉生产线以及宏煊、蓝天、陇峰、薯乡、博瑞等万吨精淀粉生产线，加工能力达到27.5万吨。

目前，甘肃、青海、宁夏等省区农副产品特别是马铃薯在定西聚集，通过铁路运往全国各地，甘肃中部农产品区域性物流中心已粗具雏形。马铃薯产业是安定区第一大主导产业，2008年以来，种植面积连续稳定在100万亩以上，标准化示范基地占到种植面积的70%以上，总产量稳定在百万吨以上，位居全国县（区）级第一。

抓住"引洮工程"建设的良好机遇，按照"设施配套、连片开发、形成规模、突出效益"的原则，建设以沿川灌区为主的设施农业生产基地。按照"种植规模化、生产标准化、处理商品化、经营产业化和销售品牌化"的思路，重点建设两个高标准设施农业示范区和两个设施农业生产基地。根据地域资源、经济条件、现有基础和发展潜力，按照布局规模化、产品结构合理、供需季节均衡和市场供求互补的要求，重点扶持高原夏菜、精细菜、西甜瓜等特色蔬菜生产，发展特色精品、高附加值和反季节蔬菜。创建蔬菜产业标准园，大力发展日光温室、钢架大棚等现代高效农业，扩大无公害标准化蔬菜种植范围和生产规模。推广采用先进的生产技术，引进精、细、特新品种，优化品种结构，提高设施蔬菜整体效益。开展无公害、绿色食品、有机食品认证和检测，积极申报设施农产品地理标识，培育和打造设施农产品名优品牌，提高市场占有份额。内官千亩设施蔬菜示范区，以内官为核心，辐射符川、凤翔和香泉。西南川区温室蔬菜生产基地，依托内官蔬菜产地批发市场的载体优势，建设设施蔬菜面积达到5000亩以上的生产基地。北部川区设施西甜瓜生产基地，在北部川区以巉口和鲁家沟镇为核心，建设设施瓜果面积1000亩以上的生产基地，辐射带动周边乡镇设施西甜瓜发展。

2007—2010年，安定区借助全省实施千万亩旱作农业项目的机遇，积极实施全膜双垄沟播玉米种植。该项技术包括良种应用，即在全区范围内，按照不同的海拔区域重点推广了四个玉米良种，累计推广面积78.1万亩，良种应用率达到100%，种子包衣率达到100%。全膜玉米种植以施农家肥为主，氮、磷、钾配合施用，着重推广了在亩施3000公斤充分腐熟的农家肥基础上，亩施尿素、过磷酸钙、硫酸钾分别为28公斤、70公斤、15公斤的施肥技术标准，推广面积72.1万亩；推广玉米配方专用肥2400吨，应用面积6万亩，在玉米的抗旱增产中发挥了重要作用。实践证明，全膜双垄沟播玉米种植在粮食增产中发挥了重要作用，几年来，累计种植地膜玉米78.1万亩，标准化示范基地42万亩，增产粮食8262.8万公斤，不仅改写了旱作农业区产量低而不稳的历史，而且带动了养殖业的发展。

按照养殖规模化、场区标准化、畜禽良种化、饲草料资源化、加工精深化、产品安全化的要求，推进"小规模、大群体"的发展模式，推进适度规模养殖，大力发展标准化规模养殖场（小区、企业），加快养殖专业村建设，全面推进畜牧产业生产方式的转变。全面开展"倍增"计划和草食畜牧业发展行动计划，按照草畜并举的发展思路，实施退耕还草，发展草畜养殖业，以基础母畜扩群、秸秆加工利用、规模养殖、品种改良、畜产品安全为建设重点，通过组织领导、项目建设、资金投入、技术服务等手段，进一步健全完善畜牧生产、加工、营销、保障四大体系，转变草地畜牧业生产方式。培育和壮大畜草加工企业，打造品牌战略。完善畜草产业市场体系建设，推进产加销一体化发展。重点培育良种畜禽繁育场，加大改良点建设力度，组织优良畜种引进和调剂。加强动物防疫体系建设，加大畜产品安全监管。形成以白碌、鲁家沟、巉口、石峡湾、葛家岔、称钩、新集、西巩北部八个乡（镇）为主的北部肉羊生产带；以香泉为中心，团结、内官、宁远、符川等乡（镇）为重点的南部肉牛生产带。建成以定西国家农业科技园区和内官镇内官、锦屏、先锋村为核心的一个10万头生猪生产区；以城郊为重点，陇源、伊兰纯、民祥等现有企业为依托的一个草、畜产品加工区；以城郊为中心，辐射内官、巉口等乡（镇）的三个鲜奶生产区；以定西国家农业科技园区和鲁家沟镇太平村、宁远镇宁远村为核心的三个10万只蛋鸡生产区，以巉口镇康家庄村为核心的一个20万套肉鸡生产区。同时，安定区建成了以育强牧业有限公司、鲁家沟钰鑫肉羊繁育场、定西西泰养殖有限公司、兰州希望科技有限公司定西分公司等为主的区级良种繁育场；以良种场及乡镇畜牧兽医站为依托，建成乡级牛羊改良点30个，猪常温人工改良点5个，全面推广人工授精技术。全区大力发展村级纯种繁育户，累计发展肉羊户300户，肉牛户200户。区内主要畜禽品种良种化程度均达到60%以上，规模养殖户的良种化程度达到100%。

目前，安定区初步形成了"公司+基地+农户"的产业化经营模式，使马铃薯、玉米、高原夏菜和设施养殖主导产业优势进一步显现。2010年,全区以主导产业为主的订单农业面积达到72万亩,占总播面积的40%;农民专业合作组织达到80个,农民会员1万多人,带动农户8万多户,其中种植业32个,养殖业27个,购销加工业21个。安定区已初步形成了各种资源有效利用、比较优势充分发挥、竞争力明显增强的循环可持续发展现代农业产业体系,粮食生产实现了连续增长。

二 酒泉市肃州区国家现代农业示范区

甘肃省酒泉中肃州区地处河西走廊西段,属冷凉灌溉农业区,总面积3386平方公里,耕地63万亩,辖15个农村乡镇、20个城市社区,总人口46万,农村人口22万,属典型绿洲农业区,2012年1月被农业部认定为国家现代农业示范区。近年来,肃州区委、区政府紧盯现代农业发展方向,紧紧围绕促进农民增收,理思路、定目标、强措施、促落实,闯出了一条园区化、企业化、循环化、产业化的"四化一体"戈壁绿洲现代农业发展新路子。

针对城郊、中北部和沿山自然禀赋各有差异的特点,立足产业分布无特色和规模化、集约化、装备化水平不高的实际,确立了"园区引领、重点突破、示范带动、整体推进"的现代农业发展思路,提出"一区两带三产业"的现代农业规划布局,通过园区建设带动了特色优势产业规模迅速扩张。一是建设十大产业园区。在全区规划布局了十大农业产业园区,其中四个非耕地设施农业园区、两个标准化养殖园区、两个农产品加工物流园区、一个高效节水农业示范园区和一个高效经作制种园区。坚持资金项目进园区、农民务工进园区、高新技术进园区、设施装备进园区、农业服务进园区,示范引领农业现代化总体推进。目前,已累计投资15亿元,配套园区道路、绿化、供水管道、输电线路等基础设施,十大产业园区建成面积达2.4万亩,覆盖全区所有乡镇。二是壮大特色产业规模。在园区的辐射带动下,全区建成高标准日光温室3.4万亩、塑料大棚6.2万亩、标准化养殖小区328个,以10万亩设施蔬菜、30万亩高效制种、800多万头规模养殖为主的三大特色增收产业粗具规模,以城郊高效节水农业区、中北部优质蔬菜与高效经作制种复合产业带、沿山草畜与杂交制种玉米复合产业带为框架的"一区两带三产业"现代农业总体格局日益清晰。三是不断规范农业生产。以产业园区为平台，统一建设模式、统一技术服务、统一规范标准，健全运行机制，推行标准化生产，制定各类农产品标准化生产规程57项，建成标准化生产基地53万亩，发展万元养殖户2万户、万元田12万亩，全区6万户农户基本实现了户均2亩万元田的富民增收目标，农产品"三品一标"推广利用率达到55%，成为全国无公害蔬菜生产加工示范县、全国最大的高效特色经济作物制种基地、国家级杂交玉米种子生产基地和全省肉牛肉羊产业大县。

坚持用工业化理念谋划现代农业，以十大农业产业园为载体，探索了一套合作投资、农户入股、招商引资、企业化经营机制，建立与规模化生产经营相适应、企业与农户互利双赢的生产关系。一是推进土地有序流转。探索建立了土地产权交易市场，健全土地流转服务中心、仲裁中心等服务机构，按照"依法、自愿、有偿"的原则，采取政策激励、效益牵动、典型示范和行政推动等方式，健康有序地引导和鼓励农村土地向企业、大户和合作社等规模经营主体集中流转，全区累计流转土地15万亩，占到农户承包地的1/4，建立500亩以上流转点35个，每亩流转价格500—1000元不等，带动土地逐步向规模连片经营推进。二是培育新型经营主体。制定出台农民专业合作组织发展的意见、家庭农场认定管理办法、种养大户优惠政策等，支持有资本、懂技术、会经营的致富带头人兴办家庭农场，组建农民专业合作社，全区新培育引进农业企业81家、专业合作组织480个、家庭农场86个，形成了以种养大户、家庭农场、专业合作社、龙头企业为骨干，其他组织形式为补充的新型农业经营主体队伍。三是加快农村劳动力转移。采取加快小城镇和集镇建设，开展"城乡万名劳动力技术技能培训"工程，引导农民到流转企业和种养大户务工，发放农村妇女小额担保贷款，大力发展非农产业等形式，给农民创造新的就业机会，加快内转外输步伐，使其彻底从土地上解放出来，通过减少农民扩大经营规模。近三年来，有3.5万农民参加技能培训，取得国家职业资格证书的达到

2.2万人，有3万多农民从土地上走出来从事二三产业，近一半年的青壮年农民转换成产业工人实现了当地就业。

肃州区农民人均耕地少、水资源匮乏、生态环境脆弱。针对此自然环境，肃州区走了一条保护与开发并举、治理与利用并重的现代农业发展路子，着力构建资源节约型、环境友好型农业。一是开发戈壁荒滩发展非耕地农业。充分利用戈壁荒滩打温室、搞养殖，将地理环境"劣势"转化为农业生产"优势"，建设了西洞、总寨、银达三个非耕地农业产业园，建成戈壁日光温室1万亩，成为全省最大的非耕地日光温室有机生态无土栽培种植示范基地，不仅创新了现代农业发展模式，也拓展了农业发展用地空间，还不占基本农田，保障了粮食生产安全。二是资源综合利用发展光伏农业。将光伏产业与设施农业有机结合，开发建设光伏日光温室1000亩，开展立体生产，既能发电，又能种植；既节约了土地资源，又实现了现代农业与新型能源的有机融合，协同发展。三是推广节水工艺发展节水农业。实施高效节水灌溉工程，因地制宜推广了工程节水、农艺节水技术，全区63%的耕地可做到精确灌溉，实现了水资源利用效益最大化。四是主动变废为宝发展循环农业。大力实施秸秆养畜、基质栽培和农村沼气工程，构建"资源—产品—废弃物—再生资源"的循环农业产业链，全区农作物秸秆综合利用率达到了70%以上，沼气池使用率达到80%以上，废旧农膜、尾菜等废弃物无害化处理利用量占到总量的82%。

目前，肃州区围绕产业化发展，拓展农业产业功能，构建链条式体系。建成农产品加工流通企业168家，创建国家级农业产业化龙头企业三家，农产品年加工、贮藏、运销能力达到100万吨，加工转化率达到58%，订单生产率达到85%，被农业部命名为全国农业产业化示范基地和农产品加工示范县。以敦煌种业为代表的种子生产加工企业，采用"龙头企业+基地+农户"的农业产业化经营模式，带动全区3.5万户农户从事种子生产，敦煌种业也成为目前国际最先进、自动化程度最高的种子加工企业之一，实现了企业与农户的"双赢"。同时，以甘肃巨龙现代农业物流港为平台，探索开展农资及农产品直销配送、网络营销、村镇银行、电子商务等新型营销模式，项目建成后将成为西北地区最大的融商流、物流、信息流、技术流为一体的现代农业服务平台。

以适应群众对农业多样化的需求为导向，鼓励企业、乡村致富能人充分利用辖区自然和人文资源，发展休闲农业、观光农业等新型农业。全区共建成农家乐270余家，其中投资过百万元的各类休闲农业15家，过千万元的5家。酒泉植物园被国家农业部和旅游局确定为"全国休闲农业和乡村旅游示范点"，形成了休闲农业与乡村旅游融合发展的良好态势。

在风险承担上，肃州区采取以财政补贴为主，农户适量承担的方式，大力实施日光温室、塑料大棚、奶牛、能繁母猪和玉米保险，年均承保金额2亿元以上，基本实现了应保尽保，增强了农业抵御自然风险和市场风险的能力。2013年，全区实现农业总产值52.05亿元，农民人均纯收入达到10467元，城镇化率达到64%。

三 张掖绿洲现代农业试验示范区

甘州区立足资源优势，大力发展现代农业经营主体，狠抓园区建设、主导产业、科技推广、农民培训、项目建设、融资体系建设等九项工作，促进传统农业向现代农业转型跨越发展。

一是提升辐射带动功能，推进国家现代农业示范区建设。围绕国家现代农业示范区建设，突出良种培育、科技研发、农艺节水、设施农业、循环农业等重点，不断提升示范区功能，推进农业稳步发展，农民持续增收。计划在绿洲核心区开展新品种、新技术试验示范，重点抓好投资3000万元的农业科技研发中心装修、配建和布展工作，使其尽早投入使用；完成连栋育苗温室后期建设工作和遥感试验场建设任务。依托河西学院、市农科院、瑞克斯旺种子公司等科研院校和龙头企业，继续在示范区开展特色产业试验示范，发展病虫害统防统治标准化生产示范基地3000亩，开展玉米种子品种组合展示100亩，新建高值农业示范基地200亩。完成示范区西翼汪家堡、陈家墩两个村3495亩土地平整项目，新建新农村小康住宅1400户。使核心区成为融科技示范、技术创新、辐射带动、信息交流为一体的现代化、综合性的农业示范园区。

二是建立风险防范机制,打造优质良种基地。加快种子标准化生产进程,建立健全优质良种体系和市场监管防范体系。2013年全区建立玉米良种基地55万亩,蔬菜、花卉等精品制种10万亩,建设"四化"种子基地5万亩,提升制种产业整体经济效益。着力提升制种企业核心竞争力,加大执法力度,规范种子生产经营秩序,扩大"金张掖优质玉米种子"品牌影响力,建设国家级玉米制种核心基地。

三是稳步推进蔬菜产业,建设优质蔬菜基地。围绕现代农业示范工程,大力发展高产、优质、高效、生态、安全特色优势产业,积极推动蔬菜产业实现"粗放向集约、传统向现代"的转变,新建设施蔬菜4000亩。落实高原夏菜种植面积25万亩,发展脱毒马铃薯5万亩,建立无公害生产基地面积25万亩。加强无公害农产品产地认定和产品认证,建立无公害农产品市场准入和基地准出制度,确保农产品质量安全。

四是加大农业科技推广力度,提升农业科技应用水平。总结粮油高产创建万亩示范片的经验,推进适应现代农业专业化、规模化、集约化、标准化要求的增产技术模式,引进新品种65个,推广适用新技术10项,建立各类示范点20个,培育科技示范户100户。大力推广沼肥综合利用技术,将畜牧业与种植业连接起来,形成"养殖—沼气—种植"循环经济模式。科学引导农民发展生态农业,切实提高农业经济发展质量和效益。

五是加强农村经营管理,建立新型农业经营体系。培育新建农民专业合作社30个,鼓励有条件的种养大户升级为家庭农场,引导农村种养大户、技术能人、经纪能人牵头组建股份制联合家庭种植农场、养殖场以及加工厂,吸引农民以承包的农地、林地、资金入股,增加技术、资本等要素投入,提高农业集约化水平。引导土地经营权流转20万亩。充分发挥国家级"三资"管理示范区作用,加强农村"三资"管理,细化农村财务审计,为增加资产性收入创造条件。

六是推行"三权"抵押贷款,积极盘活农村资本。结合国家现代农业示范区和农业改革试验区建设,积极建立健全适应全区经济社会跨越式发展的农村金融服务体系，加快建立农村居民房地产权、农村土地承包经营权、农村林权抵押贷款机制，建立相关配套政策措施，稳步推进农村"三权"抵押贷款，形成完善的"三权"抵押贷款体系，推进农村资源资产化、资产资本化，提升农村发展和农民增收空间。

七是加强农民负担监督管理，确保各项惠农政策落实。农民减负工作向农村基础设施建设、农村公共服务、农业社会化服务等方面延伸，创新监管思路、拓展监管范围、强化工作措施、加强制度建设，严格禁止各种不合理收费和集资摊派，坚决纠正违反政策规定加重农民负担的行为，规范"一事一议"奖补项目，确保农村社会和谐稳定。

八是加强农民培训，提高致富技能。以培育"有文化、懂技术、会经营"的新型农民为目标，以农村党员干部、职业农民和农业职业经理人队伍、师资队伍、创业人员、转移就业劳动力为重点，全年培训农村劳动力1.8万人。其中，农村实用技术培训13900人，转移就业培训3000人，旅游行业从业人员培训500人，农村致富带头人培训600人，培育职业农民2000人，农业职业经理人100名。年度培训认证和技能鉴定人数不少于10000人。通过培训，使农民能够掌握更多的现代农业知识和实用技术，逐步使农民向产业工人转变，提高农民的综合素质和致富能力。

九是积极争取项目，夯实农业发展基础。争取投资500万元大中型沼气项目2个，建成利用生物质能发电沼气池2处，年发电量达106万度以上；争取投资100万元的粮油高产创建项目，建成万亩高产示范片4个；争取投资300万元的蔬菜标准园项目4个，建成设施蔬菜标准园2个，高原夏菜标准园2个；争取投资300万元的玉米制种监管体系建设项目，构建完善的国家级玉米制种核心基地监管体系；争取投资500万元的育苗中心项目，建设育苗温室5000平方米；争取投资80万元的专业合作经济组织项目3个，扶持建立省级示范社10个；力争将甘州区纳入国家开展农业改革与建设试点示范区，破解制约农业增效瓶颈难题，拓展农业增效、农民增收新空间。

该园区致力于完善科技创新体系，注重产学研合作，已完成1万平方米研发中心主体工程建设，中科院遥感试验站正常投入运行，绿洲现代农业展馆完成设计，开始布展；国家肉牛牦牛产业技术体系张掖综合试验站、中国农业大学奶牛科研教学试验站、兰州大学草地科学技术学院张掖教学培训基地、甘肃农业大学科技服务专家院、全国农村实用人才培训基地等项目正在建设中；引进中国农科院旱生超旱生试验基地、登海种业杂交玉米种子加工厂、前进畜牧业、瑞克斯旺种苗（公司）、北京联创公司、上海善之荣生物科技公司等科研院所和科技型企业；与中国科学院、中国农科院、中国农业大学、甘肃农业大学、甘肃省农科院等科研院所建立了长期的科技合作关系。致力于现代农业技术推广，已建立高标准日光温室机械配套示范点4个，配套卷帘机219台、微耕机、植保机18台；建立全程机械化规模养殖示范点1个，新增机械15台；依托甘州区农乐农机合作社建立示范点秸秆回收利用示范推广点1个，完成秸秆回收加工2200吨。开展利用河水进行滴灌的灌溉技术试验，已铺设滴灌带14万米，完成系统的配套；黑河流域河流域智能化灌溉研究方面，铺设滴灌带45万米，安装完成卅里店自动化控制设备；建成汪家堡3500亩滴灌，新建地面式滴灌工程246亩、膜下滴灌工程395亩，铺设PVC管道6公里，铺设地面PE管及滴灌带425公里。完成地埋式滴灌和地面滴灌系统的通水试压和调试运行工作，工程投入运行。致力于夯实科技创新平台，启动建设种业、草畜、蔬菜、食用菌4个现代农业示范园；开展20项各类试验示范项目，先后建立现代农业高值示范园、现代农业高新技术示范园等农业科技新品种新技术展示园，引进各类新品种267个，新技术58项，进一步增强了示范区试验示范的核心功能，为示范区科技引领和农业科技推广提供了强有力的科技支撑。

甘州区围绕玉米制种、畜牧养殖和优质蔬菜三大主导产业建设取得突出成效，仅玉米制种产业一项就整合投资5.78亿元，建成了14条鲜果穗烘干线、11条子粒烘干线，有力地提升了种子加工能力，有效地带动了玉米制种基地建设。

第四节　国内外农业科技园区建设经验和启示

农业科技园区这一新生事物，在农业科技革命、成果转化、技术示范与推广、产业升级以及农业转型等方面扮演了越来越重要的角色，已经成为现代农业的重要组成部分。农业科技园区是近年来一些发达国家发展起来的新型模式，一般由政府扶持、大学或科研单位承办，旨在进行农业高技术的展示、示范和产业孵化等。国外农业科技园区模式，基本上是建立在大学或科研单位基础之上的，技术后盾是科教单位，是基础研究、应用基础研究向推广应用和产业化延伸的重要组成部分，这些园区的显著特征是由政府支持、大学或科研单位承办，为农业高新技术的研发和产业孵化提供平台。如美国康奈尔大学建立的农业与食品科技园（Agri & Food Tech Park），是由联邦、州、县、市各级政府支持，康奈尔大学农业与生命科学学院、纽约农业试验站主办的农业科技园。园区面积72英亩，规划建筑面积为375000平方英尺，一方面作为康奈尔大学农业高技术的展示基地，另一方面为从事食品、农业或生物技术的企业提供产业孵化的平台，集中进行农业高新技术的产业开发。该园区于2004年开始建设，2006年完成一期工程的建设，部分项目（如葡萄育种区等）开始运营。加拿大Nova Scotia农业学院依靠自身优势，在当地政府的支持下建立了一个核心面积为16英亩、露地试验场地120平方英亩的农业技术园（Agri Tech Park），旨在为大学和农业企业提供一个创新平台，实现企业与大学、市场的连接。荷兰Wageningen大学校园内也建立了一个农业产业园（Agri Business Park），主要为高技术企业构建一个大学、农户、市场的平台，为农业高技术产业化和产业孵化提供展示舞台和窗口。

目前，我国的一些大学或科教单位建立的农业高新技术园区，与国外的农业科技园区模式极为相似，园区的建立为科教单位和入园企业科技产业的"孵化"和"后熟"，提供了重要的基础平台，大大促进了农业科技成果的转化和辐射推广。我国有条件的大学和科研单位都可以根据自身优势，在当地政府或国家有关部门的支持下，建立以企业为主导、以产业孵化为核心的农业科技园区，以加快农业科技成果转化的步伐。

农业科技园区作为一种组织出现，它是由政府、企业、农户等行为者为实现一定目标而构成的共同体，是促进农业增长方式根本性改变的有效途径，是我国农业高新技术的技术创新与制度创新相结合的产物。农业科技园区的建立无疑为我国解决"三农"问题创新了思路。进入新世纪以来，我国现代农业园区已经上升到了重要的历史地位，现已发展成为展示我国农业现代化、面向世界、走向未来的重要窗口，成为推动农业生产与农业科技发展的重要力量，具有相当广阔的发展空间。

针对目前农业科技示范园区建设中存在的问题，可借鉴其他地方农业科技园区建设的先进经验。2009年11月农业部启动了国家现代农业示范区创建工作以来，国内诸多示范区在各方面积累了很多宝贵的经验，如1997年建立的陕西杨凌国家级农业高新技术开发区。这种形式有利于产、学、研相结合，试验、示范、应用相结合，对加速农业高新技术研究及其成果的转化具有重要意义，其主要经验概括如下。

现代农业示范园区建设的好坏，与当地政府及相关部门的重视程度密切相关。从级别上看，我国的农业园区有国家级、省级、市级、县级；从运行的主体上看，有政府为主、企业为主（包括民营企业、外商独资）、政府和企业共同参与、产业协会为主、个体种养大户为主以及科研单位为主等多种方式。同时，一般需要启用一定量资金，现金流量贯穿着园区建设的始末，必须得到充分的保障。因此，只有大量的建设资金按时到位，才能够确保项目按照规划和要求有条不紊地实施，并达到预期的社会、经济及生态效益，这一点也是很多国家示范园区建设成功的主要经验之一。现代农业园区是以技术密集为主要特点，以科技开发、示范、辐射和推广为主要内容，以环境优美、设施先进、技术领先、品种优新、高效开放为特点，不仅需要专业技术人员实施建设计划、指导具体工作，还需要"产学研"一条链，大力吸引各农业院校及农业科研院所参与合作。现代农业示范园区建设一般都具有多种功能，如示范、研发、休闲、观光、培训、环境保护、资源节约等，并且专注其主要的功能与核心定位，与其他辅助功能一体。在工业化、城镇化深入发展中同步推进农业现代化，特别强调把推进现代农业示范区建设作为加快发展现代农业的重要内容。发展现代农业，就是用现代物质条件装备农业，用现代科学技术改造农业，用现代产业体系提升农业，用现代经营形式推进农业，用现代发展理念引领农业，用培养新型农民发展农业，提高农业水利化、机械化和信息化水平，提高土地产出率、资源利用率和农业劳动生产率，提高农业素质、效益和竞争力，通过农业园区的建设，应用现代科技设施装备传统农业，改善动、植物生长环境，采用先进技术成果提高农产品产量和质量，可实现高技术、高投入、高产出的产业化经营。

第五节 甘肃农业科技园区存在问题及建议

一 农业科技园区建设中存在的问题

（一）园区结构趋同，部分地区产业缺乏特色

甘肃省大多数园区并未把加工和产业链的设计放在合理的位置上。大多数农业科技园区的结构是工厂化育苗、生物技术（组培）中心、设施园艺、露地高效栽培、培训管理中心、观光园林等功能小区。用系统工程的观点来看，系统的结构决定系统的功能。如此结构的园区，其主要收入来源在于向农民销售种（苗），似乎是把新技术传给了农民，带动了农民的生产，但事实上却把最需要解决的产品市场销售问题留给了没有市场开拓能力的高度分散的千家万户，其结果是农民生产的产品卖不出去、卖不出好价钱，没有生产的积极性，到头来不买园区的种（苗）了，园区的经营也就难以持续发展。

甘肃省内部分地区在建设园区时缺乏总体规划，设计和建设存在脱离实际、盲目求洋的倾向，没有根据当地的经济发展和生态类型来选项布局，因而难以形成规范的管理和有序发展的格局，致使各地园区布局的重点不突出，产业结构雷同，在很大程度上影响园区的成果转化，影响区域发展优势和产业结构调整。

（二）基础设施投入不足，招商引资成效不高，企业融资比较困难

在建园之初，部分科技含量不高的项目未能进行严格的审核仓促上马，目前又无法进行清理，占用了有限的园区资源，影响后续入园的高新项目；国家与甘肃省均未制定配套的农业科技园的优惠政策，只能享受仅限于当地政府权限范围内的扶持政策，总体优惠力度较弱，影响了园区招商引资成效。因园区企业所占土地多为租用，无法向银行提供有效的产权抵押，厂房与设备等地面附属物资产因专用性强、可转让性差，很难成为符合银行要求的有效抵押物，所以很难从银行获得资金支持。其他如风险投资、企业上市、发行债券等融资方式因企业规模较小，开展的难度很大。

农业科技园区在完成初期建园后，除了每年科技部有相对固定较少的资金支持外，省政府基本上无专项资金予以扶持。如天水市、定西市和武威市由于财力十分紧张，导致园区的道路、给排水、绿化、供电等基础设施严重不足，加之土地租金逐年上涨，园区因租金和土地使用权问题时常与当地农民发生纠纷，已无法按规划面积进行扩大，严重制约了园区的发展。2010年，天水市给予园区基础设施建设资金仅300万元；2011年虽给予了1300万元的扶持资金，但其中1000万元用于征地补偿款，基础设施建设资金仍维持在300万元，另外园区尚有2600万元的外债无法偿还。定西农业科技园每年虽维持在2000万左右的财政资金投入，但绝大多数资金投入到扶持马铃薯、中药材、畜草及设施畜牧业中，仅靠每年500万元的基础设施建设投入资金维持园区，几乎无新增资金用于扩大园区面积的征地补偿。

（三）管理与服务效率较低，对外技术合作有待深入

农业科技园区属于高投资、高风险的知识技术密集型农业科技产业，需要高效率的管理。天水和定西两个农业科技园是由当地政府完全投资兴办起来的，属于正处级事业单位，其管理体制和运行的模式是按照事业单位运行体制和管理方式进行操作，人员经费完全由财政拨款。行政化体制导致管理效率不高，基本只能应付日常工作，无法集中精力组织多方资源对园区企业进行更深入有效的服

务。对外技术合作方面，定西农业科技园区虽有部分科研院所合作挂牌，但因缺乏明确的责权利关系，合作较形式化；天水农业科技园区与当地农科所、果树所、天水师院、天水农校等科研院所几乎无合作关系，应加强联系，提升技术合作的深度和广度。

（四）农业科技成果转化与推广的作用未能充分发挥

科技园区农业科研机构在面临着研究经费不足、非研究人员比例较大、科研人员待遇偏低、年轻科技工作者深造与职称未能得到有效解决等诸多困难之下，还能够产生一批具有相当水平的科技成果已十分不易，已无力建立起较完备的科技成果转化体系，也无经费进行科技成果转化与推广。农业科技园区在引入科技人员参与建设、人才智力交流以及合作开发研究成果等方面的渠道并不畅通，尚未建立起科研与生产一体化的利益共享、风险共担机制；在吸引科技人员进区创业、吸收科研院所和高校研究成果上，缺乏得力有效的措施；园区内企业因规模小、经营机制不健全、产业链短等问题，多数企业缺乏科技成果转化实力，园区未能成为大规模的高新农业技术成果转化的孵化器。农业科技推广目前主要由乡级政府管辖的农业技术推广员负责，与农业科研部门、农业科技园区几乎无业务联系，农业科技成果研发、转化与推广脱节，农业科技成果推广效果较差。园区目前主要以展示、示范为主，其推广与辐射带动作用尚未得到充分的发挥。

（五）农业高素质人才缺乏，科技支撑体系不健全，研发实力较弱

农业科技园区的农业科技人员数量少、层次较低，尤其是高层次的专业科研人员匮乏，高学历人才比例偏低，经验丰富、具有高职称的技术人员偏少。园区内现有科技人员的知识结构也不合理，不能很好地贴合园区发展和高科技农业发展的要求。其中主要的原因有以下三个方面：一是科研、教育和职业培训不能满足市场经济发展的需求，产学研之间的联系比较松散，教育、科研单位对员工的考核评价指标一般还是重理论、轻实践；二是来自农业项目的复杂性和比较效益低的现实，经营管理型人才的流动又是比较方便的，导致了园区经营管理人才队伍极不稳定；三是目前一些园区没

有形成配套的人才引进激励机制和奖励措施，很难吸引到高素质的人才来园区创业。

目前，甘肃省农业科研院所的科技人员参与园区建设的比例还很低，科研教学单位和企业同园区在人才、智力和成果开发等方面进行交流的渠道不畅通，在一定程度上影响了人才优势、智力优势和技术设备优势在园区的充分发挥。究其原因，一方面是科技、教育体制改革的一些较深层次的问题没有解决。科技、教育与经济紧密结合的机制没有很好地建立起来，农业科研单位还缺乏参与园区建设的主动性，也缺乏人才分流的具体办法。另一方面，园区在吸引科技人才进区创业、吸收科研院所和高校最新科研成果上，还没能形成有效的机制，缺乏得力的措施。园区企业本身由于经营机制的转换尚未完成，还缺乏参与园区建设带动自己技术进步和升级的内在动力，因而也就难以形成高新技术转化为生产力的孵化器。

二 对策建议

（一）科学定位、合理规划，充分发挥园区农业技术研究中的带动示范作用

甘肃省的三个国家级农业科技园区要围绕区域主导产业的培育和区域资源优势的释放，科学地对园区进行战略性的功能设计。客观实际地找准符合当地优势特色的产业，然后从环境承载、耕地承载、潜力承载、市场承载等多个角度对特色优势产业发展进行合理规划，修改调整好现有园区规划，并赋予其法律保障的稳定性，杜绝短时间内频繁轻易地变动和调整。园区建设要始终围绕"科技型"和"示范型"两大功能目标定位，充分突出园区的科技含量和示范带动作用，确立甘肃省的农业技术研究、成果转化和推广示范的"领头羊"地位，切实符合本地区农业发展实际，使这些科技园区真正成为农业经济新的增长点，带动其他省市级农业科技园区经济发展。

（二）实施强有力的扶持政策，充分发挥园区在实现农业现代化和培养高素质农业人才方面的"摇篮"作用

农业科技园区是现代农业生产方式的缩影，省市两级政府应把

农业科技园区的发展作为推动本地区现代农业跨越式发展的驱动力,制定、完善和落实针对性的政策措施,合力消除影响农业科技园区发展的主要障碍:首先要全面落实国务院办公厅《关于应对国际金融危机保持西部地区经济平稳较快发展的意见》（国办发〔2009〕55号）文件和《关于进一步支持甘肃经济社会发展的若干意见》中有关支持农业科技园区建设的政策,制定统一、规范、高效的园区扶持政策,支持组建农业高新技术产业研究生产孵化基地,对新技术、新成果进行孵化培育,制定国家级农业科技园区投资优惠政策规定,对入园企业、研发、示范、产业化等项目,实行税收、贷款、财政补贴、土地利用等优惠措施,创造良好的发展政策环境,切实保护投资者的合法权益,推进园区可持续发展。其次要通过政策引导营造学农、爱农、为农服务的社会舆论氛围,逐渐将农业科技园区建设成为农业高素质人才的摇篮。园区对中高级人才本着"不求所有,但求所用"的原则,可以兼职、停薪留职或辞职,实行聘任制、合同制或客座制,营造良好的工作和生活环境,吸引他们来园区发挥作用,为青年人才创造学习培训和在职深造的机会,鼓励他们发挥才能,加快青年农业科技人才成长,建立农技人员报酬与贡献挂钩的激励机制,对于有突出贡献的科技人员予以重奖。

（三）建立健全的管理运行机制,完善园区服务功能,进一步规范园区的发展

要建立有效的运行机制,明确项目执行单位、技术依托单位的职责。可以把国家级园区管委会作为省政府或者科技厅和农牧厅的联合派出机构,享有地市级行政管理权、省级经济管理权和部分省级行政管理权,引进高层次管理人才,对园区管委会的管理职责、机构设置、人员配备做出明确规定,从组织、制度、权限上予以保障。

要大胆地借鉴现代企业管理经验,进行公司制、投资业主制、科技承包制、联结农户合同制的试点,突出经营业主的主导地位,探索建立"政府引导、法人投资、企业化管理、市场化运作"的运作模式;逐渐在园区实行一园多区多种经营形式,吸引专业科技人

员和农技人员采用技术参股、资金入股等方式参与园区发展。

要健全目标责任考核机制，从建设目标、科技含量、成果转化、技术推广、产业化成效等综合指标方面进行考核，强化内部管理，细化管理单元，改进管理方式，提高园区工作效能。参照兰州新区的模式，将三阳川地区渭南镇、中滩镇、石佛乡三个乡镇全部规划至天水高科技农业示范区，按照天水市未来高科技农业产业聚集地的目标进行大园区的规划，融入关中天水经济区的开发建设，打造天水新区。成立以市长为主管领导的园区管委会，争取国家和甘肃省的政策、资金、技术等综合支持，力争申报成为我国继杨凌后的第二个高新农业示范区，全面提升天水农业科技园区的档次和发展空间。

（四）加大资金支持力度，完善园区多元化投入机制，保障园区的持续高效发展

省、市、区均要将农业科技园区建设纳入经济社会发展规划和项目建设计划之中。省级财政预算在支农资金中增列国家级农业科技园区支持专项，发改委、科技、扶贫、农业等厅局实行对口投入，当地财政应倾向扶持园区重点农业科技企业、补贴园区科技机构科技开发费用、奖励科技成果产业化和技术推广组织等。通过完善多元化、多渠道的吸引投资途径，探索新的融资方式，通过政府贴息、增加贷款、信用担保、企业联保、集合票据、风险投资、上市融资等有效措施，切实缓解园区企业发展资金十分紧张的局面。

（五）推进院地技术合作，加快科技成果转化与推广，充分发挥园区的经济效益和社会效益

园区应与科研院所开展全方位的合作，在发展过程中不断获得技术、项目、智力支持。通过科技成果示范应用和效益比较，让参加培训的农民与农技推广人员亲眼看到或亲身体验新技术带来的巨大效益，自觉地接受、应用与推广，将科技成果与产业链有效结合起来，多层次、多模式开展产学研合作，发挥在农业科技转化与推广中的核心作用，从而改变目前依靠行政命令或乡镇技术员来进行农技推广的被动局面。

围绕主导产业引进配套项目，延伸产业链，打造特色优势明显、

带动作用显著的农业科技园区。作为西北唯一的航天育种中心，天水农业科技园区应充分发挥其在航天育种方面的优势，将航天育种、有机食用菌工厂化生产确立为园区的特色主导产业。定西农业科技园应将马铃薯培育和中草药种植作为园区的特色主导产业，形成种薯脱毒繁育、马铃薯和中草药存储贸易、马铃薯食品加工、中草药饮片加工、中草药制剂等规模优势产业，真正做大做强马铃薯和中草药产业，提高马铃薯和中草药的附加值。武威农业科技园应加大附属产品生产，打开销售渠道，带动当地及周边农民增收。

第七章

现代农业自主创新模式及
自主创新体系建设

第一节 国内外现代农业自主创新模式的比较与借鉴

农业是国民经济的基础产业,实现现代农业是各国农业发展的基本目标,农业的自主创新又是实现现代农业化的主要途径。自主创新最初由我国学者提出,有狭义和广义之分:狭义的自主创新是指可以产生自主知识产权的创新,又称"原始创新"。广义的自主创新是指通过自己的努力取得的创新,包括三个方面的内容——原始创新、集成创新、引进消化吸收再创新。自主创新属于创新理论的范畴,不仅包括科技创新,还包括制度创新、知识创新等,它是相对于技术引进、模仿而言的一种创造活动,是创造拥有自主知识产权的独特的核心技术以及在此基础上实现新产品的价值的过程。

一 国内外现代农业自主创新模式研究概况

(一)国外研究概况

国外对于现代农业自主创新的探索历程并不久远,政府为了大力提升农业自主创新能力采取了不同的自主创新模式,如政府对农业创新大量财政补贴、建立一系列农业创新体系、实行产学研结合模式、建立民间农业组织、发展观光旅游农业,等等。这一系列举措使得这些国家农业发展水平迅速步入世界农业强国之列,而这些国家运用自主创新模式是以相关的创新理论作为理论指导的,所以对于创新理论的系统认识是必要的。

农业自主创新是建立在一定的创新理论上的，是发展了的创新理论在农业方面的运用。对于创新理论的研究最早来源于熊彼特（1912）的著作《经济发展理论》，他认为，创新就是建立一种新的生产函数，在经济活动中引入新的思想、方法以实现生产要素新的组合。熊彼特的创新理论虽然把创新活动作为一个相互作用过程的共性，但却忽略其活动是在一定的历史环境和历史条件下进行的。由此，西方学者对于创新的研究将视角逐渐转向宏观层面，继而产生了国家创新系统理论，这为西方国家农业的自主创新提供了全面的认识，使西方国家农业的自主创新不再局限于技术层面，而是转向系统层面，即农业的自主创新是由国家、地方政府、科研机构、农民等创新主体有机结合而快速发展的。

对于国家创新系统的概念最早由英国经济学家弗里曼（1987）提出，他认为，国家创新系统是公私部门机构组成的网络，它们的活动和相互作用促成、引进、修改和扩散了各种技术。他认为，政府的政策作用、企业研发投入、教育和培训以及产业结构是影响一国创新能力的重要因素。另外，尼尔森（Nelson，1993）比较分析了美国和日本等国家和地区资助技术创新的国家制度体系，认为国家创新系统既包括各种制度因素以及技术行为因素，也包括致力于公共技术知识的大学和研究机构，以及政府的基金和规划之类的机构。随后，经济合作与发展组织（OECD）在国家创新系统这一理论体系的影响下，通过对其成员国的研究，认为一个国家的创新实绩很大程度上取决于创新过程中各个角色如何联系起来成为一个知识创新和使用的集合体。创新是不同主体和机构间复杂的相互作用的结果。技术变革并不一定以一个完美的线性方式出现，而是系统内部各要素之间的相互作用和反馈的结果。这一系统的核心是企业，是企业组织生产和创新、获取外部知识的方式。外部知识的主要来源则是别的企业、公共或私有的研究机构、大学和中介组织。

20世纪90年代以后，"沟通与创新"学科在欧美国家农业自主创新中兴起，该学科认为农业自主创新是农民认识技术、选择技术，并在技术采用过程中对技术进行应用、调试及改造的过程。新的推广理念和思想确立了农民在技术选择和技术采用交流中主导和平等的地位,它不同于传统的推广只是一味地强调和考虑技术因素,而忽略了社区内众多的非技术因素以及将农民作为被动接受者的角色。该理论核心价值在于提高了农民的地位,农民是农业自主创新的基础,国外政府对于农民的财政补贴大幅增加,如农业补贴、农业教育及培训以及农业保险等方面给予优惠条件,不仅使农民的农业科技素质整体大幅提升,而且投身于农业创新的热情也得到强化。

随后的农业创新理论对于农民在农业自主创新中的地位进一步提升。例如,"内源发展理论",该理论认为农民是农村社区发展的动力,也就是说,任何发展的原动力都来自社区的内部,来自社区的主体——农民。农民对技术的获取是一个主动的过程,即农民根据自己的生产、生活需要来主动寻找技术并采用技术,即动力来自农民。因为农民对其生产生活环境自有他们自己独到的认识,为了生存及发展,他们拥有相当丰富的技能及对事物的判断和生存发展策略,即在发展领域所称的"乡土知识"。农民在发展中有很大的潜力,这必须得到认同,而不能认为农民只是被动的发展对象。在这种情况下政府推广体系应该只是一种服务,即根据农民的需要提供咨询服务。这种理论直接影响了一些国家农业推广体系的建设。例如,英国的推广体系由原来的NAAS(国家农业咨询服务系统)到现在的ADAS(农业发展及咨询服务系统)始终强调的是以用户——农民为导向的咨询服务意识,而且这里的服务不仅包括技术本身,还包括市场信息、营销、农户(农场)生产设计、财务管理等方面的内容。

随着农业创新理论研究的深入,农业创新的重心侧重于农业科研、农业技术扩散和推广、农业技术选择和采用以及政府和农户合作的生产方式等多个方面,很多颇有见解的理论相继提出。在此之后,与环境保护有关的技术创新和技术层出不穷,包括:农业清洁生产技术、生态农业技术、环境友善技术、绿色技术等。在农业科研方面,公共部门和私人部门的合作比任何两者独立的行动会更加有效率。原因在于:第一,合作总是能选择高效率的要素供给;第二，合作的产出比纯政府或纯私人供给情形下的水平都高；第三，项目会在一个更广阔的参数评估范围里展开。相比较纯政府供给或者纯私人供给而言，合作对于双方来说都更有利。随着私人部门进入原来公共部门大量占据各领域就必然需要政府决策部门制定新的政策措施。

从国外对于农业自主创新方面理论的研究中不难发现，首先，农民是农业自主创新的核心，农民整体农业科技素质的提高是国家农业自主创新快速提升的基础。其次，政府在提升国家农业自主创新中起到关键作用，政府对于农业各种补贴、农业创新的巨资投入、农民的农业保险等，都为国家农业自主创新快速发展奠定基础。最后，合理的农业组织体系是农业创新的有力保证。农业自主创新绝不能仅局限于技术层面，还应包括制度层面的创新，比如农业组织体系以及农业科技推广体系的建立等。这种体系的建立使得农业自主创新对于农业的发展动态化、信息化、高效化。

（二）国内研究概况

国内学者对于农业自主创新及其模式也有较多的研究，但大多是从技术创新进行研究的。在理论研究方面，如朱广其（1997）认为，农业技术创新是在农业生产过程中引入新的品种、技术或生产方法，推动形成新的农业生产要素组合，促成农业生产效率的提高。农业技术创新的过程包括研究、试验、推广、应用和扩散等一系列相互衔接的过程。戴思锐（1998）认为，农业技术创新主体具有多元性，政府、农业技术研究机构和人员、农业技术推广机构和人员、农业生产者是最重要也是最基本的主体。其中，政府因充当管理决策者、资金物资主要提供者、其他主体行为协调者等重要角色，是推动农业技术进步的核心力量和关键因素。鉴于不同创新主体的职能职责、行为动机、行为准则和行为方式等各不相同，主体之间的行为协同成为推动农业科技进步的关键，也是科技管理的重点和难点。辜胜阻（2000）则对农业技术创新提出广义和狭义的双重概念，他认为：狭义的农业技术创新仅仅是指农业技术成果的创新发明；而农业技术创新的广义概念，不仅包括新品种和新技术的研究开发，更包括农业技术的试验示范和推广应用等一系列前后相互关联和衔接的过程。农业技术创新的直接后果,是通过生产应用引致生产要素的重新组合。

在实证方面,如黄季焜(2000)等通过对 OECD 国家的农业投资机构的分析结构表明,到 20 世纪 90 年代初政府投资占 51%,说明政府在农业技术创新中的地位非常重要。就是在经济发达国家,政府依然未敢放松对农业技术创新的投资。解宗方(2001)对农业创新主体的培育,进行了深入分析。他提出,应该通过切实推进政府职能转变、规范政府行为和转变政府角色、营造创新环境等方面来加强农业技术创新主体的培育。彭宇文等(2007)认为,美国农业科技投入的力度不仅远远高于发达国家的平均水平,而且也高于国内非农业部门科技投入的平均水平,这主要得益于美国政府对农业科技的高度重视、完善的农业科技体制以及对私人农业科技投资的有效诱导。柏振忠(2007)对世界主要发达国家农业科技创新模式进行了总结,认为美国属于产学研结合型农业科技创新模式,法国属于链条式环保型农业科技发展模式,英国是政府引导型农业科技创新模式,德国是信息化生态型农业科技发展模式。董宏林、王庆锋(2008)对比了国外农业自主创新较高的国家对农业创新所采取的措施,发现这些国家普遍坚持农业制度及政策创新,比如欧盟各成员国农业补贴制度的创新。另外这些国家普遍建立运行机制良好的多元化农业自主创新体系,政府部门向农业自主创新投入巨额资金,而且都建立起多层次、机制合理的农业创新推广体系。此外,国家对于农业教育和农民科技培训也特别重视。杨传喜、张俊飚(2012)对美国、日本农业科技资源配置方式进行分析,认为农业创新型国家的基本特征是农业创新投入高,政府对农业科技的投资强度高于其总的科技投资强度,农业科技投入占其农业总产值的1.5%—2%。政府是农业科技创新的主体,主要基于以下两个方面:其一,农业科技具有公共产品属性。其二,政府具备完善的农业推广服务体系,在整个农业创新体系中具有特殊的地位和作用。

国内学者更多的是从技术创新角度来探究农业自主创新模式,对于制度层面的探讨较少,这与我国的国情也密切相关。

我国是传统的农业大国,农地类型复杂多样、大面积耕作土地少、部分地区水资源相当匮乏、农业人口众多等一系列客观条件阻碍了我国农业步入农业现代化的目标。我国要发展现代化农业，关键是要找到适合中国的农业现代化自主创新道路。放眼世界，以美国、日本和西欧为代表的发达国家，无一不是在结合本国国情的基础上，在政府的强力支持与引导下，大力发展以农业机械化、电气化、水利化、良种化为代表的农业科学技术，不断强化农业自主创新模式，不断完善自主创新体制，才走上"大国崛起"和"农业振兴"之路。这其中不乏有一些国家自然资源、历史条件等与我国相比更为严峻，但这些国家通过科学地应用符合国情的农业创新模式快速发展农业，步入世界农业强国的行列。例如，法国、以色列、英国、日本等国。因此，寻求一种符合我国国情的农业自主创新模式显得尤为重要，探索和借鉴世界农业强国的农业创新发展模式对于我国快速实现农业现代化是必要的。

二　国外实现农业现代化自主创新模式

（一）美国模式

美国地域辽阔，资源丰富，气候条件适宜，土地、草原和森林资源拥有量居世界前列，发展农业具有得天独厚的自然条件。在美国独立初期，农产品出口是美国对外贸易的主力，大概95%以上的贸易价值是由农业创造的。随着经济的发展，农业在国民生产总值中所占的比例日益下降。在20世纪60年代之前，美国农业生产仍处于以较落后状态，主要依靠扩大种植面积、增加劳动力人数等手段提升农作物产量，但到20世纪60年代之后美国就开始走上农业现代化进程，这与美国所实行的农业创新模式密不可分，主要有以下几方面。

1. 大规模机械式生产方式

国外对于农业技术创新道路的创建，首要是选择农业技术进步模式。美国根据其人少地多、劳动力相对缺乏的资源禀赋，走出了一条劳动节约型技术创新之路，即以农业机械、农业生产设施等固定性生产资料的开发、改良为主要特征，其显著效果是缩短单位劳动时间，大幅度地提高劳动生产率。

2. 农业自主创新经费专项投入

美国农业是美国研究与开发经费长期投资的重点领域之一。国家对农业科技的投入，自1958年以来始终以8%的年增长率逐年增加。到目前为止，尽管美国用于农业科研的私人投资比重在整个农业科研经费中超过50%，但私人投资的重点只在于能直接应用于生产、具有市场潜力和高额利润的开发性研究上，对于没有直接经济效益但关系到未来科技发展的基础性研究和应用性研究，则主要依赖政府投资。美国的农业研究投入是按照法令和条例由联邦政府拨款，其投入有四种方向：一是对农业部研究机构和农业研究局等的直接投入，占农业部投入的51%；二是对各州的拨款投入按法律方案，占农业部投入的30%，主要用于各州农业（包括畜牧业和林业）研究；三是竞争项目拨款，主要用于国家研究计划和小型独立项目，占农业部投入的12%；四是特别项目拨款，占农业部投入的7%。虽然美国的农业科研经费历来充足，但其对农业科研投入的力度仍逐年加大。在2002年《新农业法》起草时，大幅度增加农业科研经费、取消预算上限、提高最低拨款比例、增加地方政府配套资金以及五年内科研经费翻番等新思路已被纳入政府规划。

3. 建立产学研结合型农业自主创新体系

美国有规模较大、机构健全、布局合理的农业科研网络：美国农业部领导的科研机构负责全国公共研究任务的40%以上；各州立大学农学院侧重地方性农业科研教学和推广工作，并接受农业部的相关任务；私人农业研究机构一般承担具有应用价值的技术开发研究。各主体的科研目标都非常明确，所有的研究课题都是农场主提出的生产实际问题。一项新技术由农业研究机构完成后，由专门的推广机构进行简化和中试，然后转让给企业、协会和农户应用。同时，企业、协会和农户也把市场和技术需求反馈给农业研究机构，构成了技术创新的良性循环机制，保证了农业科研成果的及时转化。美国农业研究局在总部及各区域研究中心都设有成果转化办公室，负责成果的推广和转化工作，同时根据立法，实行由农业部州际合作研究教育与推广局负责协调管理，各州农学院及其56个州的农业实验站为主体的农业推广网络，形成了美国农业科研、教学和推广三位一体的合作机制。

4. 建立了多层次、机制合理的农业创新推广体系

美国政府一直把农业的教育、研究和技术推广作为自己重要的职责，运用法律、法规形式固定科、教、推三位一体模式。首先，由州农学院同时承担教育、研究和推广三项任务；其次，每年的研究推广计划由基层向上申请，推广站提供的服务应尽量满足农业生产的需要；最后，推广经费由联邦、州和县共同负担。美国农业科学研究经费主要来自公共和私人（公司）两大系统，二者互相补充。前者侧重于基础研究和应用研究，后者侧重于新产品开发和应用研究。这种模式实现了科研、教育、推广的有效结合，使得科技成果转化率达到70%左右。

在这种模式当中，各州农学院是核心，1862年美国实施《赠地大学法案》，由联邦政府向各州、领地和哥伦比亚特区赠拨公有土地，接受土地的地区必须利用这些土地和土地有关收入建立一所从事农业和机械工艺教育的农学院，又称赠地学院。农学院系统构成了美国公共农业教育、科研和推广三位一体的主体框架。这些农学院不仅扮演培养农业人才的角色，也是国家科研体系的一个重要组成部分，同时配合国家的农业技术推广工作，负责所在州的农业技术推广工作，农学院院长兼任美国农业推广体系的核心部分——州农业推广站的主任，并且农学院内部都设有农业技术推广中心，下设多个专业办公室，拥有许多专职或兼职的研究及教学人员。他们与若干农场保持联系，随时将自己或收集到的最新科技成果提供给农场主。

5. 建立农业保险机制

美国运用政府主导型的发展模式。一开始由联邦农作物保险公司开展农作物保险，并对投保农户实行补贴，逐渐在全国范围内推广多个险种；同时以不断完善有关法律法规为依托，通过优惠政策逐渐诱导商业性组织介入。直到现在政府逐渐退出直接业务经营，原保险业务全部由私营公司经营或代理，政府对其经营活动提供费用补贴、再保险支持和税赋优惠，即"私营 + 政府扶持"制度。

美国政府开展农作物保险的目的是建立农村经济"安全网"，

稳定农村经济，提高国民整体福利水平，因而美国在农业保险上加强一系列制度做保障。首先，相关法制健全。美国从设立农作物保险之初，就建立了相应的法律法规，并在农业保险的发展过程中不断完善法律制度，保障了整个市场的规范运行。其次，财政支持到位。美国政府提供了大量的经济支持，2000年保费补贴率达53%，其中巨灾保险补贴全部保费，还有对私营保险公司提供的补贴，并鼓励各州政府根据自身情况对农业保险进行补贴，进一步减轻农民负担。最后，政策再保险完备。美国政府对私营保险公司提供再保险支持，对农业保险经营实行免税政策，提高了保险公司积极性，有助于整个农业保险市场的有效运行。

6. 政府提供的其他配套制度

美国政府对于农业发展提供了一系列的扶持，这为农业自主创新创造了良好的环境。主要通过制定制度规则来确保农业的快速发展。例如，政府所实行的收入支持制度、价格支持制度、信贷支持制度及其他支持制度等。

美国政府制定的收入支持制度一般包括直接补贴、反周期补贴、国家奶制品市场损失补贴、特别灾难援助、交易援助贷款和贷款缺额补贴、作物与收入保险等。价格支持制度主要包括农产品贷款计划、关税和税率配额、政府采购、出口补贴。这一制度安排一般主要是适用于糖、烟草、奶及奶制品等少数农产品。美国的农业信贷体系分为国家信贷系统和商业信贷系统，国家信贷系统隶属于联邦政府，包括国家农业信贷总局和农业信贷机构两个体系，具有较强的政策性投融资功能，主要为农场主提供长期、中期和短期贷款和生产贷款。美国农业部的农产品信贷公司主要提供农场主以滞销农产品为抵押的短期贷款，进行农产品价格支持，以稳定农业生产者收入，利用这种金融手段对农产品销售和生产实行政府干预和调节，为农场主提供筹措和运用资金提供了十分便利的条件和手段。

（二）法国模式

作为欧洲第一大农业生产国、世界第三大农业和食品出口国、世界第一大食品加工产品出口国的法国，农业是其国民经济的命脉。法国农业曾受"小农经济"困扰,在一个半世纪里徘徊不前。第二次世界大战以后,法国政府采取"以工养农"政策,加速土地集中,大力推广农业机械化、专业化和产业化,仅用了20多年,就走上了农业现代化之路。法国的农业自主创新模式主要有以下几方面。

1. 土地集中化与农业机械化

影响法国农业发展最突出的矛盾是人多地少。为了应对这一问题,20世纪50年代中期,政府就出台一系列措施来推动土地集中,实现农业规模化经营。为转移农村富余劳动力,政府实行了"减"法:年龄在55岁以上的农民,国家负责养起来,一次性发放"离农终身补贴",鼓励农村年轻人离土离乡,到国营企业工作,其他青壮年劳力,政府出钱办班,先培训,再务农。与减少农业人口的做法相反,对农地经营规模,政府用的是"加"法:规定农场主的合法继承人只有一个,防止土地进一步分散;同时,推出税收优惠政策,鼓励父子农场、兄弟农场以土地入股,开展联合经营。各级政府还组建了土地整治公司,这是一种非营利组织,它们拥有土地优先购买权,把买进的插花地、低产田集中连片,整治成标准农场,然后再低价保本出售。此外,国家还给大农场提供低息贷款,对农民自发的土地合并减免税费,促使农场规模不断扩大。1955年,法国10公顷以下的小农场有127万个,20年后减少到53万个,50公顷以上的大农场增加了4万多个。农业劳动力占总人口的比例,50年代初近40%,现在只有2.2%,农民平均占有农地达到10公顷以上。

在着手农地整治的同时,农业机械化也紧锣密鼓地迅速推开。在法国政府的头三个国民经济计划中,"农业装备现代化"被摆到突出位置。战后初期,国内生产资金极度匮乏,法国政府抛掉"既无内债,又无外债"的理财观,大胆向国外借款,不惜落下一身债,先把农业机械化搞上去。农民购买农机具,不仅享受价格补贴,还能得到五年以上低息贷款,金额占自筹资金的一半以上。农用内燃机和燃料全部免税,农业用电也远比工业便宜。为保证农机质量及其方便使用,政府颁发"特许权证",指定专门企业,在各地建立销售、服务网点。不论哪个厂家、哪一年的产品，其零部件都能随处买到。农用机械价廉物美，售后服务有保证，自然受到农民的欢迎。1955—1970年，各农场拖拉机占有量从3万台增加到170万台，联合收割机从4900部增至10万部，其他现代化农用机械也很快得到普及。法国只用了15年时间，就实现了农业机械化。

2. 政府与私人部门共同主导的运行模式

法国的农业技术创新由政府和私人部门共同主导运行，农业技术创新道路运行体制主要凸显一个私人公司或非政府组织的地位，但是政府同样起着重要作用。法国农业技术推广活动由农会组织委托一些私人公司承担。农会组织是全国性组织，其运行经费源于与农业有关的税收以及农民组织所缴纳的会费等。农业技术推广项目由农会的理事决定，中央政府仅给推广活动部分补贴。但是，法国的农业科研的基础性、公益性项目仍由政府主导。法国的农业教育分为高等农业教育、中等农业教育和农民业余技术教育。其中1200多所中等农业技术学校中，私立学校占800多所，有农民业余技术培训中心350个，其中私立的占200个，培训对象主要是农场主、农业工人和农业后继者。

3. 农业专业化和商品化

法国农业机械化、现代化进程中的一个突出矛盾是，农民一家一户经营的项目较多，种植品种复杂，专业化、商品化以及机械化程度不高，造成技术水平和劳动生产率难以提高。第二次世界大战以后，随着"农业装备现代化和规模化"的逐步推进，政府不失时机地通过调节价格、信贷、补贴及技术援助等手段，推进农业生产专业化。法国的农业专业化包括三个类型：区域专业化、农场专业化和作业专业化。在区域专业化方面，按照自然条件、历史习惯和技术水平的划分，将不同的农作物和畜牧生产合理布局，形成专业化的商品产区。在农场专业化方面，按照经营内容大体可分为畜牧农场、谷物农场、葡萄农场、水果农场、蔬菜农场等。作业专业化是指过去由一个农场完成的全部工作，分别由农场和农场以外的各个专业化企业承担，每个企业只负责其中的一个环节，从而大大简化了农机配置，促进了农机化水平的提高。

4. 建立完善的产学研农业科研体系

首先，法国建立了先进的农业教育体系。以高等农业教育、中等农业职业技术教育和基层农民成人教育为主要内容的农业教育体系，培养农、牧、林等各领域、多层次农业科技人才。

其次，建立完备的农业科研体系。法国建立了数量众多、类型完备的农业科研机构，拥有庞大的农业科技人员队伍，涉及从国土调查到农业科技应用等广泛领域，为农业现代化提供基础和应用研究。同时，政府部门、农业行业组织和IT业企业等共同参与农业科技推广服务，形成一个包括农机、农药、化肥、良种和先进农艺等在内的立体推广网络，以保障农业生产实现高效、高产、优质和标准化。

最后，政府制定了严格的农业生产经营资质条件。法国政府规定，农民必须接受职业教育，取得合格证书，满足一定资质要求，才能享受国家补贴和优惠贷款，具备从事农业生产经营的资格。其中，相当于高中一年或二年的"农业职业能力证书"和"农业职业文凭"持有者，只能在农场或农业企业当雇工，具有高中二年以上学历的"农业技师证书"持有者，或通过农业职业和技术会考的学生，才有资格独立经营农场。另外，一些农场继承人在接受基础教育之后，还要上五年农校，再经过三年学徒期，经考试合格并取得绿色证书，才具有从事农业经营的资格。

5. 发展农业环保新技术

现代农业对环境和自然资源的破坏，已引起法国政府的极大重视，从而在改进传统农业生产技术基础上大力支持农业环保新技术的研发和推广应用。在种植业方面，积极开发生物防治综合技术和培育植物抗病新品种，研究解决化学除草剂和杀虫剂等农药残留技术。在养殖业方面，开发畜禽粪便处理再利用技术，降低粪尿中的氮含量，以减少畜牧业生产中畜禽粪便的污染等问题。

6. 开发领先全球的农业加工技术

农产品加工部门是法国最主要的出口产品部门。目前，法国80%的畜产品、30%的其他农产品都是经过加工后才被推向消费市场的。在加工技术中，法国在奶类和肉类的加工技术，谷物、面包糕点和葡萄酒的加工技术等领域位居全球前列。以奶类加工技术为例，在法国，牛奶可以被加工成各种精美的黄油、奶酪、酸奶、巧克力、奶粉等奶制品以及奶类食品，满足了不同消费者差异化的消费需求。

7. 大力发展观光农业

观光农业是一种典型的现代农业模式，无污染且经济效益显著，被称为"绿色朝阳产业"。法国农业发展特色之一就是对观光农业的发展，并对观光农业发展模式进行细化，分为传统型观光农业、都市型科技观光农业、度假型观光农业。其中，传统型观光农业主要以不为都市人所熟悉的农业生产过程为卖点。例如，法国农村的葡萄园和酿酒作坊，游客不仅可以参观和参与酿造葡萄酒的全过程，而且可以在作坊里品尝，并可以将自己酿好的酒带走。都市型科技观光农业主要是在城内小区和郊区建立小型的农、林、牧生产基地，既可以为城市提供部分时鲜农产品，又可以取得一部分观光收入。在那里不但可观赏到一些农作物种植场景，而且可观赏到一些珍稀动物、名优花卉和果树。度假型观光农业主要是利用不同的农业资源，如森林、牧场、果园等吸引游客前去度假。在庄园，水果随便吃，可以在树下草地上休息，还可在农舍小住一夜，品尝别有情调的庄园晚餐。法国观光旅游农场的计划为传统农场的经营开辟了创新之道，使法国农场进行多种经营，可直接提升农场竞争力及间接控制农场产品质量。这不仅增加了农民收入，而且还有利于经济持续健康的发展。

（三）英国模式

英国国土面积为 24.4 万平方公里，国土面积相当于我国安徽、江苏两省之和，东南部为平原，土地肥沃，适于耕种，北部和西部多山地和丘陵，北爱尔兰大部分为高地，全境河流密布。英国的耕地面积为 608 万公顷，占国土面积的 1/4，人均耕地面积为 0.1 公顷；还有永久性牧场 1105 万公顷，适宜于发展畜牧业。英国发展现代化农业主要的自主创新模式是由生产规模化和先进的工业发展来推动的。

1. 土地集中与规模化生产

在 14、15 世纪农奴制解体过程中，英国新兴的资产阶级和新贵族通过暴力把农民从土地上赶走，强占农民份地及公有地，剥夺农民的土地使用权和所有权，限制或取消原有的共同耕地权和畜牧权，把强占的土地圈占起来，变成私有的大牧场、大农场。这就是英国历史上著名的"圈地运动"。圈地运动对农民来说无疑是一场灾难，但是它却将农户零散的土地集中起来。另外，英国强劲的工业发展吸纳了农业大部分劳动力，使得从事农业人口大幅减少，这都为后来的农业机械化大生产做了准备。

2. 补贴农民应用农业创新成果

英国政府运用欧盟共同农业政策（CAP）给予的每年30亿英镑，对农民应用农业创新成果进行补贴。其具体做法是：在自愿的前提下，政府与农民签订合同，明确提出合同所要达到的指标，并将补贴直接发放到农民手中；农民为了提高生产率，按照合同和各自生产的需求，必须将部分资金购买能帮助他们完成合同指标的新技术、新设备和新工艺。

3. 农业科技支持与大力推广

在对农业科技的支持方面，英国环境、食品与农村事务部于2003年制定了《英国农业科学与创新战略（2003—2006）》，每年投入3.25亿英镑用于农业科学与创新。在推广应用方面，一是研发的农业科技项目富有针对性。科研机构在选择研发农业科技项目时，完全按照农民需求有针对性地进行。二是组建包括各种农业科技推广机构、农业行业协会、咨询公司以及科研机构自身的协作网络等农业中介机构，完善、高效的农业中介机构有利于农业科技新成果的推广和应用。三是提高科技成果的市场转化率。科研机构、农业企业以及政府管理等部门加强联动密切配合，采取多种措施提高科技成果的市场转化率，促进新科技成果的推广和应用。

4. 建立农业科技质量保证体系

英国于2004年建立了农业科技质量保证体系。其具体做法是：（1）农业科研投入必须保持公开透明，接受社会各界的监督。（2）农业科研成果必须有同行的评价。其中不仅要有英国国内相关学术咨询委员的意见，而且还要有世界上最优秀的农业科学家的评价意见。（3）科研成果应用必须具体明确，要求农业科研成果中应含有实际应用的内容，促进农业新科技能迅速传递到农民手中。这有效保证整了最新技术在农业中的快速使用，大幅提升了农业生产效率。

（四）德国模式

统一后的德国包括16个州，国土总面积35.7万平方公里，目前拥有人口约8200万，其中农业用地面积约为1900万公顷，占国土总面积的一半以上。德国是欧盟最大的农产品生产国之一，动物生产仅次于法国，居欧盟第二位，植物生产居第四位，农产品出口名列欧盟前列。特别是农业机械出口在欧洲保持"冠军"地位。德国农业的突飞猛进也是和它的农业自主创新模式分不开的，主要在以下几个方面。

1. 鼓励农地合并经营

早在1955年，德国政府就制定《农业法》，允许土地自由买卖和出租，使原本规模很小、没有生命力的小农场转变为拥有10—20公顷或规模更大的农场。20世纪50年代中期，政府又开始实施《土地整治法》，调整零星小块土地，使之连片成方，其结果是农场规模不断扩大，由1949年的平均8.06公顷扩大到2002年的30公顷以上，农场数量则从1949年的165万个减少到2002年的不到50万个。农业劳动生产率大大提高，粮食单位面积产量跃居欧盟第五位，粮食总产量跃居欧盟第二位。1965年政府规定，凡出售土地的农民可获得奖金或贷款，以帮助转向非农产业，凡土地出租超过12年的，每公顷租地可获奖金500马克。这些措施促进了土地的自由流动，扩大了农场生产规模。

2. 大力发展生态农业

大力发展生态农业是德国农业发展的新趋势。在权衡经济和环境两方面利益的基础上发展农业生产，联邦政府制定了以下方针：避免由于外源物质污染或经营措施不当而造成对农田内外群落的不良后果，注意对天然生物品种资源特别是生态方面有价值的群落的保护，保护风景名胜和自然景观，国家采取建立国家森林公园、农业自然保护区及杂草保护区等措施，来保护农业生物多样性。1998年，德国政府制定了《动物保护纲要》，禁止人类伤害动物及利用动物进行实验。

为了推动生态农业的发展，德国成立了生态农业促进联合会。生态农业企业在自己的土地上不能使用化肥、化学农药和除草剂等。与此同时，联邦政府注重发展"工业作物"种植业，即种植那些可以用来生产矿物能源和化工原料替代品的经济作物。油菜籽是德国目前最重要的能源作物，它不仅可以用作化工原料，还可以提炼植物柴油，代替矿物柴油用作动力燃料。近年来，联邦每年拨款40亿欧元以上用于"工业作物"的研究和开发，并成立了生物原料和生物能源研究中心，专门负责相关方面的科研以及新技术、新工艺的推广。

为了发展生态农业，德国在培训方面下了很大功夫。主要措施：一是培训农民掌握一定的专业知识和生产技能；二是培养家庭农场经营者、农艺师和农业技术员；三是培养高级农业技术和管理人员。目前，德国不同规模、不同类型的生态农场和村镇已发展到8000多个。许多大学和研究部门都设置了生态农业专业，德国已经成为当今世界生态农业发展最快的国家之一。

3. 积极实施农业支持政策

德国作为欧盟的主要成员国，农业和农村发展政策符合欧盟共同工业政策框架。20世纪60年代欧共体农业共同市场建立以来，在许多领域里，成员国的农业政策转由欧盟负责制定。欧盟共同农业政策就是对农业实施高度的扶持和保护，力图在维持现有的产业结构和经营模式的条件下，提高农业生产者的收入。2002年欧盟的农业预算共支出439亿欧元，大约占欧盟共同财政资金的50%。其中，用于粮食、油菜籽和蛋白作物的补贴支出占42%，用于牛肉补贴占40%，牛奶补贴占6%。具体到德国来说，2002年联邦的农业支出约为100亿欧元，欧盟补给德国约为80亿欧元。在180亿欧元中，用于实施农业社会政策如支付农民的养老、医疗、失业保险等的占了66%。另外一种农业补贴形式是各种补贴、津贴。农民可以从欧盟、联邦和州得到津贴，政府也通过津贴对农业的发展进行干预。

4. 重视农业合作经济组织

德国是世界农业合作社的发祥地。在欧盟国家，各类农业合作社能够长期稳定发展的一个重要经验是国家重视合作社的法制建设。德国农业合作经济组织发展的历史表明，农民合作经济组织反映农民社会经济利益，对政府政策制定具有强大和持久的影响力，农民的根本利益可以得到保障。农民参加合作社还可以取得很大的经济利益：一是在生产交易活动中减少中间损失；二是在资金融通方面能免除债息过高的风险;三是在农产品加工方面共同享受增值的好处;四是在共同使用大型农业机械和设施方面互通有无;五是通过农业产业内部分工,能享受和提供完善的社会化服务,如良种供应、病虫害防治、卫生防疫、机械维修技术培训、信息咨询等。

5. 提倡"以人为本"的村镇发展战略

德国政府实施的《土地整治法》,明确了相关村镇规划,规划自然保护区,改善农民生活和生态环境。德国的建筑业严格执行《建筑法》。该法对涉及有关建筑的各个方面都做了明确而具体的规定:一是分层次制定建设规划。联邦制定区域规划,各州制订国土区域规划,规划从上到下呈金字塔型。在各级规划中,社区规划是国土利用最重要的手段。除上述综合性规划外,各级还派生出各种专业规划,从而使联邦的国土建设管理形成完整的体系。二是严格实行建筑招标。州一级的招标不但要执行《建筑法》,还要遵守欧盟的建筑指南,在欧盟范围内建筑设计师实行自由招标。招标前要先编制招标书,绘制土地规划图、空间规划图、技术规划图,认真编制资金使用计划。招标书要在当地报纸上公示。三是要举行听证会,充分听取当地居民意见。

6. 推行农村社会保障政策

随着德国农业生产和生活条件的变化,政府制定了适合农村需要的社会保障制度,包括医疗和护理保险、养老保险和事故保险等方面。此外,还包含收入政策和结构政策的因素。德国政府出台的提前退休制度也是改善农业结构、增加农民收入的措施之一。该制度鼓励中老年农民提前放弃农业,把农田交给年轻的农民,有利于改善就业人员的结构,增加农民收入。从事农业的中老年人及其在农场劳动的家庭成员,因终止农场等失业的,可以得到赔偿金。

(五) 以色列模式

以色列是世界上罕见的土地贫瘠、水源奇缺的国家,年降水约200毫米,在沙漠地区更少,仅有25—50毫米;人均水资源270吨,不足世界的3%。全国90%的土地是沙漠,一半以上的地区属于典型的干旱和半干旱气候。即使在这样恶劣的自然条件下,以色列依然成为世界农业强国,这种奇迹和国家在农业方面大规模的科技应用及推广是分不开的。

1. 节水技术在农业方面大规模应用

以色列是水资源奇缺的国家，恶劣的生态环境严重影响人们的生存问题。在这种残酷的生态环境下，以色列政府大力发展节水技术，在农业方面滴灌和微灌技术的应用不仅解决了农业大量用水问题，而且使得以色列这个沙漠国家创造了农业神话。不仅如此，政府同时也大力发展淡水的再生和回收技术来改善国内农业用水严重匮乏的局面。以下对各种技术的具体应用进行介绍。

（1）滴灌和微灌技术。以色列每年可用水资源约为20亿立方米，农业是用水大户，农业用水占了全部用水量的60%—70%。迫于这种生态环境的压力，以色列很早就采用了压力喷灌技术。20世纪60年代后期，以色列又开发了滴灌技术，滴灌与其他灌溉技术相比有许多好处，如可用于长距离和坡地灌溉，肥料可以与水一起直接输送到植物根部附近的土壤中，节约了水和肥料。由于水和肥料集中在植物的根系部分，减少了杂草的生长，滴头直接将水输送到根系附近的土壤中，水的蒸发极微，大大提高了水的利用率。滴灌避免了水与叶子的直接接触，可以用微咸水灌溉而不灼伤叶子，在用微咸水灌溉盐碱地时，可以冲走根部的盐分，避免根部盐分的积聚。发明滴灌以后，以色列农业用水总量30年来一直稳定在13亿立方米，而农业产出却翻了五番。以色列喷微灌面积占灌溉面积的100%，喷微灌中滴灌比例已达70%。最近几年还推出了低耗水滴灌技术、脉冲式微灌技术、地下滴灌技术等。

（2）循环利用污水资源。以色列是世界上循环水利用率最高的国家，处理后的污水利用率已达70%，居世界首位，其中1/3用于灌溉，约占总灌溉水量的1/5。应用的面积从1970年的1620公顷扩大到90年代中期的36840公顷。现在，以色列每年大约有3.2亿立方米的废水经过处理以后用于农业生产，分布在城镇周围的果园主要用污水灌溉。

（3）利用微咸水。以色列南部沙漠的微咸水被用来农田灌溉，生产的西红柿和其他蔬菜、水果的品质，甚至优于淡水灌溉生产的产品。以色列南部沙漠生产的标有用微咸水灌溉的水果和蔬菜在欧洲市场上的价格较高，销路很好。以色列利用淡化咸水进行灌溉的面积达到45000公顷，面积大于西班牙和意大利。

（4）雨水的收集和利用。由于淡水资源十分珍贵，以色列因地制宜地在各地修建各类集水设施，尽一切可能收集雨水、地面径流和局部淡水，供直接利用或注入当地水库或地下含水层。从北部戈兰高地到南部内盖夫沙漠，全国分布着百万个地方集水设施，每年收集1亿—2亿立方米水。

此外，以色列政府制定相关法律，宣布水资源为公共财产，并建立专门管理机构加以控制。为了寻找水源，还利用城镇工业和生活废水，实行净化，对地下丰富的咸水资源进行淡化，并试验人工降雨。为了保持冬季出口果蔬土壤的温度和水分，广泛利用聚乙烯薄膜制造小温室。为了提高在国际市场上的竞争能力，以色列政府大力加强对出口加工食品的研究与开发，在营养、美味、包装和保管方面攻关。这些都加速了国家农业现代化的进程。

2. 注重农畜产品品种培育

以色列科学家十分注重结合自然条件，培育农畜产品新品种。目前，已培育出适宜于内盖夫沙漠地区咸水生长的小麦、洋葱、西瓜和番茄，以及用海水灌溉的灌木丛，并培育了以这种灌木丛为主要饲料的羊种。以色列科学家用基因技术改造的黑胡椒，粒大味浓，向胡椒之国匈牙利出口；生物工程培育的花卉新品种年出口额2亿多美元，80%直接销往荷兰花卉市场；欧洲3/4的柚橘来自以色列；霍夫丁奶牛每头平均年产奶9220公斤，最高达1.8万公斤，甚至还向奶牛之国荷兰出口；药用奶羊产奶成分近于人奶，含特殊基因。这一系列的优质农产品无一不是农业高科技的成果。

3. 农业科研教育与推广

以色列高度发达和集约化的农业是以强大的农业科研、教育和推广体系作为后盾和支柱的。政府每年农业科研经费上亿美元，占农业产值的3%。共有30多个从事农业科学研究的单位，大体分为基础性和应用性研究两类。另外，还有地区性研究开发机构，如约旦河谷研究与开发管理局、布劳斯坦沙漠绿化研究所等。不少大学也设有一些专业性研究单位，如特拉维夫大学设有高产作物研究所等。全国共有

3500多个高科技公司。由于科研力量雄厚、科研项目分工专细，研究成果对推广生产发挥重大作用，一些成果在世界上具有领先地位。以色列农业科学研究的重点是改造沙漠、培育适合于以色列自然条件的农畜品种、太阳能的利用、农畜产品的高产、高速繁殖和病虫害防治等。

4. 注重农民培训

高素质的农民是现代农业和现代社会的基本保证。以色列历来重视教育，认为教育投资是最根本的经济投资。各农业推广中心经常举办培训班，农民受教育的程度普遍达到大专水准，能较快掌握农业新技术。设有鲁平培训中心和戈尔加麦尔山国际培训中心等，为发展中国家培训推广人员和推广实用技术。在农业专业教育方面，在耶路撒冷希伯来大学设有农学院，下有12个系，附属4个研究实验中心。此外，有罗氏农业工程学院。

（六）日本模式

在农业方面，日本面临最突出的问题仍是人多地少的现状，这和我国情形很相似。我国虽然幅员辽阔，但农业耕地比重并不大，人口众多使得人均耕地面积非常小。我国自古以来就是农业文明大国，却迟迟未能实现农业现代化，而对于日本，20世纪五六十年代前农业并不发达，仅仅半个世纪的光景，日本的农业发展却突飞猛进，已跃居成为世界农业强国，这和日本所走过的农业自主创新模式是密不可分的。

1. 扩大农户耕地经营规模

日本人均耕地不足0.04公顷，20世纪50年代中期以来，日本政府一直致力于耕地的流转和农户经营规模的扩大，以改变小农经营模式。例如，1958年的经济白皮书中就提出小农经营已不适应现代化发展的需要；1961年颁布了农业基本法，试图通过扩大农户经营规模以提高农业生产效率；1962年新修改的土地法，废除了农户拥有耕地面积的限制；1970年对土地法进行了修改，废除了对农业租佃的限制，鼓励出租和承租土地，发展核心农场以及协作经营、委托经营等多种方式的耕地使用权流转，以扩大农户经营规模。此外，政府有关农业的税收政策、财政补贴以及信贷政策都使得农户经营规模不断扩大。

2. 以强大的外向型工业带动农业

(1) 以工业积累的雄厚资本和财政收入发展农村教育和农业科技。1973年，日本的公共教育投资年均增速为17.6%，很快建立起了完备的教育体系，大力培养现代农民。20世纪60年代，日本农业生物技术快速发展，优良品种的培育、化肥和农药的生产、科学栽培技术的研究、农业水利的兴修等取得了卓著的成效。

(2) 为农业提供机械化装备。20世纪60年代初，日本农村劳动力短缺，使机械化生产有了必要，而城市已经高度发达的机械制造技术又为农业机械化提供了可能。从1961年开始，日本结合本国山地多、地块狭小且分散的特点，研制各种农业机械。到1967年，日本基本实现了农业机械化，该年手扶拖拉机普及率达到90%，机耕面积达到66%，其中水稻机耕面积为90%。与此同时，插秧机、联合收割机、农用汽车、烘干机迅速增加，并开始向中大型机械发展。如今，日本的农业机械化程度超过了欧美各国。

(3) 以雄厚的财政实力对农业实行高额补贴。日本政府财政实力相当雄厚，这就为支持农业的迅速现代化提供了可能。日本是世界上少数几个对农业实行高补贴的国家之一。1986年，世界各国政府发放的农产品价格补贴总额约为1100亿美元，其中日本一个国家就高达400亿美元。1990年，日本中央财政的农业预算支出为23784.7亿日元，其中用于各类农业补贴的支出竟占近70%。另据经合组织调查，2000年日本农业的补贴占GDP总额的1.4%，而当年的农业总产值才占1.1%，即农业补贴超过农业总产值。从农户的年收入来，日本农户年收入的60%来自政府的各种补贴。日本政府财政对农业的补贴包括农田水利基础设施建设、购置农业现代化设备、农业贷款、农产品价格和保险五大类，其中农田水利设施建设和农户农业现代化设备的购置等支出，绝大部分由政府财政承担，需要农户支付的比重很小。

(4) 建立健全的农协组织体系。日本有全国统一的遍布乡村的庞大的农协组织体系，上有全国的农协联合会，下有综合农协，还有专业农协，全国99%以上的农户参加了农协。日本农协具有强大的社会化服务功能，对会员的生产经营、生活等服务几乎无所不包。如为会员农户采购生产资料和生活资料、销售农产品、金融服务、加工、育苗、育种、储藏、农机具维修、生产技术和发展计划指导、医疗保健、房地产信贷、邮政、农民的婚丧等。日本农协不以赢利为目的，全心全意为农民服务，有效地解决了单家独户所解决不了和解决不好的生产经营和生活问题，在分散的农户与大市场之间架起了桥梁，克服了家庭小规模经营的局限性，极大地提高了农业的经营效率。另外，日本政府以政策和法律对农协实行强有力的保护，从财政、税收、信贷、保险等多方面支持农协的运行和发展，使农协组织的作用得到进一步发挥。

三 比较与借鉴

以上笔者介绍了美国、法国、英国、德国、以色列及日本的现代农业发展模式，不难发现，这些农业强国在实现现代农业化的道路上有很多相似的地方，也存在很多差异。笔者对这些相同点和不同点进行对比分析，以期为我国及甘肃农业自主创新模式提供指导与借鉴。

（一）各国农业自主创新的相似性

1. 政府为农业自主创新提供基础条件

实现农业现代化的这些国家在农业的自主创新道路上，政府发挥了关键作用。例如，美国政府在农业科研上的巨资投入，为农民建立的农业保险以及其他配套机制，如信贷政策、价格支持政策等，极大地强化了美国的农业创新能力，为美国农业走向现代化奠定了基础。法国政府、英国政府、日本政府在农业现代化的道路上作用最明显的就是使分散的耕作土地集中化，这为农业机械化大生产方式提供了条件，同时也为农业规模化经营创造了基础。另外，这三个国家政府对于农业科技研发方面尤为重视，特别是日本，政府对于农业方面的投入经常大于农业总产值，这保证了日本农业技术的世界领先水平。德国政府主导发展生态农业，通过各种政策制定确保农业快速发展。以色列政府依据自身国情，大力发展节水技术，有效缓解国内农业缺水现状，使农业技术成为世界领先水平。

2. 完善的产学研体系提升农业创新能力

美国拥有强大的农业科研网络，其中农业部领导的科研机构负责全国公共研究任务的40%以上；各州立大学农学院侧重地方性农业科研教学和推广工作，并接受农业部的相关任务；私人农业研究机构一般承担具有应用价值的技术开发研究。一项新技术由农业研究机构完成后，由专门的推广机构进行简化和测试，然后转让给企业、协会和农户应用。同时，企业、协会和农户也把市场和技术需求反馈给农业研究机构，构成了技术创新的良性循环机制，保证了农业科研成果的及时转化。

  法国建立了完备的农业科研体系，拥有数量众多、类型完备的农业科研机构、庞大的农业科技人员队伍，涉及从国土调查到农业科技应用等广泛领域，为农业现代化提供基础和应用研究。同时，政府部门、农业行业组织和IT业企业等共同参与农业科技推广服务，形成一个包括农机、农药、化肥、良种和先进农艺等在内的立体推广网络，以保障农业生产实现高效、高产、优质和标准化。此外，以色列高度发达和集约化的农业是以强大的农业科研、教育和推广体系作为后盾和支柱的，德国和英国分别建有相对完善的农业产学研体系，对农业自主创新能力也都起到巨大的推动作用。

  日本有全国统一的遍布乡村的庞大的农协组织体系，上有全国的农协联合会，下有综合农协，还有专业农协，全国99%以上的农户参加了农协。日本农协具有强大的社会化服务功能，对会员的生产经营、生活等服务几乎无所不包，有效地解决了单家独户所解决不了和解决不好的生产经营和生活问题，在分散的农户与大市场之间架起了桥梁，克服了家庭小规模经营的局限性，极大地提高了农业的经营效率。

  3. 规模化农业生产方式

  美国根据其人少地多、劳动力相对缺乏的资源禀赋状况，走出了一条劳动节约型技术创新之路，即以农业机械、农业生产设施等固定性生产资料的开发、改良为主要特征，其显著效果是缩短单位劳动时间，大幅度地提高劳动生产率。战后初期的法国国内生产资金极度匮乏，政府抛掉"既无内债，又无外债"的理财观，大胆向国外借贷来发展农机设备。另外，对农民购买农用机械政府也制定了各种优惠政策，使机械化的生产方式很快在法国得到普及，仅1955—1970年，各农场拖拉机占有量就从3万台增加到170万台，联合收割机从4900

部增至 10 万部，其他现代化农用机械也很快得到普及。法国只用了 15 年时间，就实现了农业机械化。

德国、英国、以色列等国同样通过规模化的农业生产方式，不仅减少了从事农业的人力，而且发挥了农业的规模经济，增强了农业的整体竞争能力。与我国相邻的日本人均土地占有量也很低，但政府通过一系列制度安排使得人均耕地占有量大幅上升，这为农业规模化的生产方式提供了条件。日本通过机械化的规模生产方式大大降低了农业生产成本，强大的工业技术在农业方面的应用使日本快速进入农业现代化国家的行列。

（二）各国农业自主创新的差异性

各国在实现农业现代化的过程中尽管有很多的相似性，但由于各国自然禀赋、文化、历史条件等的差异，使得这些国家自主创新的模式并不完全一致。

美国为了稳定与安全地发展农村经济，提高国民整体福利水平，通过政府主导而建立了农业保险机制。此外，政府还制定了相关的法律来规范和保证农业保险机制的有效运行，动用大量的财政对巨灾保险提供补贴，降低农业保险机制崩溃的系统风险。政府还制定了政策再保险制度，即对私营保险公司提供再保险支持，对农业保险经营实行免税政策，提高了保险公司的积极性，有助于整个农业保险市场的有效运行。这种农业保险机制的建立有效地减轻农民的负担，农民福利大幅增加。而政府为农业保险机制提供的一系列配套措施则保证了机制健康高效地运行，从而保证了美国农业健康稳定地发展。

法国政府则结合国情走出了一条发展特色农业的道路——观光农业。这种农业模式是一种典型的可持续发展方式，最大的特点是无污染且经济效益显著。政府把观光农业结合消费者的偏好又进行了深度挖掘，分为传统型观光农业、都市型科技观光农业、度假型观光农业。其中，传统型观光农业主要以不为都市人所熟悉的农业生产过程为卖点。都市型科技观光农业主要是在城内小区和郊区建立小型的农、林、牧生产基地，既可以为城市提供部分时鲜农产品，又可以取得一部分观光收入。度假型观光农业主要是利用不同的农业资源，如森林、牧场、果园等吸引游客前去度假。这种发展方式其本质是市场导向型的发展模式,拓展了农业产业链,使农业生产不再简单地以满足人们的饮食为主要目标,而与人们的日常生活紧密相连。法国观光旅游农场的计划为传统农场的经营开辟了创新之道,适合法国农场进行多种经营。可直接提升农场竞争力;间接控制农场产品质量;增加农民收入,有利于经济发展。

英国建立农业科技质量保证体系,具体做法是:(1)农业科研投入必须保持公开透明,接受社会各界的监督;(2)农业科研成果必须有同行的评价,其中不仅要有英国国内相关学术咨询委员的意见,还要有世界上最优秀的农业科学家的评价意见;(3)科研成果应用必须具体明确,要求农业科研成果中应含有实际应用的内容,促进农业新科技能迅速传递到农民手中。这种体系的建立保证了农业自主创新的质量,加速了国家农业实现农业现代化的步伐。

德国政府则大力发展生态农业,这种农业发展模式避免由于外源物质污染或经营措施不当而造成对农田内外群落的不良后果,对天然生物品种资源特别是生态方面有价值的群落、风景名胜和自然景观起到保护作用,这保证了农业生物的多样性。此外,在农业耕作方式上,禁止生态农业企业在自己的土地上用化肥、化学农药和除草剂等,这为土壤的肥效以及畜牧业的健康发展提供良好的环境。最后,国家鼓励农户种植那些可以用来生产矿物能源和化工原料替代品的经济作物,作为清洁能源替代石油化工,大大降低了环境污染。我们看到,这种农业模式的发展紧紧与生态相结合,法国通过生态农业的发展走出了一条可持续发展道路。

以色列是水资源极度缺乏的国家,客观环境迫使以色列走上了农业科技发展道路。以色列是世界上农业节水技术最先进的国家之一,如滴灌和微灌技术、循环利用污水资源等技术在农业中广泛应用。另外,以色列政府制定相关法律,宣布水资源为公共财产,并建立专门管理机构加以控制。为了寻找水源,利用城镇工业和生活废水实行净化。对地下丰富的咸水资源进行淡化,并试验人工降雨。为了保持冬季出口果蔬土壤的温度和水分,广泛利用聚乙烯薄膜制造小温室,客观上改善了国家缺水的困境。

日本则以工业快速发展来促进农业的发展,用工业发展积累的雄厚资本和财政收入来发展农村教育和农业科技,为农业提供机械化装备。插秧机、联合收割机、农用汽车、烘干机迅速增加,并开始向中大型机械发展。如今,日本的农业机械化程度超过了欧美各国。

(三) 制约我国农业实现现代化的因素分析

1. 土地分散与小规模生产占主导

制约我国农业向现代化迈进的一个重要因素就是农户规模过小。我国20世纪80年代实行的土地联产承包责任制度极大地调动了农民生产的积极性,对于农业的发展起到快速推动作用。然而随着经济的发展、科技的进步、市场规模的不断扩大,社会对于农业的发展模式和生产方式提出了更高要求,以往传统的小规模经营方式已严重阻碍了农业现代化进程,其原因主要有以下几个方面。

首先,小规模的农业生产方式导致农业生产成本较高,大量先进的大型农业设备由于土地使用权的分散化而无法应用到实际生产中去,这极大地制约了我国农业机械化的生产方式。

其次,小规模的农业生产方式导致农业自给比重高,商品化程度低导致农业生产发展动力不足,农户因规模过小不利于专业化分工,一般倾向于多种产品的生产。据统计,目前中国农户同时从事两种以上产品生产的占90%以上,其中有农户生产10种以上的产品,全国农产品的综合商品率只有50%,这种没有摆脱自然经济状态的农户经济体由于缺乏追求利润的内在动力和市场竞争的外在压力必然惰性很强。

最后,不能实行企业化经营管理,没有成本核算,投入产出比低。不能有效地吸纳较大型的现代生产要素和承接外部投资,不能与现代化服务体系和大市场有效对接,农户农业收入不能持续增长,而现代农业的一条基本规律是农场规模决定农场的农业收入。

2. 政府公共财政支农能力有限

随着我国市场经济的发展,农业改革不断深化,财政支农的政策力度逐渐加大。政府通过项目、计划、工程、优惠政策、税费减免、转移支付等方式来支持保护农业。财政支农取得了一定的效果,如通过财政支农深化农村税费改革,极大地减轻了农民负担。把通过流通环节的间接补贴改为对种粮农民的直接补贴,让农民直接受益。加大农业投入力度，有力地促进了粮食增产和农民增收等。但我国财政支农仍存在很多问题，当前我国的公共财政体制尚未完全建立，财政支农机制还不够健全。财政支农资金投入总量水平低、财政资源配置不均衡、缺乏弥补财政缺口的制度安排等突出问题，极大地制约了财政支农资金在农业实现现代化中的积极作用。

3. 农民专业合作经济组织建设严重滞后

总体而言，我国农民专业合作经济组织呈现出覆盖面很低、地区间发展不均衡、分布单一、外部力量大量介入等问题。受农业经济发展不平衡的影响，我国各地农民专业合作经济组织正处于形成与发展并行的阶段，立足于产权改革的家庭承包责任制的巩固、农业市场化的发展，国家各种惠农政策的实施有力地促进了农民专业合作经济组织的形成与发展，但与农业经济发展的内在要求相比，与高度组织化的世界农业组织状况相比，我国农民专业合作组织的发展绩效还不能令人满意，还存在一些发展瓶颈。例如，我国农业专业合作组织一般合作意识薄弱，组建效率低，覆盖面小，没有形成全国性的网络系统。另外，内部运作不规范，政府对农民合作经济组织的支持不够，缺乏法律地位，至今尚无一部专门法来确立其地位，连到哪个部门登记注册都不明确。这些因素都导致农业专业合作经济组织在农业自主创新方面未能很好地发挥作用。

（四）国外实现农业现代化自主创新模式对于我国的借鉴

由于各国国情不同，并不是每个国家的自主创新模式都适合我国，所以我们根据自己的国情结合国外可利用的先进经验来发展农业。具体有以下几方面。

1. 深化耕地制度改革，发展家庭适度规模经营

据有关专家预测，到21世纪中期，中国人口为16亿多，其中有8亿—9亿人仍然要居住在农村，农业劳动力仍占有一定的比重。然而，我们看到，那些农业强国几乎从事农业的劳动力比重都很小，如美国、法国、德国等国家。日本刚开始从事农业的人口比重较大，但是随着工业水平的强劲提升以及第三产业的快速发展，大量的劳动力开始从农业转向第二第三产业，这对农业的快速发展提供了条件。

在人均耕地方面，中国与日本的情况很相似，都属于人多地少的

情况，所以我们可以借鉴日本的经验，将大部分农户的经营规模扩大到能够有效吸纳现代生产要素的最低临界规模以上，建成企业化家庭农场。具体可从四个方面入手：(1) 深化耕地制度改革，为了避免社会的震荡，其改革的方向是保持现有耕地集体所有制性质不变，虚化其所有权，让农户耕地承包使用权永久化和物权化，允许继承、入股、转租、赠与、委托经营等，让耕地使用权的出让方获得合法的土地财产收入，以作为家庭生活保障、转移费用和进入非农产业的创业成本。(2) 大力培训现代农场主或农业企业家。农村耕地经过以上使用制度的改革，其使用权供给主体的形成应当不成问题，关键是耕地使用权的需求主体，全国要有数千万愿意接受耕地、扩大农场经营规模、把农场当作事业来经营的人，这批新型农民要具备创业家的潜质，懂得企业化管理和运作，能够运用农业现代科技和现代市场营销手段等。(3) 制定和完善旨在促进耕地使用权流转的法律政策体系。这类法律和政策主要是让耕地使用权的供需双方均无后顾之忧，让经营规模较大的骨干农户享有更多的优惠。(4) 全面改善农业的生产经营条件，让农业投入者和经营者能够获得全社会均等的回报。

2. 科学规划我国农业科技创新体系

充分利用现有科研与推广力量，借鉴国际社会特别是美国等农业强国的成功经验，在尊重我国基本国情的基础上，建成布局合理、方向明确、优势互补、产学研相结合的国家农业科技创新体系。设立国家农业科技创新中心、区域中心、农业科技试验站，培养造就一支高水平、高素质的农业科技队伍，培育一批具有国际竞争力的农业高新科技企业和集团，在国际农业高新科技领域占有一定的地位。拓宽国际合作领域，农业科技创新的知识来源和服务市场应始终面向世界，扩大国际学术和人才交流。在管理体制方面，考虑到我国目前农业科研布局的现状，可先以现有管理运行机制为基础，通过共建、协作和优化的方式，逐步完成全国农业科技宏观管理体制的改革和农业科研机构布局的调整，形成中央和地方政府两级管理、分工负责，以中央政府统筹为主的新体制。

3. 建立健全农民合作经济组织体系

现代企业化家庭农场制度，不论规模大小都是人类历史上迄今为止最有效的农业生产组织形式,而超家庭的其他任何农业生产组织形式都是低效率的。这一点随着20世纪80—90年代以色列农业生产合作社、苏联集体农庄和中国人民公社的解体而得到最终的证明,经济理论界的有关争论也从此息声。然而,世界各国农业发展的历史和现实同样证明了,现代企业化家庭农场发展离不开外部合作经济组织体系的支持。就这一方面而言,美国、法国、德国、日本的农协组织是比较成功的。中国农民合作经济组织经过近半个世纪的探索和积累已经有了一定的基础,但却存在着前文所述的一系列问题。目前和今后一段时期,中国应汲取美国、法国、德国、日本农协的经验,重点把握农协组织的地位和内部治理结构等的法律规范、系统化和网络化建设,政府财政上的支持保障制度建设,培训各级各类专业化人才等。

4. 准确把握农业科技创新方向

英国的农业科技创新方向是沿着机械化农业、化学农业、生物农业、有机农业和生态农业等演变的全过程走下去,在实现农业现代化的过程中也曾走过弯路。例如,没有充分尊重土地的自然特性,一味地强调高投入和高产出,导致地力衰竭,只有靠化肥和农药维持,结果进一步造成对环境的不利影响。英国目前以发展生态农业为农业科技创新的主题,就是让农业回归自然。而在这一方面,德国一直致力于发展生态农业则避免了由于外源物质污染或经营措施不当而造成对农田内外群落的不良后果。对我国而言,农业科技创新方向是否需要沿着机械化农业、化学农业、生物农业、有机农业和生态农业等演变的全过程走下去,或是进行调整,需要认真思考。特别是人多地少的国情在我国将长期存在,一些地方正在重走英国的老路,一味地强调高投入和高产出,破坏土地的自然特性,大量施用化肥和农药,地力衰竭严重。借鉴德国经验,我国在发展现代农业过程中应该始终保持与自然的和谐关系,尊重土地的自然特性,合理开发利用土地。例如,农业耕作上可以采取一些诸如豆类作物和其他作物间种、减少复种指数、适当的休耕和采取有机种植等传统耕作方式等。

我国又是水资源较为缺乏的国家,个别省份农业用水奇缺,所以可以借鉴以色列模式,在较干旱的地区大力发展滴灌和微灌技术、循环利用污水资源、雨水的收集和利用等技术来发展农业。此外,为了保持冬季出口果蔬土壤的温度和水分，应广泛利用聚乙烯薄膜制造小温室。注重加工食品的研究与开发，如在营养、美味、包装和保管等方面。当地政府应制定保护水资源的相关法律，并建立专门管理机构加以控制。

对于那些地理位置比较优越、气候比较宜人地区的农业，我们可以借鉴法国的农业发展模式，大力发展观光旅游。这种农业模式是一种典型的可持续发展方式，最大的特点是无污染且经济效益显著。我们可以把农业和都市人的生活情趣紧密结合起来。例如，可以为都市人所不熟悉的农业生产过程为卖点，既为城市提供部分时鲜农产品，又可以取得一部分观光收入，还可以利用不同的农业资源，如森林、牧场、果园等吸引游客前去度假。这种发展方式其本质是市场导向型的发展模式，拓展了农业产业链，使农业生产不再简单地以满足人们的饮食为主要目标，而与人们的日常生活紧密相连。

5. 建立以政府投入为主导的多元化的农业科技投入机制

我国的农业科研投入基本上是财政资金，而且相对偏少，占农业GDP的比重偏低。近年来，财政对农业科研的公共投资强度，一直处在占农业GDP的0.25%左右的水平，与目前国际平均水平1%相比有较大差距。不仅明显低于发达国家的水平，也低于大部分发展中国家的水平。美国、法国等农业强国的历史经验表明，国家稳定投入是促进农业科技发展的一种非常有效的做法。借鉴国际经验，我国也应大幅度提高对农业科技创新的投入，并确保资金投入增长比例与国家经济发展增速相匹配。

第二节 甘肃现代农业自主创新模式探索

国外现代农业发展历程表明，自主创新对于农业现代化的快速发展起到关键作用，技术创新和制度创新是农业自主创新的核心，二者并重且相互影响。技术创新对于农业最直接的影响就是提高农业生产效率，降低生产成本，突破对现有资源的约束，拓宽资源的范围，如采用原有生产条件下无法使用的物质原料和信息要素，形成新的经济增长源。但应注意到，农业技术创新本身并不能消除农业经济发展上的所有障碍，也不能自动地为自身充分发挥作用提供适宜的环境，或者说技术变化并没有带来实现其潜力所需的那种最根本的组织变化。制度创新则是技术创新的保障和前提，它可以借助于相应的制度环境及手段使创新成果经过产生及扩散，最终通过市场表现来得以实现其价值。

另外，国外农业现代化的发展过程还表明，农业现代化并不是由不变模式发展的，一个地区究竟要采取什么方式来走向农业现代化，是由其自身的客观资源条件和历史背景等多种原因决定的，不能照搬照抄其他地区的模式。通常一些实现工业化比较早、自身土地资源较丰裕而劳动力又相对缺乏的地区，农业现代化的起步往往从基本的生产改革上入手，主要是从生产方式和技术工具来发展现代农业，走资本集约或技术集约道路。如日本主要以资源节约型为主，主要靠技术的力量来实现农业现代化发展。而以色列由于其土地资源稀少，自然环境条件比较恶劣，所以重点进行了节水型农业科技的多方面研究，形成其技术集约型、资源节约型的农业特色。甘肃省发展现代农业也要根据自身的条件，依靠自身的生产条件，充分发挥劳动力资源来快速发展现代农业。

甘肃是我国资源较富集地区，又是生态敏感区，更是经济欠发达区域。甘肃农业要实现农业现代化就必须立足甘肃农业省情，着眼长远与可持续发展，以特色农业为自主创新突破口与战略重点，探索具有区域特色的现代农业发展模式，不仅是甘肃经济快速发展的有力保证，更是甘肃农业实现现代化的必然选择。

一　特色农业主要模式

特色农业就是将区域内独特的农业资源开发为区域内特有的名优产品，转化为特色商品的现代农业。特色农业的关键之点就在于"特"。国内外特色农业可总结为：特色产品农业、景观农业、区位农业、工程农业、示范农业、循环农业六种发展模式。

（一）特色产品农业模式

特色产品农业模式是指凭借特色自然资源，开发特色农产品的农业发展模式。特色产品农业模式又可分为国家特色农产品模式和区域特色农产品模式。国家特色农产品模式是指一国一品或一国几品的模式，如法国的甜菜、澳大利亚的小麦、荷兰的花卉等。区域特色农产品指按区域资源优势开发的一地一品等模式。

（二）景观农业模式

景观农业是一种利用当地的自然资源，并提供包括休闲、娱乐、观光、体验等特殊服务的农业形态。如法国的教育农场、日本的农业公园都是景观农业形式。发展景观农业，能优化农村经济结构，促进农业生态环境保护，实现经济、社会与生态效益的统一。从服务形式上，景观农业包括休闲农业、观光农业、体验农业等。

（三）区位农业模式

区位农业是指按照不同的农业区位因素，通过科学的生产分工和区域布局，发展具有比较优势的农产品生产，从而形成的具有特色的农业专业化产业带，如美国的小麦生产区、玉米区、棉花区等。

（四）工程农业模式

工程农业是指以生物技术和工程技术为支撑，利用独特的生产设施进行农业生产的农业形式，主要包括设施农业、旱作农业、节水农业、精准农业等形式。目前，以色列的节水农业是世界工程农业模式的典范。近年来，美国、加拿大、法国等发达国家也开始发展精准农业。

（五）示范农业模式

示范农业是在城郊或农村的一定区域内由政府或企业等投资兴建，以农业科研、教育和技术推广单位为技术依托，主要以展示现代农业科技和管理为目标而形成的一种农业经营形式。示范农业主要包括新品种引种、科技推广、规范化生产以及标准化管理示范等。示范农业的特征是通过示范点的成功示范，用于培训和宣传，引导技术成果推广。

（六）循环农业模式

循环农业是应用循环经济理念与技术，遵循 3R 原则来组织并管理农业生产的发展模式。如我国南方的"猪—沼—果"三位一体的生态家园模式、北方的"太阳能—沼气—种植—养殖"四位一体的生态家园模式等。

二 甘肃现代农业发展自主创新模式探索

甘肃省气候和地貌的差异性使得区域内部农业发展导向不同，独特的自然条件使甘肃不断地向特色农业模式探索，发展了各种特色农产品产业。另外，甘肃也是水资源相当匮乏的省份，为了解决这一难题，部分县市向工程农业模式探索，大面积地使用农业节水灌溉技术，有效缓解了农业用水匮乏的难题。甘肃农业发展除了面临自然资源的制约外，还有来自农业技术、农业经济增长方式、农村劳动力、农业生产要素污染严重等方面的制约，而这些问题又使得甘肃农业逐渐向循环农业生产模式探索。

（一）甘肃现代农业发展的目标体系、目标形态及目标模式

甘肃现代农业发展的目标体系是发挥区位优势，构建以功能组团为依托的板块农业布局体系；发挥比较优势，构建以优势产品和特色产业为支撑的品牌农业产业体系；发挥互补优势，构建以城乡协调为取向的农业生态服务体系；发挥产业优势，构建以生态农业、休闲农业、旅游农业为基调的农业生态文化体系；发挥后发优势，构建以技术传播、信息传递、教育培训为主要内容的农业技术推广服务体系。

目标形态包括集约型的农业形态、集群园区型的农业形态、科技型的农业形态、品牌型的农业形态、服务型的农业形态、生态型的农业形态。

目标模式包括总体目标是组团式、园区化、集群型的现代农业发展格局。组团式的农业布局、园区化的农业生产组织、集群型的现代农业体系以园区建设为线索，以产业为核心，以市场为导向，以科技为动力，以战略性结构调整和功能调整为主线，通过农业发展的产业转型、结构互换、模式转轨，推动农业的平台园区化、形态集群化、生产特色化、功能生态化、经营产业化和产业高级化，推进社会主义新农村建设，形成集约型、园区型、科技型、品牌型、生态型、服务型的现代集群农业发展体系。

（二）甘肃现代农业发展自主创新模式探索

基于甘肃省农业发展的阶段性特征和特殊的生态类型区域，建议加快发展"六个现代农业模式"，探索实践一条具有甘肃区域特色的

现代农业发展之路，助推甘肃省现代农业转型跨越式发展。

1. 旱作集水高效粮食保障型现代农业模式

甘肃省旱作农业区域占全省耕地面积的70%左右，居住着70%的农村人口。该区降水总量不足，降水高峰期与高蒸发期同步、与作物需水期供需错位。随着农业结构的战略性调整，中东部旱作区承担着全省粮食安全的战略重任，已成为全省粮食主产区和增长极。今后要继续加强旱作农业技术创新和推广力度，以粮食生产为主导，以苹果产业和畜牧产业为两翼，发展集水高效粮食保障型现代农业。一要依靠科技进步提高单产优化结构确保粮食安全。进一步深化以农田集水"富集"和集雨补灌"叠加"为核心的旱作农业技术。主推以全膜双垄沟播和全膜覆土穴播为主的少免耕旱农技术，发展1000万亩马铃薯（其中黑膜马铃薯500万亩）、1000万亩全膜双垄沟播玉米、1000万亩小麦（其中全膜覆土穴播小麦500万亩）产业带，确保全省粮食年生产能力1100万吨以上。二要加强陇东黄土高原国家优质苹果产业基地建设，提升壮大苹果产业。三要提升壮大畜牧产业，大力发展草产业，推动农牧结合型循环农业发展。四要提升中药材等特色产业发展水平。

2. 灌区高效节水商品型现代农业模式

甘肃省河西和沿黄灌区已是全国最大的种子生产基地和全省商品型高效农业基地，但水资源供需矛盾突出、利用效率低，优势产业发展后劲不足，特别是制种产业发展缺乏自主品种支撑等瓶颈因素制约了现代农业的快速发展，今后应尽快走出一条以水资源短缺型灌区"少用水、高收入"的高效节水商品型现代农业之路。一要大力发展节水农业，在河西及沿黄灌区实施工程节水、生物节水、农艺节水、管理节水四系配套，推广应用面积1000万亩；二要大力发展以玉米和瓜菜为主的现代种业产业，培育自主品种，提高制种组织化、生产机械化、管理科学化，促进包装、运输等相关产业发展，建成全国最大的种子生产加工基地，并向国家有关部委争取在兰州组建西北优势农作物生物育种及种质资源创新研发中心，加快实现由制种大省向种业强省的跨越；三要大力发展出口创汇型高原夏菜产业和设施蔬菜产业，品种和技术配套、贮藏和运输并重，提升外销和出口创汇能力；

四要大力发展酿酒产业，在做强啤酒大麦、啤酒花和葡萄等为主的酿酒原料产业基地的同时，整合国有莫高、紫轩等葡萄酒企业，创品牌出精品，切实做大葡萄酒产业。

3. 设施高效现代农业模式

设施农业是环境可控的高投入高产出农业，是提高农民经营性收入的重要渠道。重点形成具有区域特色的设施高效农业发展模式及建造标准，完善和推广全光效日光温室，研发应用适宜机械化作业、新型装备材料和贮运等关键技术，大力发展设施蔬菜、食用菌、经济林果、养殖及非耕地设施产业，设施农业面积达到300万亩，亩产值达到2万—5万元。

4. 生态循环农业模式

党的十八大把生态文明建设列入社会主义现代化建设"五位一体"的总布局。甘肃省是国家首批建设的循环经济示范区。发展生态循环农业意义重大。要在抓好水土流失和沙化治理、甘南高寒草地生态环境保护与恢复、保护农业水环境和土壤质量的同时，推进绿色发展、循环发展、低碳发展。围绕农作物秸秆和农产品加工废弃物循环利用及节能减排目标，做好千万亩全膜双垄沟播玉米籽粒和秸秆转化及马铃薯加工废水废渣和高原夏菜废菜等循环利用，探索秸秆及废水废渣饲料化、肥料化、原料化、能源化等多种模式；广泛应用养殖场畜禽粪便—沼气—能源为主的清洁生产模式。

近年来，甘肃在推进循环农业发展方面进行了积极探索实践，并形成了许多可贵经验，如天水市农业高新技术示范区将示范区及周边的种植业有机结合起来，形成了基于"五化"农业（规模化、设施化、品牌化、生态化、循环化）的高效集成复合型农业产业体系。定西市通过节水型工农业复合循环经济系统关键技术集成及应用示范项目的实施，探索出了节水型高效种植业、养殖业以及种植、养殖废弃物综合利用和沼气、太阳能、生物有机肥等循环经济关键技术体系的研究与示范的定西模式。张掖市有年食品工业有限责任公司形成了"优质全粉—精淀粉—废渣—食用酒精—饲料—养殖—处理后废水—养鱼—粪便—有机肥"各环节的闭路循环，形成了农副产品加工企业发展循环经济的张掖有年模式。

5. 区域特色现代农业模式

甘肃受资源条件、地理环境等因素的影响，农业优势产业主要集中在粮食、药材、果品和畜产品上。经过多年的探索和扶持，甘肃已初步形成了草食畜、马铃薯两大农业产业。同时，围绕制种、蔬菜、水果、中药材、啤酒原料、棉花等区域性优势产业及食用百合、蚕豆、烤烟、球根花卉、黄花菜、油橄榄、小杂粮等一批地方性特色产品的小产业也逐步成形。如金昌的啤酒麦芽加工、张掖的玉米制种加工、庆阳的白瓜子加工等。许多特色农产品成为满足全国需求的主要供应源且大量出口海外。

充分挖掘甘肃省区域特色优势和资源禀赋，大力发展核桃、油橄榄、百合、酿酒原料、银杏、茶叶、蚕桑、白瓜子等特色农业模式。坚持市场导向、区域分工、科技支撑、政府引导的原则，加大科技支撑，培育壮大农产品加工企业，提高农民素质和生产、营销组织化程度，建立标准化生产基地，创品牌、出精品、提质增效。

（1）马铃薯产业。马铃薯是甘肃支柱性农业特色优势产业之一，是甘肃第三大粮食作物。马铃薯产业已成为带动农业和农村经济发展，促进农业增效、农民增收的战略性主导产业。目前，已经形成了中部高淀粉菜用型、河西加工专用型、陇南早熟菜用型及中部高寒阴湿地区种薯繁育型四大优势生产区。甘肃马铃薯高淀粉育种水平居全国一流，是甘肃最具发展潜力的特色优势产业之一。随着先进的种植技术推广力度不断加大，贮藏保鲜技术正在扩大应用，马铃薯加工业规模和装备达到了一定水平，流通体系建设有了长足发展。产业科技含量逐步提升，产业化水平逐步提高，已由满足鲜食市场供给型向优质专用和工业原料型生产转变。

（2）果品产业。甘肃地处西北内陆腹地，光照充足、气候干燥、日温差大，具有生产优质果品的地理气候条件，果业已成为甘肃的区域优势产业之一。其中，苹果是甘肃分布范围最广、栽培面积最大的果树树种，是具有明显竞争优势的特色产业和主产区农民增收的支柱产业。天水已成为全国最大的元帅系苹果生产基地，平凉、庆阳已成为全国知名的优质红富士苹果生产基地。

（3）中药材产业。中药材是甘肃在全国具有比较优势和发展潜力的产业，政府大力培植中药材加工业和现代制药业。省内传统大宗地道中药材种类有当归、党参、甘草、大黄等，其中当归、党参是甘肃最具优势的两个品种，在国内面积最大、品质最好且影响着国内市场价格。目前，甘肃中药材人工种植面积位居全国第一，尤其是道地药材品种规模化种植优势明显，在全国的地位更加突出。

6. 创意现代农业模式

甘肃省具有发展创意农业的历史文化优势和物质基础，特别是城市近郊和现代农业示范区应积极探索发展创意现代农业。要将农业文化、农产品生产、农业功能拓展、农业高新技术融为一体，对农业生产活动、产品等进行创意设计。发展农家乐生态园、度假山庄等庭院经济，实现生产和生态的结合。开展特色农业体验活动，发展集观光旅游、农耕体验、民俗风俗游于一体的乡村经济。

（三）现代制种产业探索

甘肃应充分利用河西地区的光热资源打造全国优势区域制种基地，集中连片规模发展，稳步推进标准化、规范化生产，发展现代制种产业。甘肃河西走廊境内降水量少、蒸发量高、光照充足、昼夜温差大，是天然的种子生产车间，尤其是河西走廊地区的张掖市和酒泉市被称为"种子的天然仓库"。甘肃省已初步建成以河西走廊为主的杂交玉米、瓜菜、花卉、啤酒大麦、优质牧草等制种基地，以河西及沿黄灌区为主的优质小麦种子生产基地，以中南部为主的马铃薯脱毒种薯繁殖基地，以天祝、民乐、山丹、临夏为主的杂交油菜种子生产基地。

（四）示范农业模式探索

甘肃河西地区生态危机频现，唯有发展节水农业才是出路。在河西地区和沿黄等主要灌溉农业区，打造高效节水农业示范区，加快农业节水型社会建设，提高水资源利用效率和使用效益。稳步推进水权制度改革，调动农民和龙头企业节水的积极性，大力推广综合节水技术，把工程节水、农艺节水和管理节水有机结合起来，加快高效节水农业发展。在甘肃陇东、陇中等旱作区以发展粮食生产为重点，大力推广全膜双垄沟播、全膜覆土穴播等旱作农业技术，打造国家级旱作农业示范区，并把示范区建设成为旱作农业发展的典型和样板，甘肃现已建立 1000 万亩国家级旱作农业示范区。在甘南等草原牧区，以转变畜牧业发展方式为重点，打造草原畜牧业可持续发展示范区，发展现代生态畜牧业。

第三节 甘肃现代农业自主创新体系建设总体思路

建设现代农业的过程，是改造传统农业、不断发展农村生产力的过程，是转变农业增长方式、促进农业又好又快发展的过程。综观国内外现代农业自主创新的轨迹，结合甘肃人多地少、工业基础不发达的实际情况以及得天独厚的气候资源、生物多样性等自然和区位优势，甘肃省现代农业自主创新建设的总体思路是：用现代物质条件装备农业，用现代科学技术改造农业，用现代产业体系提升农业，用现代经营形式推进农业，用现代发展理念引领农业，用培养新型农民发展农业。目标是提高农业水利化、机械化和信息化水平，提高土地产出率、资源利用率和劳动生产率，提高农业的整体素质、效益和竞争力。

一 现代农业自主创新体系的内涵

目前，国内学者从任务和目标、功能和结构设计、运行机制等不同角度对农业科技创新体系进行了研究。单玉丽认为，农业科技创新体系是一个动态发展的系统，其组织系统包括创新主体、创新体制和机制、创新环境等（单玉丽，2004）。蔡世忠等认为，农业科技创新体系是包括农业科研（科技供给主体）、技术推广（包括农业技术推广机构和科技企业）、需求主体（农业、农民）、农业科研管理、农业科技投入、农业科技工作运行机制六个方面的综合体系（蔡世忠、薛喜梅，2006）。覃肖响把创新体系组成成分归为五个基本要素：一是创新活动的主体，二是行为主体的内部运行机制，三是行为主体之间的联系与合作，四是创新政策，五是市场环境（覃肖响，2006）。

农业科技创新体系就是能够将农业科学技术成果，通过科技知识的生产者、传播者、使用者以及政府机构之间的相互作用，形成农业科技成果在整个社会范围内良性循环流动，最终高效率地转化为生产力的科技体系，即农业科研、技术推广及技术服务部门的机构设置、职责权限和活动方式的综合体系。农业科技创新体系是以农业科研机构、高等院校、农业科技推广服务机构组成的农业科技创新体系、涉农企业、农民、中介服务体系以及国内外农业科技创新环境组成的综合系统。整个体系的运作是为了创造、传播和使用新的农业科技，完善农业科技资源配置，强化农业科技创新能力，真正实现农业科技创新。

从已有研究可以看出，农业自主创新体系与农业科技创新体系概念相近，只是前者更加突出自主知识产权成果的研发（何中伟、李萍，2006）。现代农业自主创新体系则是一个复杂的动态循环系统，它是在国家政策引导和市场环境作用下，以农业科研机构为主体，以自主创新为核心，依赖创新机制的推动，沿着"技术创新需求—技术创新过程—技术示范过程—技术推广过程"的线路，开展农业科技研究和成果推广，满足现代农业发展的需求。现代农业自主创新体系构成要素可以概括为市场和国家政策两个环境，人才、资金和管理三个层面的创新机制，技术创新、技术示范和技术推广三个过程，农业科研机构、技术推广部门、农民和企业四个行为主体。

二 构建甘肃现代农业自主创新体系的基本思路

现代农业自主创新体系是一个有机的整体，更是一个动态循环的系统。甘肃省由于地处内陆干旱地区，现代农业发展条件以及科技创新资源与其他地区不同，因此，应立足于甘肃省自身的农业产业优势和科技资源条件，构建具有特色的、适用的自主创新体系。甘肃现代农业自主创新体系的建设可基于以下基本思路。

（一）合理规划甘肃现代农业自主创新体系建设

建设甘肃现代农业自主创新体系要有一个好的总体规划。规划应体现科学性、可行性、可操作性和权威性。一要坚持因地制宜的原则，切实发挥各地的比较优势。甘肃境内有着不同的资源、区位条件和经济优势，发展也是不平衡的。要认真考虑如何发挥各自的优势，扬长避短，积极稳妥，扎实推进。二要坚持全面发展的原则，做到点面结合，带动甘肃农业总体水平的提高。建设现代农业自主创新体系不仅要抓好试点，更重要的是注重面上的突破，要以点带面、点面结合，推动甘肃现代农业总体水平的提高。在建设现代农业自主创新的过程中，要始终坚持以市场为导向，尊重群众意愿，充分发动广大群众和社会的力量进行现代农业自主创新体系建设。

（二）强化政府对甘肃现代农业自主创新体系建设的作用

现代农业自主创新体系建设是一个不断探索、逐步完善与提高的过程，要积极调动基层干部和农民群众的积极性和创造性，鼓励他们大胆试验，积极探索，创造新经验，加快现代农业创新步伐。政府职能部门要积极主动地支持现代农业自主创新体系建设。整合现有项目、资金、技术和人力等各种要素和资源，充分调动广大农民群众的积极性。通过建立现代农业自主创新示范区，探索发展现代农业的过程，总结经验，发挥现代农业示范区的示范和带动作用。

（三）创新农业和农村经济管理体制

建设现代农业自主创新体系是一个复杂的社会系统工程，它不仅要求农业生产力有大的发展，而且要求农业及农村生产关系有新的变革。农业和农村生产关系，要积极反映和有力促进农业和农村的先进生产力，在建设现代农业过程中，必须加快农业和农村经济体制创新，包括农业行政管理体制、农业经营体制、农业科技推广体制、农村土地流转机制等的创新。其中最重要的创新就是树立农民是现代农业的建设主体，是农业经济体制的创新主体，是农村经济市场主体的意识。而农民要成为"三个主体"，需要在农业行政管理体制、农村经营体制、农业推广体制、农村土地流转机制创新中迈出更大的步伐。需要进一步转化政府职能，进一步强化农户与市场、农户与企业公司、农户与金融、农户与科技这四个"联结机制"，进一步确立农民、农业企业和农民专业合作经济组织的主体地位，改造重组农村推广体系、农村供销合作社和农村信用合作社，积极扶持以龙头企业为重点的农业产业化经营，积极发育农业和农村新型经济组织，构建高效、权威、符合建设现代农业所需要的农业行政管理新体制。

（四）在技术选择上突出技术组装集成

现代农业科技创新体系建设绝不是传统农业技术的简单组合，而是高新农业技术和传统农业技术组装集成，是农业先进技术支撑下的新型农业生产形式。因此，在甘肃现代农业自主创新体系建设中应立足于高起点，选择、引进、集成先进农业技术，包括保护性耕作技术、高效栽培技术、快速繁育技术、设施农业技术、节水技术、生物技术、高效生防技术、农产品加工技术等。结合甘肃省农业优势产业和发展方向，以科技支撑服务产业，不断调整优化学科结构，提升创新能力，建设与甘肃特色农业产业协调发展的现代农业科技自主创新体系。

三　甘肃现代农业自主创新体系基本框架

甘肃的省情和农业面临的严峻形势，决定了依靠科技创新是解决"三农"问题的根本出路。加强自主创新体系建设是现代农业发展的必然要求，是巩固和提高农业综合生产能力，增强农业科技对建设现代农业的支撑和引领作用的迫切需要，是应对国际竞争和建设创新型国家的迫切需要。

现代农业科技创新体系主要由政府、涉农企业、农业科研机构和高等院校、中介服务机构、农户和相关机构等要素组成，其组成内部各主体间的资源高效配置和知识的有效流动显得十分重要。为了使其能够发挥最大的效能，需要将各主体要素有机地整合在一个相对科学的系统中，优化主体间联动的组合方式，实现整个体系最优配置。因此，甘肃现代农业自主创新体系的框架构成应以农业科研机构为主体，在创新运行机制的基础上，构建农业科技研发系统、科技示范系统和科技服务与推广系统三个子系统，进而形成农业科技创新核心区、示范区和辐射区，以实现产、学、研有效结合，保障科技成果最大限度地转化为农业生产力。

（一）农业科技研发系统

农业科技研发系统形成科技创新核心区，是农业自主创新体系的龙头，是支撑现代农业发展的新技术、新产品的发源地。该系统的功能定位是立足于甘肃现代农业发展中的重大技术问题，负责农业自主创新项目的策划、论证、实施，研发具有自主知识产权的农业核心技术和关键技术，增加农业科技储备，成为雄厚的技术源、成果源和知识源。在政府的统筹协调下，在不打破现有管理体制的前提下，整合甘肃省的农业科技资源，以甘肃省农科院为核心，联合涉农高校，围绕农作物种业、旱作农业、设施种植业、畜禽养殖业、农产品现代物流业、都市现代农业和观光农业等重点农业产业建立技术公关协作联盟，促进重大科技成果的产生，全面提升农业产业技术支撑能力。

（二）农业科技示范系统

科技示范系统形成了示范区，由试验基地、示范基地、各级农业科技示范园区以及农业龙头企业组成。该系统功能定位主要是开展科学试验、观测、数据积累和分析处理，进行科研成果的集成创新、试验示范和技术传播活动，使示范区成为当地农业科技集成示范载体、农业科技企业培育平台、农业技术培训推广中心和现代农业要素集成基地。该系统的主体是全省科研机构的试验基地和示范基地，由省级有关部门按照区域农产品特色及其技术特点，统筹规划布局、建设；各区县农业园区和农业龙头企业作为示范区的补充，通过项目的纽带作用，与创新主体紧密结合。

（三）农业科技服务与推广系统

科技服务与推广系统形成了辐射区，是将农业科技研发系统开发的技术及产品直接传递给农民，解决成果转化"最后一公里"问题的关键环节（王建明，2010）。该系统是直接为农民服务的平台，其功能定位主要是直接与科技创新核心区、示范区相衔接，接受最新的农业科技成果和科技信息，向广大农村进行示范和推广。通过区域辐射和推广作用，产生社会幅面扩散效应，起到以点带面、点面结合的辐射带动作用，以改善农民"科技饥饿"的状况，使尽可能多的农户享受到科技的惠顾。该系统可采用扁平网络科技直通进村模式，即"科技特派员＋基层农技人员＋农技推广户＋互动式信息平台"形式的农业技术服务推广体系，实现科研机构与农技推广机构的有效对接。科研机构在乡镇设立工作站，派驻科技特派员，聘请基层农技人员担任推广员，选取种植、养殖大户为农技推广户，同时，借助互动式信息传播平台，一层层推动新技术成果的传播与推广，并确保农民的需求能及时上传给专家（蒋玉洁，2009）。

第四节 促进甘肃现代农业自主创新体系建设的对策建议

经过多年的努力和发展，甘肃省农业科技创新体系的雏形基本形成，已经具备了提升水平和完善机制的条件。甘肃农业科技创新体系建设有一个明显的特点，就是地域性和特色性，基本上是围绕甘肃省特色农业产业化发展的主导产业项目来进行的。比如，目前已经在全国具有一定优势的农业科技有：玉米和小麦的制种技术、瓜类制种技术、中药人工种植技术、花卉生产技术、农区防风治沙技术、啤酒原料生产技术、旱作农业技术等。

另外，甘肃省也在实践中不断积累了许多有益的发展农业科技的经验。比如，通过建立农业科技开发基地进行特色农产品的孵化和推广，通过基地科技对农户进行技术指导和帮助；政府运用优惠政策扶持名牌农业科技公司，特别是科技含量很高的民营企业，通过名牌企业的规模扩张和技术扩张实现对地方特色农产品的有效开发；通过大力发展特色农产品的深度加工增值技术，使生产与增值相连接；通过扶持地域性的实用农业技术，解决甘肃省农业生产和发展过程中的生态环境问题，提高转化水平，如把雨水集流工程技术、小流域治理技术、节水技术、生物能源技术等运用到高科技农业的研究与规模开发上。

但是，就甘肃省现有的和比较好的农业技术，总体来讲，是初加工技术，而不是深加工技术；是农业环境条件方面的基础技术，而不是促进农业经济增长的直接技术；是小型农村产业的开发技术，而不是大型农村产业的开发技术；是生产性技术占主导地位，而不是加工性技术占主导地位。除上述特色农业技术外，其他的农业高新技术比较少，特别是品牌农业技术、加工农业技术、生物农业技术比较少。

按照一般的农业科技创新体系构建的内容来看，农业科技自主创新体系构建必须满足八项要素：人才高地是科技创新的本源；科技商品是科技创新的动力；科研机构是科技创新的组织；研究能力是科技创新的基础；产业开发是科技创新的功能；市场开发是科技创新的运作；辐射带动是科技创新的扩张；科技政策是科技创新的环境。要提升甘肃省农业科技创新水平，也必须从这八个方面来进行。但是，由于区域环境和条件的不同，要有所重点，在思路、战略、政策和对策上要切合甘肃的特色，注意解决实际问题。

一 明确创新思路

要从甘肃省农业结构、科技现状和可能性条件出发，按照"科技领先，自主创新，务求实效，培育特色"的总体思路和原则，加强政府的政策引导，引入市场竞争机制，完善创新体系。建立起以中央在甘肃的农业科技机构和省级农业重点实验室、农业工程技术研究中心、农业高新技术示范园、中试基地为骨干的农业研究与开发机制。坚持科技领先，就是要把科技支农、科技兴农、科技富农、科技强农作为工作中心；坚持自主创新，就是要强调和培育有自主知识产权的农业科技项目；坚持务求实效，就是要解决科技创新中的形式主义，坚决不搞形象工程；坚持培育特色，就是从甘肃省的实际出发，注意培育甘肃省的地域性农业科技优势，增强农业科技的市场竞争力，特别是在节水农业、生态农业、工厂化农业方面下功夫。

二 优化农业科技结构，提升综合科研能力

加强农业科技创新建设是新时期优化农业结构、促进甘肃农村发展、增加农民收入的重要手段。综观世界各国农业的发展，农业科技创新都是作为农业发展中的重要内容被大力扶持，农业科研机构设置合理与否对农业科技创新工作有着重要的影响。根据生态区域和农业生产的特点建设农业科研体系，保证其布局的科学性和分工的合理性。结合甘肃农业发展的实际环境，根据农业科研的特点建立区域性和综合性的农业试验站，加大科研力度，提高综合科研能力。

三 调整优化农业结构，构建现代农业产业体系

甘肃省要积极发展高效的种植业，大力发展畜牧业，使之成为现代农业产业的重要组成部分。要积极推进畜牧业养殖方式向规模化、集约化、设施化、环境友好化转变，加快生猪和奶牛养殖示范小区建

设，并做好废物排放和治理工作，建立疫病防治体系。加快发展农产品加工业，要引进、研发、推广重大加工技术，强化标准化生产，大力发展科技含量和附加值高、带动农民增收能力强、符合综合利用和循环经济要求的产品和企业。另外，要加快发展农业科技服务业，大力发展良种服务、农资连锁经营、农机跨区作业等农业服务业，为农业各产业提供优质完善的产前、产中、产后服务，更多地吸纳农业劳动力就业，增加收入。最后，甘肃省还要做好相应的农业产业服务。现代农业的发展，必然对围绕产业发展的服务业提出更多更高的要求。这种农业产业服务既包括生产资料的配送、良种良法的传授、病虫害的防控等生产技术性服务，也包括农产品市场物流、商流服务等市场环节服务，同时也涵盖农业信息、农机作业、劳动力转移培训以及法律援助等多方面的内容。

四 建立多元化的农业社会化服务体系

一是强化农业公益性服务体系，继续改革和完善政府农技推广服务体系，全面提升公共科技服务能力。二是大力培育农民合作社、专业技术协会等农业经营性服务组织，提高农业产业组织化程度和水平。三是创新服务方式和手段，以现代理念、信息技术推进现代农业的发展。四是要充分发挥农业高校在社会服务中的支撑和引领作用。农业高校人才聚集、平台先进、成果丰硕，是我国农业科技创新的重要主力军，也是农业社会服务的一支重要力量，应充分发挥农业高校的支撑和引领作用。

五 加强人才培养，提高自主创新水平

人才是现代农业科技创新必不可少的重要资源，甘肃农业科技创新工作中人才资源缺乏，加强人才培养、提高科研队伍整体素质可以有效地解决这一问题。加强国家和省级农业重点实验室和重点学科建设，制订科学合理的人才培养计划，在各高校设立专门的农业科技创新课题，以此吸引人才，加强人才队伍建设。首先需要保证科研队伍的规模，对于科研人员给予足够的经济物质保证。相关部门确立科学奖励机制激发科研人员的积极性，农业科研人才的培养需要结合农业

发展的实际。甘肃干旱区农业发展有自身的特殊性，科研成果推广工作是农业科技创新体系建设的重要内容，加强科技成果推广人才的培养也是增加人才资源的关键一环。提高自主创新意识、增强自主创新能力是人才培养的重要内容，坚持自主创新才能掌握农业科技使用的主动性。

六 加强现代农业信息体系的建设

市场经济条件下，信息是支撑经济发展的重要战略性资源。推进现代农业建设，离不开农业信息服务的有效推动。建设和完善农业信息服务网络，大力支持推进以计算机网络和通信系统为信息处理与传递手段的信息基础设施的建设。加强农业信息资源开发，加快农业信息网络设施建设和数据库建设，重视农业数字化管理和农业数字化控制，研发农林生产专家智能辅助决策系统、农村远程数字化以及可视化信息服务技术和设备，研发农业自然资源和环境监测、管理、灾害监测预报等领域配套应用的信息技术及其装备，研发基于3S技术的作物精准生产管理作业体系，加强农业信息人才的培养，用科技带动农业信息化水平的提升。建立农业科技的信息支持系统，整合现有信息资源，建设农村信息网络，加强政府、企业、协会与农户之间的对口联系和定向联系。

七 建立激发科技人员创新的政策体系

一要建立符合现代农业科研特点的经费预算与使用制度，提高投入强度，平衡投入结构，调整投入方式，逐步提高稳定投入的经费比重。树立经费使用和财务管理服从并服务于科技创新的理念，遵循农业科技创新规律，加快修改完善相关科研经费预算与使用的管理制度和办法，适度增加农业科研项目的预算管理弹性，确定合理的梯度阈值。提高野外调查、农业调查等一线工作者的生活补助，鼓励科技人员深入农业一线，加强调查研究。

二要加大对农业科技创新的投入力度，建立持续稳定的支持机制。农业科技创新具有公共性、基础性和社会性。加大各类科技计划向农业领域倾斜的支持力度，提高公益性科研机构运行经费保障水平；设立农业科教单位农业科技创新自主科研经费，建立农业科研长期、稳定的支持机制，激励农业科教人员潜心研究，促进农业科学研究的持续、深入开展。另外，要鼓励企业、社会经济组织和个人等社会力量投入农业科技创新工作，从根本上转变农业科技投入严重不足的状况，逐步形成以国家投资为主体，以社会力量投入为补充的多元化、多渠道的现代农业科技创新投融资体系，改善农业科技创新的基础条件和研究手段，提高农业科技创新水平。

参考文献

白俊红、江可申、李靖:《区域创新效率的环境影响因素分析——基于 DEA – Tobit 两步法的实证检验》,《研究与发展管理》2009 年第 2 期。

柏振忠:《世界主要发达国家现代农业科技创新模式的比较与借鉴》,《科技进步与对策》2009 年第 24 期。

鲍红梅:《基于 DEA 的技术创新效率分析》,《长春师范学院学报》(自然科学版) 2009 年第 5 期。

陈学云、史贤华:《促进我国农业科技成果转化的产业化路径——基于农业科技的供求分析》,《科技进步与对策》2011 年第 14 期。

陈会英、周衍平:《中国农业技术创新问题研究》,《农业经济问题》2002 年第 8 期。

陈劲:《从技术引进到自主创新的学习模式》,《科研管理》1994 年第 2 期。

陈凯:《农业技术进步的测度——兼评"我国农业科技进步贡献率测算方法"》,《农业现代化研究》2000 年第 3 期。

陈丽佳:《广东区域农业科技创新能力研究》,《广东科技》2009 年第 8 期。

陈秀兰、徐学荣、魏远竹:《关于农业科技投入研究的综述》,《科技和产业》2009 年第 10 期。

陈至立:《加强自主创新,促进可持续发展》,《中国软科学》2005 年第 9 期。

陈萌山:《加快体制机制创新,提升农业科技对现代农业发展的支撑能力》,《农业经济问题》2014年第10期。

池仁勇:《企业技术效率及其影响因素研究》,《数量经济技术经济研究》2003年第6期。

戴思锐:《农业技术进步过程中的主体行为分析》,《农业技术经济》1998年第1期。

戴小枫、边全乐、付长亮:《现代农业的发展内涵、特征与模式》,《中国农学通报》2007年第3期。

戴小枫:《我国现代农业技术的道路选择、发展目标与优先领域》,《中国科技论坛》2002年第6期。

单玉丽:《农业技术创新体系及运行机制的探索》,《福建农业科技》2004年第3期。

董宏林、P. F. Randerson、F. M. Slater、R. J. Heaton:《英国农业在国民经济中的地位及农业保护政策研究》,《宁夏农林科技》2000年第1期。

董宏林、王庆锋:《国内外农业自主创新现状评述》,《宁夏农林科技》2008年第2期。

[英]弗里曼、罗克·芮特:《工业创新经济学》,北京大学出版社2004年版。

傅家骥:《技术创新学》,清华大学出版社1998年版。

高启杰:《企业持续发展与技术创新能力评价理论研究》,《经济纵横》2008年第2期。

高万龙:《推进农业科技创新加快发展现代农业》,《中国科技论坛》2007年第8期。

辜胜阻等:《加快农业技术创新与制度创新的对策思考》,《经济评论》2000第6期。

古利平、张宗益、康继军:《专利与R&D资源:中国创新的投入产出分析》,《管理工程学报》2006年第1期。

官建成、何颖:《基于DEA方法的区域创新系统的评价》,《科学学研究》2005年第2期。

官建成、刘顺忠:《区域创新系统测度的研究框架和内容》,《中国科技论坛》2003年第2期。

郭冉、黄威、董盼、李成标：《我国农业区域自主创新能力影响因素研究——以湖北省荆州市为例》，《科技管理研究》2012 年第 24 期。

韩永廷：《试论农业科技创新与发展现代农业》，《厦门特区党校学报》2012 年第 1 期。

何中伟、李萍：《中国农业科技自主创新的内涵分析》，《农业科技管理》2006 年第 6 期。

贺德方：《我国科技投入的效率、效果评价研究》，《情报学报》2006 年第 6 期。

洪银兴：《科技创新路线图与创新型经济各个阶段的主体》，《南京大学学报》（社会科学版）2010 年第 2 期。

洪银兴：《向创新型经济转型》，《江南论坛》2010 年第 1 期。

胡景辉、吕军海、张春锋、孙丽敏：《农业自主创新能力评价指标体系的构建》，《河北农业科学》2012 年第 4 期。

胡永宏：《综合评价中指标相关性的处理方法》，《统计研究》2002 年第 3 期。

黄和文：《着力推进农业科技改革创新促进现代农业发展》，《江西农业学报》2011 年第 4 期。

黄季焜：《农业科技投资体制与模式：现状及国际比较》，《管理世界》2000 年第 3 期。

黄祖辉、林坚、张冬平等：《农业现代化：理论、进程与途径》，中国农业出版社 2003 年版。

霍文娟、李仕宝：《我国农业科技创新存在的问题及对策》，《农业科研管理》2006 年第 4 期。

贾宝红等：《论天津市现代农业自主创新体系建设》，《农业科技管理》2011 年第 5 期。

蒋伏心：《体制现代化与中国特色的农业现代化》，《江海学报》1995 年第 5 期。

蒋玉洁：《都市农业的技术特征及其技术创新研究》，《天津农业科学》2009 年第 3 期。

解宗方：《政府在培育农业技术创新主体中的功能分析》，《科学管理研究》2001年第10期。

金麟洙：《从模仿到创新：韩国技术学习的能力》，新华出版社1998年版。

李冬梅、李石柱、唐五湘：《我国区域科技资源配置效率情况评价》，《北京机械工业学院学报》2003年第1期。

李干琼：《农业自主创新产业化现状分析与政策建议》，《科技管理研究》2008年第12期。

李建强、李娟：《四川省农业自主创新动力机制研究》，《安徽农业科学》2008年第29期。

李树德、李瑾、贾凤伶：《天津市农业自主创新能力评价指标体系研究》，《安徽农业科学》2008年第18期。

李双奎、谈存峰：《甘肃省农业科技进步贡献率的测算及分析》，《甘肃农业大学学报》2007年第12期。

梁平：《中国农业技术进步的路径与效率研究》，《财贸研究》2009年第3期。

林梅：《新时期促进农业科技创新的对策探讨》，《现代农业科学》2008年第12期。

刘凤朝：《基于集对分析法的区域自主创新能力评价研究》，《中国软科学》2005年第11期。

刘振帮：《发达国家的农业现代化给我们的启示》，《科学决策》2006年第3期。

柳建平：《现代农业发展：一个多层面的解析》，《科技进步与对策》2008年第8期。

柳卸林：《企业技术创新管理》，社会科学文献出版社1997年版。

卢良恕：《论新时期的中国现代农业建设》，《科技进步与对策》2004年第3期。

陆建中、李思经：《农业科研机构自主创新能力评价指标体系研究》，《中国农业科技导报》2011年第4期。

陆建中：《构建现代农业发展的科技长效支撑机制》，《农业科研经济管理》2012年第4期。

罗发友：《农业技术进步地区差异的计量研究》，《科学学研究》2003

年第 6 期。

马俊飞、杨太保：《甘肃农业发展的根本出路——科技进步》，《甘肃农业》2004 年第 11 期。

莫燕：《区域 R&D 绩效评价》，《科研管理》2004 年第 1 期。

牛若峰：《发展模式、技术进步与农业劳动力转移》，《农业技术经济》1995 年第 6 期。

钱克明：《加入 WTO 与我国农业政策调整和制度创新》，《农业经济问题》2002 年第 1 期。

钱燕云：《企业技术创新效率和有效性的 DEA 综合评价研究》，《科技与管理》2004 年第 1 期。

邱斌、杨帅、辛培江：《FDI 技术溢出渠道与中国制造业生产率增长研究：基于面板数据的分析》，《世界经济》2008 年第 8 期。

任天志：《从世界农业思潮看中国农业的现代化与自然化选择》，《沈阳农业大学学报》1996 年第 1 期。

闫冰、冯根福：《基于随机前沿生产函数的中国工业 R&D 效率分析》，《当代经济科学》2005 年第 6 期。

申志平：《我国农业科技创新效率波动及要素投入优化研究》，《农业科技管理》2014 年第 6 期。

史修松、赵曙东、吴福象：《中国区域创新效率及其空间差异研究》，《数量经济技术经济研究》2009 年第 3 期。

孙凯、李煌华：《我国各省市技术创新效率分析与比较》，《中国科技论坛》2007 年第 11 期。

唐德祥、李京文、孟卫东：《R&D 对技术效率影响的区域差异及其路径依赖——基于我国东、中、西部地区面板数据随机前沿方法（SFA）的经验分析》，《科研管理》2008 年第 2 期。

万君康：《论技术引进与自主创新的关联与差异》，《武汉汽车工业大学学报》2000 年第 4 期。

王雅鹏、吕明、范俊楠、文清：《我国现代农业科技创新体系构建：特征、现实困境与优化路径》，《农业现代化研究》2015 年第 3 期。

王雅鹏：《现代农业经济学》，中国农业出版社 2010 年版。

王佳、余世勇：《1986—2006 年重庆市农业技术进步贡献率的计量分析》,《安徽农业科学》2008年第25期。

王建明:《发达国家农业科研与推广模式及启示》,《农业科技管理》2010年第1期。

王金田、王学真、高峰:《全国及分省份农业资本存量K的估算》,《农业技术经济》2007年第4期。

王劲松:《加强科技创新服务现代农业》,《农业科技管理》2009年第5期。

王培志、黄璜:《我国农业技术创新的影响因素分析》,《中国生态农业学报》1994年第5期。

王伟光:《中国工业行业技术创新实证研究》,中国社会科学出版社2003年版。

翁伯奇、程惠香、马昌燕:《以新的农业科技革命推动现代农业发展的思考与对策》,《农业经济问题》1999年第3期。

吴贵生、张洪石、梁玺:《自主创新辨》,《技术经济》2010年第9期。

吴延兵:《市场结构、产权结构与R&D》,《统计研究》2007年第5期。

信丽媛、王丽娟、贾宝红、王晓蓉:《国内外农业自主创新能力体系建设评述》,《天津农业科学》2010年第12期。

许越先:《试用集成创新理论探讨农业科技园区的发展》,《农业技术经济》2004年第2期。

杨德林、陈春宝:《模仿创新、自主创新与高技术企业成长》,《中国软科学》1997年第8期。

杨印生、刘海存、马琨:《农业产业化龙头企业技术创新环境影响要素辨识及系统分析》,《税务与经济》2008年第1期。

姚洋、章奇:《中国工业企业技术效率分析》,《经济研究》2001年第10期。

袁开智、赵芝俊、张社梅:《农业技术进步贡献率测算方法:回顾与评析》,《技术经济》2008年第2期。

张宝文:《现代农业六大特征》,《中国农垦经济》2001年第11期。

张本照、杨雪:《基于改进DEA的我国传统产业技术创新效率研究》,

《山东财政学院学报》2009年第2期。

张会元、唐元虎：《企业技术创新影响因素的模糊聚类分析》，《科研管理》2003年第6期。

张静、张宝文：《基于Malmquist指数法的我国农业科技创新效率实证分析》，《科技进步与对策》2011年第7期。

张来武：《以农业科技创新创业带动现代农业发展》，《中国科技论坛》2012年第4期。

张晓山：《关于走中国特色农业现代化道路的几点思考》，《经济纵横》2008年第1期。

张叶：《对农业现代化若干问题的思考》，《浙江社会科学》1999年第2期。

张仲威：《中国农业现代化若干问题的探讨》，《农业现代化研究》1994年第3期。

张宗益、周勇、钱灿、赖德林：《基于SFA模型的我国区域技术创新效率的实证研究》，《中国软科学》2006年第2期。

张淑辉：《山西省农业科技创新的动力机制研究》，博士学位论文，北京林业大学，2014年。

张俊杰、王志刚、王国辉、姚虎：《科技创新驱动现代农业发展的思考》，《农业科技管理》2014年第4期。

赵美玲：《现代农业评价指标体系研究》，《湖北行政学院学报》2008年第1期。

赵志燕、黎元生：《福建省农业技术进步贡献率的测算与分析》，《台湾农业探索》2008年第9期。

周寄中、张黎、汤超颖：《关于自主创新与知识产权之间的联动》，《管理评论》2005年第11期。

朱广其：《我国农业技术创新的主体、模式及对策》，《农业现代化研究》1997年第3期。

朱希刚：《依靠技术创新促进农业结构调整》，《农业技术经济》2004年第1期。

Arrow, K. J., "The Economic Implications of Learning by Doing", *Reviews of Economic Studies*, No. 29, 1962.

Grossman, G. M. and Helpman, E., "Endogenous Innovation in the Theory of Growth", *Journal of Economic Perspectives*, Vol. 8, No. 1, 1994.

Kim, L., *National System or Industrial Innovation: Dynamics of Capability Building in Korea*, Oxford University Press, 1993.

Naushad Forbes, David Wield, "Managing R&D in Technology – followers", *Research Policy*, No. 29, 2000.

Nelson, Richard R., "The Evolution of Comparative or Competitive Advantage: A Preliminary Report on a Study", *Industrial and Corporate Change*, No. 1, 1996.

Pawan Sikka, "Analysis of In – house R&D Centers of Innovative Firms in India", *Research Policy*, No. 27, 1998.

Rainer Anderdassen, Franco Nardini, "Endogenous Innovation Waves and Economic Growth", *Structural Change and Economic Dynamics*, No. 3, 2005.

Rogers, Everett M., *Diffusion of Innovations*, The Free Press, 1995.

Romer, P. M., "Growth Based on Increasing Returns due to Specialization", *The American Economic Review*, Vol. 77, No. 2, 1987.

Rothwell, "Successful Industrial Innovation: Critical Factors for the 1900s", *R&D Management*, Vol. 22, No. 3, 1992.

Schumpeter, J. A., *Capitalism, Socialism and Democary*, Harper, 1942.

Uzawa, Hirofumi, "Optimum Technical Change in an Aggregative Model of Economic Growth", *International Economic Review*, No. 6, 1965.